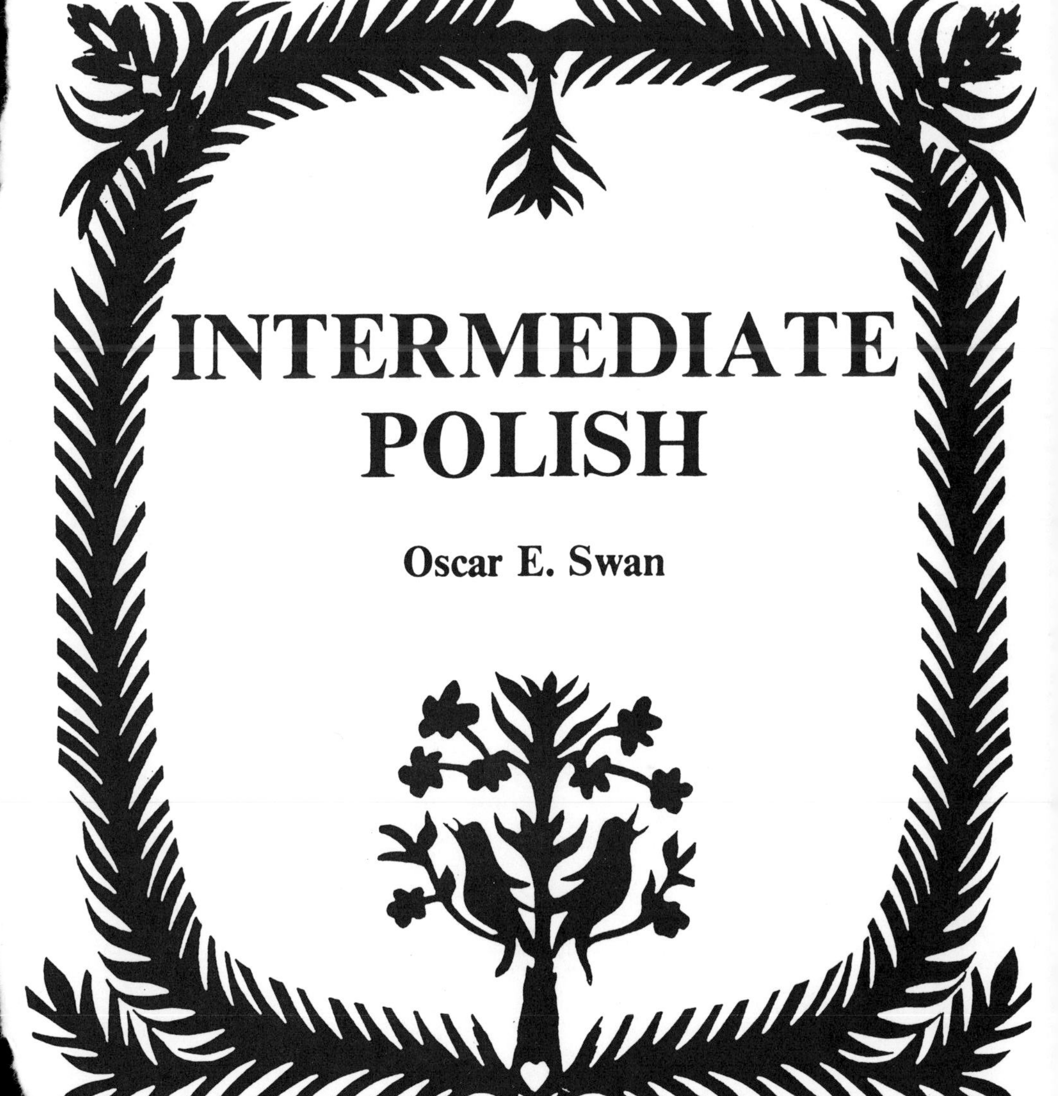

INTERMEDIATE POLISH

Oscar E. Swan

For a complete catalog of books and journals from Slavica, with prices and ordering information, write to:

Slavica Publishers, Inc.
PO Box 14388
Columbus, Ohio 43214

ISBN: 0-89357-165-2

This book was published in 1986.

Printed in the United States of America.

TO MY FAMILY

TABLE OF CONTENTS

INTRODUCTION

The present work, a sequel to the author's *First year Polish,* is intended for use in the late second through third year of language study. Tapes and computer drills presently being prepared make this text particularly well suited for independent study. Upon completing this course, the student should have a good control of standard colloquial Polish, a broad knowledge of common Polish slang and idioms, and the ability to read with confidence the language of Polish journalism and scholarly prose. Additionally, from the selection of conversations and readings, the student will have built up a broad store of knowledge about contemporary Polish culture and customs in such areas as travel, shopping, dating, telephone use, cuisine, manners, apartment living and others. This textbook assumes on the part of the user a basic knowledge of Polish inflectional morphology. An extensive grammatical appendix is included at the end of the book, so that grammatical review may be incorporated into the study plan wherever necessary.

A number of people have contributed generously of time and expertise to help make this book possible. They are listed here in chronological order of participation. Barbara Nykiel of Lublin, now of Binghamton, N.Y., read the early versions of most conversations and contributed greatly to their selection and idiomaticity. Jolanta Szpyra of Lublin read and commented copiously on most conversations, readings, and grammatical explanations. She contributed several conversations, the text on shopping, and was my primary consultant on matters relating to slang and first names. Stefan Grzybowski of Bydgoszcz was my main consultant on medical care and geographical terminology. The hand of Maria Sledzinska of Bydgoszcz is evident throughout. Ms. Sledzinska read most conversations and texts and supplied many illustrations of grammatical points. She contributed the reading on hitchhiking and thoroughly revised several of the other readings. Wiesław Oleksy of Bydgoszcz helped record most of the conversations and readings and, while doing so, contributed to their stylistic unity. Additionally, Mr. Oleksy was the main consultant on Polish cuisine. Roza Vobozil of Lodz read a nearly complete version of the manuscript, including the grammatical appendix, spotting important errors and oversights. In addition, Ms. Vobozil contributed the text on the educational system. Finally, Grazyna Lipska of Warsaw, now of Pittsburgh, used early versions of most of these lessons in her second-year Polish classes at the University of Pittsburgh and offered many suggestions for improvement. Ms. Lipska also read the computer printout of the entire text before it was submitted to the printer, spotting a number of last-minute errors, both typographical and substantive. The author takes full responsibility for all mistakes and oversights that have eluded this diligent and skilled team of linguistic and cultural consultants.

I owe special debts of gratitude to the following people: to Maria Staszewska-Wieczorek of Bydgoszcz for helping me secure illustrative photographic material; to Zbigniew Jujka of Gdansk for permission to use his comic illustrations; and to Magdalena Gilinsky of the American Folklife Center of the Smithsonian Institute for designing the paper-cut that serves as cover illustration to this book. To all the above persons, and to any I have inadvertently neglected to mention, I express my heartfelt thanks.

This book was composed on a Commodore 64 microcomputer, using the REDAKTOREK Slavic-language text-editing program developed jointly by the University of Pittsburgh and K & S Enterprises of Pittsburgh. A special commendation to Dawn Speer of K & S for her boundless patience in seeing this difficult job of typesetting through to the end.

Zwyczaje ludowe I

Lanie wosku na wodę

Tworzący się kształt stanowi wróżbę. Można w wosku doszukać się rysów twarzy przyszłego męża, pierwszej litery jego imienia, rysunku obrączki... to zależy od fantazji.

doszukać się *look for*
fantazja *imagination*
kształt *form, shape*
lać *pour*
obrączka *(wedding) ring*
rys *feature*
rysunek *picture*
stanowić *comprise*
tworzyć *create*
wosk *wax*
wróżba *sign of future*
zależeć od + G *depend on*

LEKCJA PIERWSZA 1

Warszawa

A. Na dworcu kolejowym

- Proszę dwa bilety pierwszej klasy na pośpieszny do Gdańska.

- Na którą?

- Na siedemnastą trzydzieści dziewięć.

- Nie ma już miejscówek na ten pociąg.

- A na jutro?

- Są.

- To poproszę dwa szkolne.

- Proszę.

- Dziękuję.

Dworzec “Warszawa Centralna”

B. Na lotnisku

- W jakie dni (odlatują/są loty) do Montrealu?

- Samoloty do Montrealu (latają/są) codziennie, z wyjątkiem świąt.

- Na ile dni (naprzód/przed podróżą) można zarezerwować miejsce?

- Przyjmujemy rezerwacje do trzech miesięcy naprzód.

- Czy są jeszcze wolne miejsca na szóstego kwietnia?

- Zaraz sprawdzę. Tak, są.

- Proszę więc o rezerwację dwóch miejsc do Montrealu na szóstego kwietnia i z powrotem na dwudziestego siódmego.

- Proszę bardzo.

- SZKODA, ŻEŚCIE SIĘ SPÓŹNILI. BYŁA KOMPANIA HONOROWA, ORKIESTRA, DZIECI Z KWIATAMI...

C. Na dworcu autobusowym

- Słucham?

- Proszę pana, o której (odchodzi/jest) najbliższy autobus do Torunia?

- Ostatni do Torunia odjechał przed chwilą.

- Ojej. A kiedy będzie następny?

- Dopiero o czwartej rano.

- Cóż, nie mam innego wyboru. Pojadę tym o czwartej.

Informacja

D. Szczęśliwej podróży

"Opóźniony pociąg osobowy z Warszawy do Poznania przez Ciechocinek wjeżdża na tor drugi przy peronie piątym."

- Słyszysz? Nareszcie (przyjechał/jest) mój pociąg.

- Dasz sobie radę z tą dużą torbą?

- Tak, nie jest zbyt ciężka.

- Nie zapomnij zadzwonić, jak tylko (przyjedziesz/będziesz na miejscu).

- A po co? Wiadomo przecież, że dojadę.

- Mimo wszystko zadzwoń, bo będę się niepokoić.

- Dobrze, zadzwonię, ale nie przed dwudziestą, bo wcześniej na pewno nie dotrę do domu.

- Zadzwoń o którejkolwiek. No wsiadaj, bo pociąg zaraz ruszy.

- Do widzenia. Dziękuję za wszystko.

- Szczęśliwej podróży!

E. Słowniczek *glossary*

benzyna *gasoline*
bliski *near; comp.* **bliższy**
chwila *while, moment;* **przed chwilą** *a moment ago*
ciężki *heavy, difficult*
codziennie *(adv.) daily, every day*
cóż *(emphatic of* **co**) *what; (here:) oh well*
dać dawać sobie radę z + I *manage with*
dopiero *only (in time expressions)*
dotrzeć docierać do + G *get to, reach*
dworzec dworca *station, depot*
dzwonić za- *ring, call*
honorowy *(adj.) honor*
kompania honorowa *honor guard*
kolejowy *(adj.) rail*
kompania *(here:) guard*
kwiat *flower*
lot *flight*
miejsce *place*
miejscówka *seat reservation*
można *one can, one may*
naprzód *forward, in advance*
nareszcie *at last*
następny *next (in sequence)*
niepokoić się za- *become worried*
odjazd *departure*
ojej *(excl.) oh dear*
opóźniony *late, delayed*
osobowy *(adj.; here:) passenger (train)*
ostatni *last (in line)*
peron *(station) platform*
pewny *sure, certain;* **na pewno** *for sure*
podróż *(f.) journey, trip*
pośpieszny *(here:) fast (train)*
powrót powrotu *return;* **tam i z powrotem** *there and back*
przyjąć przyjmować *receive, accept*
rezerwacja *reservation*
rezerwować za- *reserve*
ruszyć ruszać *move, start moving*
spóźnić się spóźniać się *be late*
sprawdzić sprawdzać *check*
stacja *station*
szkolny *(adj.) school*
święto *Gpl.* **świąt** *holiday*
wiadomo *it is known*

Naprzód

F. Uwagi

na którą *for what time?*

(bilet) szkolny *student's ticket, i.e.,* at student fare. Students and schoolchildren receive a 33% discount on travel by rail.

odlatują/są. Note in this and in other conversations the choice between a verb of motion and a form of the verb **być**. Generally speaking, forms of **być** are more colloquial.

do trzech miesięcy *up to three months*

na szóstego kwietnia *for the 6th of April.* Note that in this expression the Genitive of time overrides the Accusative that one expects after **na** in a time expression.

proszę pana/pani *excuse me, Sir/Madam.* This phrase is often used in initiating a conversation with a stranger.

szkoda, żeście się spóźnili *it's too bad that you were late* (from the cartoon caption). Note the transferral of the personal ending **-ście** from the verb to the conjunction **że**. The 2nd pers. pl. form of the verb is standard usage among Party members.

pojadę tym o czwartej: pociągiem is understood.

osobowy *passenger (train).* So-called passenger trains are the slowest form of train travel; such trains stop at practically every station.

mimo wszystko *despite everything, anyway*

o którejkolwiek *at any time at all*

szczęśliwej podróży! *have a good trip!* The verb **życzę** + G *I wish* is implied.

Płock

G. **Czasowniki oznaczające ruch z przedrostkiem** *prefixed verbs of motion*

1. Polish verbs of motion exhibit the greatest possibilities of all verbs for forming verbs in new meanings with the help of verbal prefixes. Verbal prefixes that can combine with verbs of motion to form verbs in new meanings include the following:

do- *to, up to*
na- *onto, upon*
o- ob- *around, against*
od- *away from*
pod- *up to, beneath*
prze- *through, across*
przy- *toward*
roz- *apart*
u- *a certain distance*
wy- *out*
wz- *up*
z- *off, down from*
za- *beyond, behind*

The combination of a prefix and the Determinate form of the motion verb produces a Perfective verb; the same prefix plus the Indeterminate form produces the corresponding Imperfective; hence **przenieść** *transfer (Det.),* **przenosić** *(Indet.).*

Notes:

a. The combinatory form of **jeździć** is **-jeżdżać**; of **latać**, **-latywać** (**-latuję**); *cf.* **odjechać odjeżdżać** *drive away*; **odleciec odlatywac** *fly away.*

b. The combinatory form of **iść** is **-jść**, before which **po-** becomes **pó-**; prefixes ending in a consonant add **e: po-iść: pójść; na-iść: najść; od-iść: odejść;** and so on.

c. The simple perfective of a verb of motion is usually obtained by prefixing **po-** to the Determinate form. Thus **jechać jeździć** have as their simple perfective counterpart **pojechać**; the perfective of **iść chodzić** is **pójść**; and so on. With the verbs **nieść** and **wieźć** the prefix **od-** is often used as the prefix of simple perfectivization: **Muszę odwieźć Mirka do domu.** *I have to take Mirek home.*

Following are some examples of prefixed forms of **iść chodzić**:

dojść dochodzić *go as far as*
najść nachodzić *come upon, invade*
obejść obchodzić *go around, by-pass*
odejść odchodzić *leave, go away*
podejść podchodzić *approach, come up to*
przejść przechodzić *cross, pass through*
przyjść przychodzić *arrive, come*
rozejść się rozchodzić się *disperse*
ujść uchodzić *go a certain distance*
wejść wchodzić *enter, go in*
wyjść wychodzić *go out, leave*
wzejść wschodzić *rise (of sun)*
zejść schodzić *come down, off*
zajść zachodzić *set (of sun), go behind*

H. Uwagi o czasownikach wyrażających ruch *notes on verbs of motion*

1. By itself, especially in the imperative, **iść** means "go"; **chodzić** means "come": **Idź stąd!** *Go away!* **Chodź tu!** *Come here!*

2. One generally uses **chodzić** in reference to mechanisms and their operation: **Zegar nie chodzi.** *The clock doesn't work.*

3. One may use **chodzić** in regard to means of conveyance when one is discussing a scheduled departure or arrival: **O której odchodzi autobus?** *What time does the bus leave?*

4. When discussing a letter or other object's "going" by conveyance, one usually uses **iść chodzić**: **Jak długo idzie list do Haiti?** *How long does a letter to Haiti take?*

5. The verb **iść chodzić** is often used with the preposition **o** + A in the meaning "concern": **O co ci chodzi?** *What are you getting at? What are you concerned about?*

6. Some other common expressions with **iść chodzić** include **Jak ci idzie?** *How goes it?* **Jan chodzi z Marią.** *Jan is going with Maria (i.e., with her as a girlfriend).*

7. The verb **lecieć latać** is often used in the meaning "run, dash off": **Muszę lecieć.** *I have to run.* Some other expressions with this verb include **Jak leci?** *What's up?*; **Jak czas leci!** *How time flies!*; **On lata za kobietami.** *He chases women.*

8. The verb **nosić** is often used in the meaning "wear": **Dlaczego nosisz ciemne ubranie?** *Why are you wearing a dark suit?* One may also use **chodzić w** + L in the meaning "wear": **Ona zawsze chodzi w tym płaszczu.** *She always wears that coat.*

9. Verbs of motion, both simple and complex (*i.e.*, both prefixed and unprefixed), are used in a great variety of meanings having little to do with concrete motion. Compare these compounds of **wieść wodzić** *lead:* **uwieść uwodzić** *seduce*; **rozwieść się rozwodzić się** *get divorced*; **zawieść zawodzić** *disappoint*; **dowieść dowodzić** *prove*; and so on.

I. Wyrażenia przyimkowe dla określenia czasu *prepositional time expressions*

The most common prepositions used in the expression of time are **w** + L *in*, **po** + L *after*, **do** + G *until, up to*, **za** + A *after, in*, **na** + A *for*, **przez** + A *during*, **od** + G *since*, **przed** + I *before, ago*. Illustrations are given below, using the word **miesiąc** *month*:

w tym miesiącu *in, during this month* (**w** + L):
W tym miesiącu jestem strasznie zajęty. *This month I am awfully busy.*

po miesiącu *after a month (that has already passed)* (**po** + L):
Po jednym miesiącu pracy podał się do dymisji. *After one month of work he resigned.*

do miesiąca (**do** + G):
a. up to, preceding, as much time as, a month:
Można zarezerwować miejsce do miesiąca naprzód. *One can reserve a place up to a month in advance.*
b. before:
Muszę skończyć tę pracę do następnego miesiąca. *I have to finish this work before next month.*

za miesiąc *in, after (the elapse of) a month* (**za** + A):
Za miesiąc wyjadę na urlop. *In a month I'm leaving on vacation.*

na miesiąc *for a month (that is yet to come)* (**na** + A):
Wyjadę na miesiąc do Paryża. *I'm leaving for a month to Paris.*

przez miesiąc *for, during the course of a month* (**przez** + A):
Będę przez miesiąc nad morzem. *I will be at the seashore for a month.*

od miesiąca (**od** + G):
a. for a month just past:
Od miesiąca jestem bez pracy. *I've been out of work for a month.*
b. beginning with a month:
Od następnego miesiąca będę w nowym domu. *Beginning next month I will be in my new house.*

przed miesiącem (**przed** + I):
a. a month ago:
Przed miesiącem dostałem awans. *A month ago I got a promotion.*
b. before a month
To miało miejsce kiedyś przed zeszłym miesiącem. *That took place sometime before last month.*

Expressions similar to the above may be formed with **dzień** *day*, **noc** *night*, **tydzień** *week*, **rok** *year*, **wiek** *age, century*, **godzina** *hour*, **minuta** *minute*, **chwila** *moment, while.*

Notes

1. A number of the above expressions are translated into English as "for": **na miesiąc** *for a month (to come)*, **przez miesiąc** *for (the duration of) a month*, **od miesiąca** *for a month just past.*

2. English "before" is usually translated by **do** + G; **przed** + I is generally used only when the noun of time is not treated as a specific limit but only as a general reference point.

3. English "before," "during," "after" are often rendered by the expressions **przed upływem** + G *before the passage of*, **w ciągu** + G *in the course of*, **po upływie** + G *after the passage of*:

Napisałem trzy artykuły w ciągu jednego miesiąca. *I wrote three articles in the course of a single month.*

Projekt musi być gotowy przed upływem tego miesiąca. *The project must be ready before the month is up.*

4.Instead of **przez** + A, one may also simply use the Accusative by itself: **Pracowałem cały miesiąc nad tym projektem.** *I worked all month on that project.*

5. Besides **przed** + I, "ago" may also be expressed with **temu**: **Dostałem awans miesiąc temu.** *I got a promotion a month ago.*

6. In the meaning "on," the word **dzień**, and names for the days of the week, take **w** + A: **W jakie dni są loty do Londynu?** *On what days are there flights to London?* **Wracam w poniedziałek.** *I'm returning on Monday.*

7. Frequency per period of time is rendered in Polish by **w** + L, **na** + A, or rarely, in combination with **rok**, by **do** + G: **Sprzątam mieszkanie raz w miesiącu (raz na miesiąc).** *I straighten my apartment once a month.* **Odwiedzam rodziców raz do roku.** *I visit my parents once a year.*

8. "Every month," and so on, is expressed with **co** + A, with **każdy** in the Accusative, or with adverbs like "monthly": **Co miesiąc (każdy miesiąc) dostaję od niej list.** *I get a letter from her every month (monthly).*

J. Wyrażenia przypadkowe wyrażające czas *case expressions of time*

1. Biernik *Accusative*

The usual means for expressing a period of time is to put the expression in the Accusative case: **Byłem cały rok we Francji.** *I was a whole year in France.* **Pracowałem całą noc.** *I worked all night.*

2. Dopełniacz *Genitive*

Phrases indicating specific time of occurrence are often placed in the Genitive: **tej nocy** *on that night*, **któregoś dnia** *some day*, **zeszłego razu** *last time*, **osiemnastego lipca** *on the 18th of July.*

3. **Narzędnik** *Instrumental*

The Instrumental case is used in the expression of time of year and, to a limited extent, in the expression of other periods of time: **zeszłą zimą** *last winter*, **późno nocą** *late at night*, **całymi dniami** *for days on end*, **tym razem** *this time*, **czasami** *sometimes*, **wieczorami** *during the evenings*, and so on.

K. Przegląd przymiotników określających czas *survey of adjectives of time*

PAST

1. **zeszły** *last, i.e., the one before this one.*

W zeszłym tygodniu odbył się zjazd literatów. *Last week a writers' congress took place.*

2. **przeszły** *past, no longer actual*

Zostawmy przeszłe sprawy. *Let's let bygones be bygones.*

3. **dawny** *olden, long-ago, long-time, former*

W dawnych czasach tu stał kościół. *In olden times a church stood here.*

4. **były** *former*

To jest moja była narzeczona. *That's my former fiancée.*

5. **miniony** *past, bygone*

Żyję wspomnieniami minionych lat. *I live on memories of bygone years.*

PRESENT

6. **obecny** *present, current*

Ta pani to jego obecna żona. *That woman is his current wife.*

7. **bieżący** *current, on-going*

Pierwszego listopada bieżącego roku wejdą w życie nowe ustawy. *On the 1st of November of the current year new regulations go into effect.*

8. **ten** *this, the present, the one at hand*

W tym roku mam mniej do roboty niż w zeszłym. *This year I have less work than last.*

9. **teraźniejszy** *present*

Najłatwiej opanować formy czasu teraźniejszego. *It's easiest to master the present-tense forms.*

FUTURE

10. **przyszły** *future*

W przyszłym roku mam otrzymać awans. *Next year I am to receive a promotion.*

11. **następny** *next (in line)*

W następnym miesiącu będę na urlopie. *Next month I will be on vacation.*

12. **najbliższy** *nearest, very next*

W najbliższym tygodniu wygłoszę odczyt. *This very next week I'm giving a talk.*

13. **nadchodzący** *upcoming, approaching*

Musimy się schronić przed nadchodzącą burzą. *We have to take shelter from the approaching storm.*

- CZY KTOŚ Z PAŃSTWA MA PRZY SOBIE TROCHĘ BENZYNY ?

L. Ćwiczenia

1. **ty, iść:** **a. idziesz**
b. szedłeś, szłaś.

on/ona, nieść; ja, płynąć; oni/one, lecieć; my, wieść; pan/pani, biec; wy, wieźć; ty, leźć.

2. **ty, iść:** **a. chodzisz**
b. chodziłeś, chodziłaś.

Use the vocabulary of Exercise 2.

3. Choose from among **iść chodzić pójść**; choose **do** + G or **na** + A depending on the noun complement.

dzisiaj, my, szkoła: dzisiaj idziemy do szkoły.

zawsze, ty, koncerty; wczoraj, ja, uniwersytet; często, my, teatr; jutro, oni, przedstawienie; teraz, ja, sklep; za tydzień, my, kino; zwykle, on, kościół; w zeszły piątek, one, dom; przedwczoraj, my, Elżbieta; zaraz, ja, kiosk; ciągle, ty, biblioteka.

4. Choose from among **wieźć wozić odwieźć**; choose between **do** + G and **na** + A depending on the noun complement.

ja, zaraz, pies, weterynarz: zaraz odwiozę psa do weterynarza.

my, często, dziecko, lekarz; on, przed chwilą, siostra, lotnisko; ja, dzisiaj, Lola, biblioteka; on, za godzinę, matka, sklep; oni, zwykle, syn, szkoła; w przyszły wtorek, my, córka, babcia; jutro, oni, kolega, dworzec.

5. Complete the sentence in a logical way:
last Monday: **w zeszły poniedziałek byłem (byłam) u dentysty.**

next Wednesday, this Tuesday, last Sunday, next Thursday, last Saturday, this Friday.

6. **pociąg, chwila:** **a. pociąg odjedzie za chwilę.**
b. pociąg odjechał przed chwilą.

autobus, godzina; samolot, tydzień; tramwaj, minuta; statek, miesiąc.

7. **pociąg,** 3, **minuta:** **a. pociąg przyjedzie za trzy minuty**
b. pociąg przyjechał przed trzema minutami.

autobus, 5, **godzina; samolot,** 4, **tydzień; tramwaj,** 10, **sekunda; statek,** 12, **miesiąc; taksówka,** 21, **minuta.**

8. **pociąg,** 3, **minuta:** **pociągi odchodzą co trzy minuty.**

Use the vocabulary of Exercise 7.

9. Translate the phrase of time:

(die) a month ago: **przed miesiącem.**

(leave) for a week, (work) for a year, (leave) in a minute, (move) three years ago, (be busy) beginning next week, (finish) before next year, (be tired) after seven hours, (arrive) this coming Wednesday, (study) all last week, (work) in the evenings, (read) the entire night.

10. **ja, kiosk, gazeta:** **a. wyjdę do kiosku po gazetę.**
b. wyszedłem (wyszłam) do kiosku po gazetę.

my, sklep spożywczy, chleb i masło; on, dworzec kolejowy, bilety na jutrzejszy pociąg; ona, delikatesy *(delicatessen G pl.* **-ów***)*, **wino i czekoladki; ja, sklep, mięso; oni, księgarnia** *(bookstore)*, **nowa książka; my, dom, nasza gitara; ja, kiosk, koperty i znaczki** *(stamps)*; **on, sklep monopolowy** *(liquor store)*, **wódka.**

11. The preceding exercise may also be done with **pójść, pobiec, polecieć.**

12. **ja, ty, hotel,** 8: **a. będę czekał(a) na ciebie przed hotelem o ósmej**
b. przyjadę po ciebie do hotelu o ósmej.

my, wy, biblioteka *(library)*, 7; **oni, my, księgarnia,** 5; **ona, ja, dworzec autobusowy,** 3; **my, ty, pomnik Mickiewicza,** 9; **ja, pani, Muzeum Narodowe,** 4.

13. Fill in with an appropriate complement:

za rok: **będę zdrów dopiero za rok.**

w tym tygodniu, przez cały miesiąc, za godzinę, na trzy lata, każdą noc, raz na tydzień, któregoś dnia, tym razem, pierwszego września, od sześciu lat, do czterech lat, po pięciu tygodniach, przed chwilą, w ciągu godziny, po upływie tego miesiąca, przed upływem następnego tygodnia, od jednej minuty, całymi dniami, dniem i nocą.

14. **pociąg,** 3, **dzień:** **pociągiem jedzie się trzy dni.**

samolot, 5, **godzina; autobus,** 4, **dzień; statek,** 3, **tydzień; taksówka,** 10, **minuta; samochód,** 7, **miesiąc.**

15. Complete the sentence in some logical way:

last month: **w zeszłym miesiącu brat przyjechał z Polski.**

next year, last week, this month, last year, next week, last century.

16. 23, **minuta:** **a. za dwadzieścia trzy minuty**
b. przed dwudziestoma trzema minutami.

35, **dzień;** 42, **godzina;** 51, **rok;** 64, **sekunda;** 76, **miesiąc;** 101, **tydzień.**

17. 2, 6, **styczeń,** 8: **proszę dwa bilety na szóstego stycznia i powrotne na ósmego.**

1, 17, **luty,** 23; 3, 3, **czerwiec,** 30; 4, 4, **wrzesień,** 29.

18. 5, **rok:** **minęło pięć lat.**

3, **tydzień;** 26, **miesiąc;** 2, **noc;** 41, **dzień;** 24, **godzina;** 55, **sekunda;** 64, **miesiąc.**

19. 2, 8: **proszę dwa bilety na godzinę ósmą.**

1, 9; 3, 11; 5, 3; 33, 10; 10, 10.

20. Use different pronouns in each of your responses:

red cap: **a. zawsze noszę czerwoną czapkę**
b. nigdy nie chodzę w czerwonej czapce.

dark suit, yellow dress, green coat, grey trousers, dark glasses (**ciemne okulary**).

21. 22, **kot, pilot:** **dwadzieścia dwa koty; dwudziestu dwóch pilotów.**

33, **fragment, absolwent** *(graduate student)*; 44, **dramat** *(drama)*, **wariat** *(madman)*; 55, **wentylator** *(fan)*, **konduktor**; 66, **kajak, Polak**; 101, **kalendarz** *(calendar)*, **lekarz**; 171, **wąż, mąż.**

22. 2, **dzień:** **można zarezerwować miejsce do dwóch dni przed wyjazdem.**

21, **dzień**; 12, **miesiąc**; 4, **rok**; 24, **godzina.**

23. Compose five-line conversations, the first line of which reads as follows:

a. Czy są miejscówki na dzisiejszy pociąg do Warszawy?
b. O której odchodzi następny autobus do Rzeszowa?
c. Czy są wolne miejsca na szóstego w samolocie do Nowego Jorku?
e. Na co czekasz?
f. Dlaczego nosisz ten brzydki krawat?
g. Wyjdę do kiosku po gazetę.
h. Pomóż mi z tą dużą torbą, dobrze?

24. Explain, in Polish, the humor behind the cartoons in this lesson.

25. **Tłumaczenie** *translation*

a. How much does a train ticket from Koszalin to Jelenia Gora cost (**kosztować**)?
b. When does the next train to Zabrze leave? - The last train left an hour ago.
c. Are there still seat reservations for the express train to Warsaw? - I'll check. No, they're all sold out (**wysprzedany**).

d. What days does the bus run to Radom? - On all days except holidays.
e. Next year I think I'll go to Montreal. Last year I went to Brussels (**Bruksela**) and it wasn't very interesting.
f. Why are you waiting for the bus at 3 o'clock in the morning? - I have no other choice.
g. I've been waiting for you *(use present tense)* for two hours already.
h. In two years I'll have my doctorate (**doktorat**); I'm in my next-to-last (**przedostatni**) year.
i. I got your letter a month ago, but I haven't read it yet.
j. We will have to wait another (**jeszcze**) five hours for the next train to Vienna (**Wiedeń Wiednia**).
k. Twenty-four minutes have already passed (**minąć**), and the airplane still hasn't arrived.
l. I have to take my daughter to the dentist's at 5 o'clock.
m. I'll come to your hotel for you at 9 o'clock. You are *(use* **mieć***)* to wait for me next to the kiosk in front of the hotel.
n. Let's go to the delicatessen for some wine and chocolates.
o. I had to wait 10 hours at the airport until (**dopóki nie**) my plane was ready to leave.
p. How often do planes fly to Sidney? - Once (**raz**) a year.
q. As far as I know, ships don't sail directly (**bezpośrednio**) from Poland to Australia. - Of course they do.
r. We take reservations up to an entire year in advance.
s. Are there any empty places for the 11th of March?
t. In the current year, 24 students are studying Polish.
u. Marek is my long-time friend and former colleague.
v. Let me introduce you to my former wife.
w. Why are you wearing that old hat again (**znowu**)? -It's my favorite (**ulubiony**) hat; besides (**poza tym**), it's my only (**jedyny**) hat.

Zielona Góra

M. Tekst do czytania *reading*

Kolej

Najpopularniejszym i najtańszym środkiem komunikacji między miastami w Polsce jest kolej. Wszystkie pociągi należą do PKP, tzn. Polskich Kolei Państwowych. Większość z nich to pociągi elektryczne, jednak obfitość węgla w Polsce sprawia, że lokomotywy parowe są nadal używane, a nie wycofywane, jak to ma miejsce w wielu innych krajach.

W Polsce jest kilka rodzajów pociągów pasażerskich: osobowe, które są tanie, ale zatrzymują się na każdej stacji, pośpieszne i ekspresowe - najszybsze, ale też najdroższe. Pociągi kursujące na dłuższych trasach posiadają wagony restauracyjne, sypialne i tzw. kuszetki z miejscami do leżenia. Na krótszych trasach są zwykle "Warsy," tzn. bary szybkiej obsługi, gdzie można kupić napoje chłodzące, kanapki i słodycze.

W polskich pociągach są wagony pierwszej i drugiej klasy. Różnica między nimi polega na tym, że przedziały pierwszej klasy są obliczone na sześć, podczas gdy przedziały drugiej klasy na osiem osób. Podróż w pierwszej klasie jest więc znacznie wygodniejsza, jednak bilet kosztuje mniej więcej dwa razy tyle, co bilet drugiej klasy.

Posiadanie biletu kolejowego uprawnia pasażerów do podróży pociągiem, ale nie gwarantuje każdemu z nich miejsca siedzącego. Ze względu na dużą ilość podróżujących o każdej prawie porze roku zdobycie takiego miejsca może być czasem trudne, szczególnie w okresie przedświątecznym. Jedynie w pociągach ekspresowych i międzynarodowych pasażer oprócz biletu musi posiadać tzw. miejscówkę z numerem miejsca, które będzie zajmował. Również w wagonach sypialnych i kuszetkach miejsca są numerowane. Miejscówkę należy kupić w biurze podróży lub na dworcu - najlepiej kilka dni, a nawet tygodni naprzód, nie więcej jednak niż miesiąc przed podróżą.

Studentom, emerytom i niektórym pracownikom państwowym przysługują przy kupnie biletu różnego rodzaju zniżki. Dla nauczycieli, na przykład zniżka wynosi 50 procent. Ci, którzy nie zdążyli kupić biletu przed odjazdem pociągu, mogą nabyć go za dodatkową opłatą u konduktora. Brak biletu należy zgłosić od razu po zajęciu miejsca, bowiem za jazdę bez biletu płaci się wysoką karę.

Ze względu na istotną rolę sieci kolejowej dla obronności państwa robienie zdjęć pociągów, stacji i innych urządzeń kolejowych jest w Polsce zabronione.

Lokomotywa parowa

Kolej - słowniczek

bowiem *since*
brak *lack*
chłodzić *cool*
czasem *sometimes*
długi *long; comp.* **dłuższy**
dodatkowy *additional*
drogi *expensive; comp.* **droższy**
dwa razy tyle, co *two times as much as*
gwarantować *guarantee*
ilość *(f.) quantity*
istotny *essential*
jazda *travel, travelling*
jedynie *(here:) only*
kanapka *canape, open-face sandwich*
kara *fine*
komunikacja *(here:) transportation*
kupno *purchase*
kursować *(here:) run (of trains)*
kuszetka *couch*
mieć miejsce *take place*
międzynarodowy *international*
mniej więcej *more or less*
nabyć nabywać *obtain*
należeć do + G *belong to*
należy *one ought to*
napój napoju *drink, beverage*
numerować po- *number*
obfitość *(f.) abundance*
obliczony na + A *(here:) designed for*
obronność *(f.)defense*
obsługa *service*
odjazd *departure*
okres *period*
opłata *payment;* **za dodatkową opłatą** *for an additional charge*
parowy *(adj.) steam*
pasażer *passenger*
polegać na + L *depend on*
posiadać *possess*
procent *percent*
przedświąteczny *(adj.) pre-holiday*
przedział *(train) compartment*
przy + L *while, during*
przysługiwać + D *be owed, have coming to*
restauracyjny *(adj.) restaurant*
rodzaj *type*
również *likewise*
różnego rodzaju *of various sorts, various sorts of*
różnica *difference*
są nadal używane *continue to be used*
sieć *(f.) network*
słodycze -y *(pl.) sweets*
sprawić sprawiać *cause*
sypialny *(adj.) sleeping*
szczególnie *particularly*
środek środku *means*
tani *cheap*
trasa *route*
tzn. (to znaczy) *that means, that is to say*
tzw. (tak zwany) *so-called*
uprawnić uprawniać *entitle*
urządzenie *installation*
wagon *(railway) car*
węgiel węgla *coal*
większość *(f.) majority*
wycofać wycofywać *withdraw*
wynosić *(here:) amount to, come to*
zabroniony *forbidden*
zatrzymać się zatrzymywać się *stop*
zdążyć + infin. *manage (to do on time)*
zdjęcie *snapshot*
zdobyć zdobywać *obtain*
ze względu na + A *in view of*
zgłosić zgłaszać *announce, report*
znacznie *significantly*
zniżka *reduction*

Note: **Wars:** together with his sister **Sawa**, legendary founders of Warsaw.

Pytania do tekstu:

1. Co jest najpopularniejszym środkiem komunikacji krajowej w Polsce? Dlaczego?
2. Dlaczego lokomotywy parowe są w Polsce nadal używane?
3. Jakie są rodzaje pociągów pasażerskich w Polsce?
4. Ile jest klas wagonów pasażerskich, i jaka jest między nimi różnica?
5. Gdzie w pociągu można kupić coś do jedzenia?
6. Co to są miejscówki?
7. Komu przysługuje zniżka przy kupnie biletu kolejowego?
8. Co należy zrobić, jeśli nie zdąży się kupić biletu przed odjazdem pociągu?
9. Dlaczego nie wolno w Polsce fotografować stacji i urządzeń kolejowych?

Do rozmowy:

1. Czy podróżowanie pociągiem jest w naszym kraju popularne?
2. Czy jechałeś(aś) kiedyś pociągiem dalekobieżnym? Co zapamiętałeś(aś) z tej podróży?
3. Czy jechałeś(aś) kiedyś wagonem sypialnym? Czy taka podróż jest wygodna?
4. Czy jadłeś(aś) w wagonie restauracyjnym? Jak rozwiązany jest problem wyżywienia w samolotach i autobusach?
5. W których amerykańskich środkach komunikacji krajowej występuje podział na klasy?
6. Czy kupno biletu na pociąg, samolot i autobus wygląda u nas tak samo jak w Polsce?
7. Kto u nas korzysta ze zniżki przy zakupie biletu na podróż pociągiem, samolotem lub autobusem?
8. Jakie są zalety i wady różnych środków komunikacji dalekobieżnej?
9. Czy można w naszym kraju swobodnie robić zdjęcia wszelkich obiektów?

dalekobieżny *(adj.) long-distance*
korzystać z + G *make use of, take advantage of*
podział *division*
rozwiązać rozwiązywać *solve*
swobodnie *freely*
wada *flaw, defect*
wszelki *any sort of, all sorts of*
wystąpić występować *(here:) occur*
wyżywienie *nourishment*
zakup *purchase*
zaleta *virtue*

LEKCJA DRUGA 2

Wrocław

A. Na postoju taksówek

- O której zaczyna się przedstawienie?

- O wpół do ósmej.

- Na pewno nie zdążymy.

- Nie martw się. Zdążymy. Dochodzi dopiero siódma.

- Ale nie złapiemy taksówki o tej porze.

- Co z ciebie za pesymista (pesymistka)! Popatrz, właśnie nadjeżdża.

- Owszem, ale zajęta.

- To nic, za chwilę przyjedzie (będzie) następna.

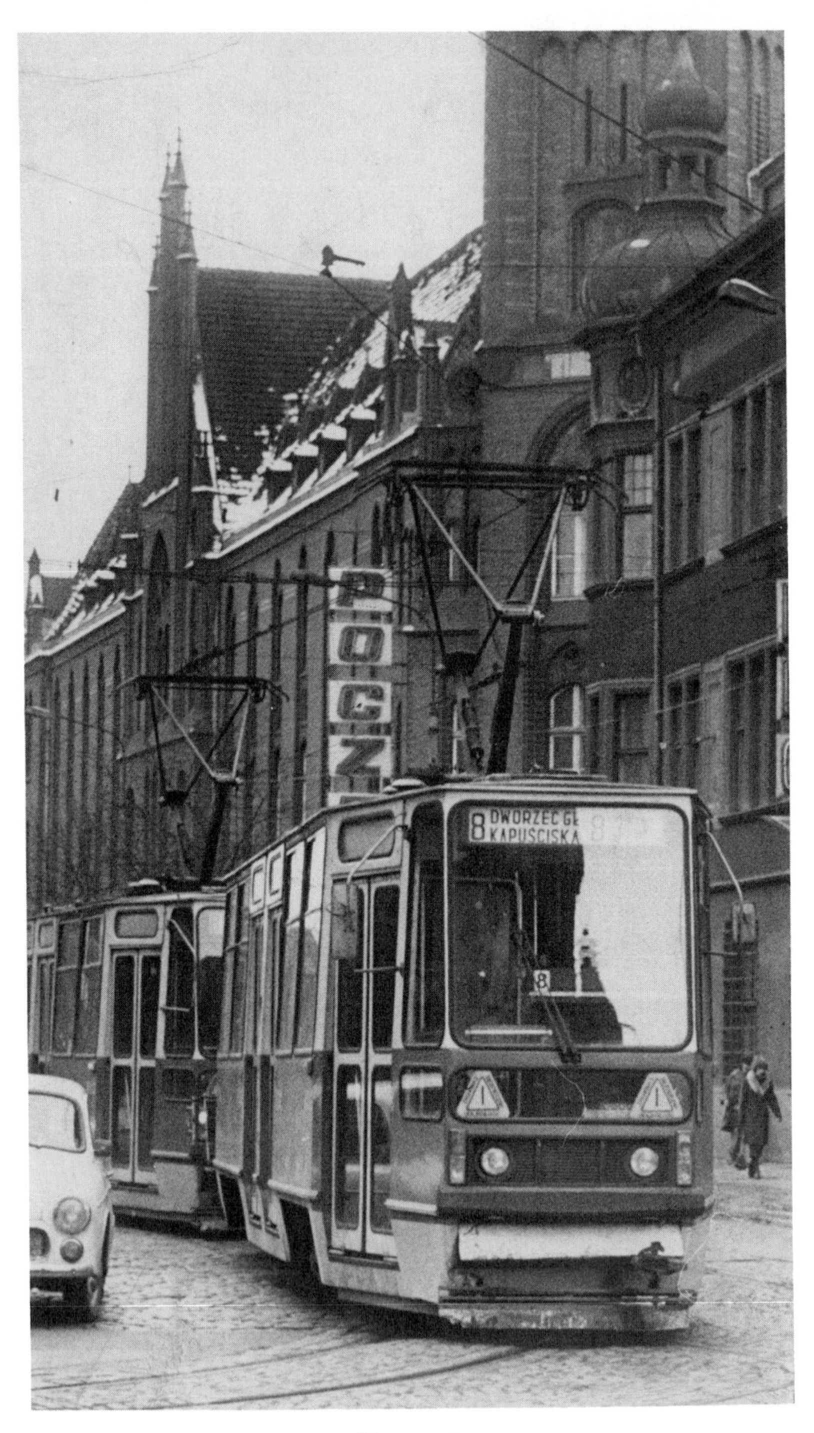

Tramwaj

B. Na przystanku autobusowym

- Nareszcie jedzie (jest) nasz autobus.

- To nie nasz. To nawet nie autobus. to jakiś służbowy (wojskowy) samochód.

- Rzeczywiście. Czekamy już tak długo, że zaczynam mieć przywidzenia (halucynacje).

- Nie przesadzaj! Pięć minut to żadne czekanie. O zobacz, już jedzie (jest) nasz autobus.

- Nareszcie.

- Słuchaj, przestań na wszystko narzekać, bo psujesz mi humor.

C. Na piechotę

- Czy pojedziemy na uniwersytet tramwajem?

- Tak, wsiądziemy tu w setkę, pojedziemy trzy przystanki i wysiądziemy przy sklepie z antykami.

- Masz bilety?

- Mam. O, już jest setka.

- To jedźmy. Nie - czekaj! Zobacz, jaki tłok. Chodźmy lepiej na piechotę. W końcu to nie jest tak daleko.

Rowerzysta

Trolejbus

Koń i autobus

D. Niesamowity korek

- Przepraszam, że się spóźniłem(am).

- Nic nie szkodzi, dobrze, że wreszcie przyszedłeś/przyszłaś (jesteś). Co się stało?

- Najpierw uciekł mi sprzed nosa tramwaj i musiałem(am) prawie pół godziny czekać na drugi. Potem na skrzyżowaniu Marszałkowskiej i Alei Jerozolimskich zderzyliśmy się z ciężarówką z jajkami.

- Ojej! Czy nic ci się nie stało?

- Na szczęście nie, ale ruch był zatrzymany prawie (przeszło, ponad) godzinę, bo powstał niesamowity korek.

- Wyobrażam sobie. No, wejdź do pokoju. Właśnie siadamy do stołu.

E. Słowniczek

antyk *antique*
ciężarówka *truck*
jarzyna *vegetable*
korek *(here:) traffic jam*
łapać z- *catch*
na piechotę *on foot*
na szczęście *fortunately*
narzekać *complain*
niesamowity *incredible, amazing*
pesymista *(f.* **pesymistka***)* *pessimist*
ponad *more than, over*
popatrzeć *(pf.) take a look*
postój postoju *stop;* **postój taksówek** *taxi stand*
powstać powstawać *arise*
pół + G *half*
prawie *almost*
przestać przestawać *stop*
przeszło *more than, over*
przystanek przystanku *(bus) stop*
przywidzenie *vision*
psuć ze- *spoil*
ruch *traffic*
rzeczywiście *indeed*
setka *(here:) bus 100*
skrzyżowanie *intersection*
służbowy *(adj.; here:) official*
sprzed + G *from in front of*
stać się *(pf.) happen*
szkodzić *harm;* **nic nie szkodzi** *it doesn't matter*
taksówka *taxicab*
tłok *crowd, throng*
uciec uciekać *escape*
w końcu *after all*
właśnie *(here:) right now*
wojskowy *military*
wsiąść wsiadać w + A *get into, onto a bus, taxi, etc.*
wyobrazić wyobrażać sobie *imagine*
wysiąść wysiadać z + G *get out of a bus, taxi, etc.*
zatrzymać zatrzymywać *stop, hold up*
zderzyć się zderzać się z + I *collide with*

F. Uwagi

dochodzi siódma *it's getting on toward seven*

to nie nasz *it's not ours.* Note the deletion of **jest** in a statement of identity.

wojskowy (służbowy) samochód *military (official) vehicle*

sklep z antykami *store with antiques, antique store.* Note the similar construction in **ciężarówka z jajkami** *truck with eggs, egg-truck.*

mam *I have, I do.* Note the repetition of the verb in response to the yes-no question. This construction corresponds to the English use of the auxiliary 'do': "Do you have the tickets?" - "I do.".

czy nic ci się nie stało? *Didn't anything happen to you, i.e., did you get hurt?* Polish lacks a straight correspondent to the English inquiry "Were you hurt?"

G. Przegląd wyrażeń dla określenia czasu zegarowego
review of expressions for telling time

1. One indicates clock time by using the word **godzina** *hour,* followed by the ordinal numeral; **Jest godzina pierwsza.** *It's one o'clock;* **Była godzina ósma.** *It was eight o'clock.*

2. In expressions involving prepositions, the word **godzina** is usually omitted:

o pierwszej *at one o'clock (***o** + L*)*
po drugiej *after two o'clock (***po** + L*)*
przed trzecią *before three o'clock (***przed** + I*)*
od czwartej *since four o'clock (***od** + G*)*
do piątej *until five o'clock (***do** + G*)*
na szóstą *for six o'clock (***na** + A*).*

3. When indicating minutes before or after the hour, the following expressions are used:

pięć po ósmej *five after eight (***po** + L*)*
za pięć siódma *five till (to) seven (***za** + A*)*
wpół do dziewiątej *eight-thirty (***wpół do** + G*).*

Quarter after or before the hour is expressed with **kwadrans** *quarter-hour,* although this word is more and more replaced by simply **piętnaście minut:**

Jest kwadrans (piętnaście minut) po dziewiątej. *It's quarter past nine.*
Była za kwadrans (za piętnaście minut) jedenasta. *It was quarter to eleven.*

4. When prepositions are used with the expressions indicating minutes before or after the hour, **o** *at* is omitted except before **wpół do:**

Zadzwonię pięć po trzeciej. *I'll call at 3:05.*
Przyjdę za kwadrans druga. *I'll arrive at 1:45.*
Będę gotowy o wpół do ósmej. *I'll be ready at 7:30.*
Mam bilety na pięć po czwartej. *I have tickets for 4:05.*
Będę wolna od kwadrans po piątej. *I'll be free after 5:15.*
Mam bilety na za piętnaście szóstą. *I have tickets for 5:45.*

5. Usually in official communications, and more and more frequently in popular speech, a 24-hour system is used; hours 13-24 refer to 1:00 p.m. to 12:00 midnight. Usually in such expressions, minutes are given following the hour:

Jest godzina dwudziesta siedemnaście. *It is 8:17 p.m.*
Jest godzina osiemnasta czterdzieści pięć. *It is 6:45 p.m.*

6. Time expressions of the sort 5:02 may be expressed as either **dwie po piątej** or **piąta zero dwa;** 5:00 would be read as **piąta zero zero.**

7. The word **doba** refers to the entire twenty-four hour period:
Sklep jest czynny całą dobę. *The store is open day and night.*

H. Liczebniki rzeczownikowe *nominalized (reified) numerals*

When an object is identified by its number - a grade, streetcar, room, playing card, wrench, and so on, the numeral usually appears in its reified form. The reified numerals, which have the form of feminine nouns in **-ka** , occur most frequently from 1 to 20, and then by tens up to 100. The stem of most reified numerals resembles that of the ordinal numeral:

1 **jedynka**	11 **jedenastka**	30 **trzydziestka**
2 **dwójka**	12 **dwunastka**	40 **czterdziestka**
3 **trójka**	13 **trzynastka**	50 **pięćdziesiątka**
4 **czwórka**	14 **czternastka**	60 **sześćdziesiątka**
5 **piątka**	15 **piętnastka**	70 **siedemdziesiątka**
6 **szóstka**	16 **szesnastka**	80 **osiemdziesiątka**
7 **siódemka**	17 **siedemnastka**	90 **dziewięćdziesiątka**
8 **ósemka**	18 **osiemnastka**	100 **setka.**
9 **dziewiątka**	19 **dziewiętnastka**	
10 **dziesiątka**	20 **dwudziestka**	

Examples:
Dostałem dwójkę *I got a 2 (F) (grade).*
Wyłożył czwórkę. *He laid down a four (card).*
Jedzie siódemka. *Here comes (bus) 7.*
Gra polska jedenastka. *The Polish 11 (soccer team) is playing.*
Mieszkamy w trójce. *We live in (room) number 3.*
Byłem w pierwszej dziesiątce. *I was among the top ten.*
Daj mi piętnastkę. *Give me a 15 (millimeter wrench).*

Reified numerals 20-100 are often used to refer to the range of a person's age:
On ma pod trzydziestkę. *He is close to being 30 (years old).*
Ona jest dużo po czterdziestce. *She is long past 40.*

The reified numerals 2-10 appear in the meaning "twosome, threesome," etc.:
Graliśmy w trójkę. *We played as a threesome.*
Idzie cała czwórka. *Here comes the entire foursome.*

In theory, one may form compound reified numerals on the model **dwudziestka piątka 25, sto piątka 105**, and so on; in practice, such forms are not common, being replaced by **numer** plus the regular number:

Mieszkamy w pokoju numer dwadzieścia pięć. *We live in room no. 25.*
Jedzie autobus numer sto szesnaście. *Here comes bus no. 116.*

Corresponding to English "dozens", "hundreds", the reified numerals **dziesiątki** *tens,* **setki** *hundreds* are used:

Setki ludzi zostało zarażonych. *Hundreds of people became infected.*

I. Ułamki *Fractions*

1. Ułamki zwykłe *ordinary fractions*

a. Fractions are expressed with a cardinal number in the numerator and an ordinal in the denominator. The ordinal modifies a missing noun **część** *(f.) part;* hence it will exhibit feminine agreement: **jedna szósta** 1/6, **dwie szóste** 2/6, **pięć szóstych** 5/6. Cf. also

1/3 **jedna trzecia**	2/10 **dwie dziesiąte**
4/5 **cztery piąte**	8/9 **osiem dziewiątych.**

b. "Half" and "Quarter"

i. **połowa** *half.* This word is used in descriptions, not in counting: **Połowa miasta leżała w gruzach.** *Half the town lay in ruins.*

ii. **pół** + Gsg. This form is used in common fractional expressions: **pół godziny** *half an hour,* **pół chleba** *half a load of bread,* **trzy i pół procentu** *three and a half percent.*

iii. **półtora** *(m.-n.),* **półtorej** *(f.)* + Gsg. *one and a half:* **półtora roku** *one and a half years,* **półtorej godziny** *one and a half hours.*

iv. **ćwierć** + Gsg. *quarter.* This form is not particularly common. It occurs most often in fractional weights: **ćwierć deka masła** *a quarter of a decagram of butter,* **ćwierć kilo pomidorów** *a quarter of a kilo of tomatoes.* (Note: **deka** and **kilo** in the foregoing expressions are not declined).

v. **ćwiartka** *quarter.* This word is a kind of reified numeral, referring to anything that commonly comes in quarter measurements, for example, a quarter-liter bottle: **ćwiartka wódki** *a quarter (liter) of vodka,* **ćwiartka kartofli** *a quarter bushel of potatoes,* and so on.

2. **Ułamki dziesiętne** *decimal fractions*

The decimal place is indicated in Polish with a comma, not a period. The comma is referred to as **znak dziesiętny** *decimal point,* **koma** *comma (only in decimal expressions),* or, most often, simply as **przecinek** *comma.* Decimal expressions are followed by the Gsg. of a quantified noun:

7,2 **kg.** **siedem przecinek dwa** (or **siedem i dwie dziesiąte**) **kilograma.**

32,3% **trzydzieści dwa przecinek trzy (dziesiąte) procentu** *32.3%.* The word **procent** *percent* is not usually declined except for the Gsg. as in the example just above. The thousands position in large numbers is indicated in Polish with a period, not a comma: 9.000.000 *9,000,000.*

3. Expressions of the type "nine out of ten" are formed with **na** + A: **Dziewięć jabłek na dziesięć jest zgniłych.** *Nine apples out of ten are rotten.*

J. Nazwy znaków interpunkcji *names of the punctuation marks*

kropka *period*
przecinek *comma*
myślnik *dash*
średnik *semicolon*
znak zapytania *question mark*
wykrzyknik *exclamation point*
dwukropek *colon*
cudzysłów *quotation mark(s).*

K. Użycie przysłówka "dopiero" *the use of* dopiero

In contexts relating to time and age, English "only" is usually expressed by **dopiero** *only:*

Twój list przyszedł dopiero wczoraj. *Your letter came only yesterday.*
Wrócę dopiero wtedy, kiedy zechcę. *I'll return only when I want.*
Ona będzie miała dopiero sześć lat. *She will be only six years old.*

Cf. also the expression **to dopiero,** as in:

To dopiero jest muzyka! *Now that's what I call music!*

The expression **dopiero co** is often used in the meaning 'only just':

On dopiero co wyszedł. *He has only just left.*

Implicit in most of these expressions in the notion of having to wait for something. In meanings of "only" where the idea of waiting is not present, the usual Polish correspondent of "only" is **tylko:**

To jest tylko złudzenie. *That is only an illusion.*

L. Użycie przysłówka "właśnie"

The basic meaning of **właśnie** is, "just, exactly, precisely":
To jest właśnie to, co chciałem powiedzieć. *That's just what I wanted to say.*
Właśnie o to chodzi. *That's precisely the point.*

This word occurs in a number of other idiomatic uses besides; *cf.*
Autobus właśnie nadjeżdża. *Here comes the bus right now.*
Właśnie chciałem powiedzieć... *I was just about to say...*

As an exclamation, **właśnie** translates in English "right!":
No właśnie! *Right! (Exactly!, Precisely!)*

M. Konstrukcje z wyrazami "czas, pora, chwila, moment"

1. **czas** is the general word for "time", as in **czas i przestrzeń** *time and space.* This word occurs in the following common expressions and constructions:

w czas *in time, on time, punctually.* **W czas zauważyłem przeszkodę.** *I noticed the obstacle in time.*

na czas *on time, by a specified time.* **Nie wiem czy zrobię to na czas.** *I don't know whether I can do that on time.*

w czasie + G *during.* **Spotkaliśmy się po raz ostatni w czasie wojny.** *We met for the last time during the war.*

przez ten czas *during that time,* **przez pewien czas** *for a certain time,* **przez jakiś czas** *for some time.* **Przez ten czas zdążyłem zrobić trzy zdjęcia.** *During that time I managed to take three pictures.* **Przez pewien czas nie mogłem sobie przypomnieć, co zrobiłem z paszportem.** *For a while I wasn't able to remember what I did with my passport.* **Przez jakiś czas leżałem tam nieprzytomny.** *For some time I lay there unconscious.*

do pewnego czasu *up to a point.* **Jestem cierpliwy, ale tylko do pewnego czasu.** *I am patient, but only up to a certain point.*

od tego czasu *since, from that time on.* **Od tego czasu nie utrzymuję z nim kontaktu.** *Ever since that time I haven't maintained contact with him.*

po pewnym czasie *after a while.* **Po pewnym czasie wróciłem, ale nie zastałem nikogo.** *After a while I returned, but I didn't find anyone there.*

od czasu do czasu *from time to time.* **Pisz do mnie od czasu do czasu.** *Write me from time to time.*

z czasem *with time, in the course of time.* **Sytuacja się zmieni z czasem.** *The situation will change with time.*

czasem *every once in a while; by chance, perhaps.* **Twoja siostra bywa czasem niegrzeczna.** *Your sister is sometimes impolite.* **Czy nie wybierasz się czasem jutro do kina?** *Aren't you by chance going to the movies tomorrow?*

czasami *sometimes.* **Czasami jesteś bardzo zabawny.** *You can sometimes be very funny.*

czas na + A *time for something.* **Nie mam czasu na zabawę.** *I have no time for play.*

co pewien czas *every so often,* **co jakiś czas** *every once in a while.* **Co pewien czas zegar wydawał z siebie jakiś dziwny dźwięk.** *Every so often the clock would give out a strange noise.* **Wpadnij do mnie co jakiś czas.** *Drop by and see me every once in a while.*

dawnymi czasy *in the good old days.* (Note: **czasy** here is an old Instrumental plural form.) **Dawnymi czasy ludzie umieli dobrze się bawić.** *In the good old days people knew how to have a good time.*

czasy *"the times".* **Trudne dzisiaj czasy.** *Times are hard these days.*

już czas *it's time.* **Najwyższy czas już iść.** *It's high time for us to go.*

czasowo *temporarily.* **Pracuję czasowo w biurze.** *I'm working temporarily in an office.*

zawczasu *beforehand.* **Trzeba było zawczasu o tym pomyśleć.** *You should have thought about that beforehand.*

Piła

2. **pora** means "time" in a more limited sense than **czas.** *cf.* **pora roku** *time of year, season.* Expressions using **pora** are numerous:

w porę *on time, at the right time.* **Przyszedłeś nie w porę.** *You came at the wrong time.*

o tej porze *at that time (usually, of day).* **On przychodzi codziennie o tej samej porze.** *He comes every day at the same time.*

do tej pory *as of yet, up to now.* **Do tej pory jeszcze nie wrócił.** *As of yet he hasn't returned.*

od tej pory *from then on, since then.* **Od tej pory nawet mi się nie kłania.** *Ever since he doesn't even nod to me.*

pora + infin. *time (to do something).* **Pora spać.** *It's time to sleep.*

3. **chwila** *while, moment*

na chwilę *for a moment, for a while.* **Zatrzymamy się na chwilę.** *Let's rest for a while.*

przez chwilę *for a while.***Trwali przez chwilę w milczeniu.** *They remained for a while in silence (i.e., without speaking).*

po chwili *after a moment.* **Po chwili odezwał się.** *After a moment he responded.*

w tej chwili *at the moment, right away.* **Chodź tu w tej chwili!** *Come here this instant!* **Nie mam czasu w tej chwili na rozmowę z tobą.** *I don't have time at the moment to talk with you.*

za chwilę *in (after) a moment.* **Wrócę za chwilę.** *I'll return in a moment.*

przed chwilą *a moment ago.* **Wrócił dopiero przed chwilą.** *He got back only a moment ago.*

z każdą chwilą *with each passing moment.* **Z każdą chwilą czuję się gorzej.** *I feel worse with each passing moment.*

od chwili *from the moment.* **Kocham się w tobie od chwili, gdy cię poznałem.** *I fell in love with you from the moment I met you.*

chwilę! (also **chwilkę!, chwileczkę!**) **Chwileczkę, zaraz przyjdę.** *Just a moment, I'll be right there.*

4. **moment** *moment, instant*

na moment *for a moment.* **Wpadłem tylko na moment.** *I've dropped by just for a moment.*

w tym momencie *at this/that moment.* **W tym momencie wszystko stało się jasne.** *At that moment everything became clear.*

w pewnym momencie *at a certain point.* **W pewnym momencie odwróciłem się i zobaczyłem ją.** *At one point I turned around and spotted her.*

przez moment *for a moment.* **Przez moment wydawało mi się, że ją już gdzieś widziałem.** *For a moment it seemed to me that I had seen her somewhere before.*

od tego momentu *from that moment.* **Od tego momentu przestałam go lubić.** *From that moment I stopped liking him.*

moment! (or: **momencik!**) *just a moment!*

ZNAKI OSTRZEGAWCZE

warning signs

przejście dla pieszych

dzieci

N. Różne zwroty z wyrazem "najmniej" *various turns of expression with* najmniej

1. **co najmniej** *at last (in an expression of number).* **Tu jest co najmniej pięć wolnych miejsc.** *There are at least five empty seats here.*

2. **przynajmniej** *at least (in the apologizing or silver-lining sense).* **Przynajmniej pies lubi to, co gotuję.** *At least the dog likes my cooking.*

It is possible for **przynajmniej** to occur in a sentence involving numbers, but in such case it will be modifying not the number but the verb: **No, przynajmniej jedno miejsce jest wolne.** *Well at least one place is empty.*

3. **bynajmniej** *not at all.* This word requires that the verb of sentence be negated: **On bynajmniej nie jest idiotą.** *He's by no means an idiot.*

O. wsiąść, wysiąść, zsiąść, dosiąść

Verbs used to express getting into/onto/out of/off various means of conveyance include:

wsiąść wsiadać w + A (or **do** + G) *get into, onto.* **Zobacz, ile ludzi wsiada do tego autobusu.** *Look how many people are getting on that bus.*

wysiąść wysiadać z + G *get off, out of.* **Czy pan wysiada na następnym przystanku?** *Are you getting out at the next stop?*

dosiąść dosiadać *mount.* **Dosiadł wiernego konia i wyruszył po pomoc.** *He mounted his trusty horse and set out for help.*

zsiąść zsiadać *dismount, get off.* **Zsiądźmy z rowerów na chwilę i odpocznijmy.** *Let's get off our bikes and rest for a while.*

myślnik (niebezpieczeństwo *danger***)**

P. Ćwiczenia

1. 2: **a. dochodzi już druga**
b. minęła już czternasta.

1, 5, 4, 6, 11, 3, 12, 8, 10, 7

2. 7:23 **a. spotkamy się dwadzieścia trzy po siódmej**
b. spotkamy się o godzinie dziewiętnastej dwadzieścia trzy.

10:05, 7:15, 4:36, 5:15, 4:30, 6:45, 9:50, 11:17, 3:26, 12:00, 2:41, 8:02, 10:20.

3. 7:23 **a. mam bilety na dwadzieścia trzy po siódmej**
b. mam bilety na dziewiętnastą dwadzieścia trzy.

This exercise is optional. Use the vocabulary of Exercise 2.

4. **samolot:** **a. jedziemy na lotnisko**
b. czekamy na lotnisku.

autobus (miejski), pociąg, taksówka, autobus (międzymiastowy), tramwaj, trolejbus *trackless trolley* (see reading below).

5. 7: **a. jedzie siódemka**
b. uczymy się w siódemkę
c. mieszkamy w siódemce.

10, 8, 2, 12, 3, 11, 9, 6, 4, 5, 1. Note: **Uczę się sam.** (Not: **w jedynkę**).

6. 70: **a. on jest po siedemdziesiątce**
b. on ma pod siedemdziesiątkę.

20, 50, 40, 30, 90, 60, 80.

7. 100, 3, **bar mleczny:** **wsiądziemy tu w setkę, pojedziemy trzy przystanki i wysiądziemy przy barze mlecznym.**

1, 2, **bank handlowy;** 3, 5, **sklep spożywczy;** 7, 1, **Teatr Wielki;** 10, 7, **dom towarowy;** 4, 4, **pomnik Chopina**

8. 3/4: **trzy czwarte.**

9/8, 6/17, 2/3, 5/9, 7/12, 8/23, 2/7, 1/3, 4/11.

9. 73,2% **siedemdziesiąt trzy przecinek dwa procent.**

34,6%, 45%, 87,9%, 119%, 1,4%.

10. **rok:** **półtora roku.**

godzina, kilogram, osoba, dzień, noc.

11. for sure: **na pewno.**

of course, indeed, right, at last, in the end, in a moment, at this moment, a moment ago, already, still, in an hour, an hour ago, at least (2 ways), fortunately, unfortunately, by no means, 5 people out of 7.

12. Complete in some logical way:

chwila: **a. za chwilę będę gotowy**
b. przed chwilą zderzyłem(łam) się z taksówką.

miesiąc, godzina, minuta, rok, tydzień.

13. taxi, bus: **a. taksówka zderzyła się z autobusem**
b. autobus zderzył się z taksówką.

train, truck; trolley, car; Mercedes, Fiat.

14. eggs: **gdzie znajdę sklep z jajkami?**

meat, antiques, sweets (**słodycze**), furniture (**meble** *pl.*), vegetables.

15. **ja, ty:** **cieszę się, że wreszcie przyszedłeś(szłaś).**

my, wy; on, my; ona, pani; oni, ja.

16. Supply the action, using first the Accusative, then the Instrumental of time:

noc: **a. tańczyliśmy całą noc**
b. tańczyliśmy całymi nocami.

dzień, miesiąc, rok (note: Ipl. **laty**), **godzina.**

17. 2, **dzień, cytryna:** **od dwóch dni nie ma cytryn.**

3, **rok, płatki kukurydziane;** 4, **tydzień, pomidor;** 8, **miesiąc, żarówki (żarówka** *light bulb*).

18. Supply appropriate activities:

5, **rok:** **a. wyjadę do Hollywood na pięć lat**
b. pracuję w tym biurze od pięciu lat.

3, **miesiąc;** 2, **dzień;** 6, **tydzień;** 21, **godzina;** 500, **dzień;** 30, **miesiąc.**

19. Supply the action:

11, **godzina:** **a. pociąg przyjedzie za jedenaście godzin**
b. pociąg przyjechał przed jedenastoma godzinami.

21, **miesiąc;** 34, **dzień;** 55, **rok;** 22, **sekunda;** 14, **tydzień;** 693, **rok;** 365, **dzień.**

20. Choose an appropriate preposition or case construction for expressing "at," "in," or "on" the indicated period or moment of time:

ta noc: **tej nocy.**

ten dzień, ta pora, ten miesiąc, następny tydzień, zeszły rok, przyszłość *(f.) future,* **środa, styczeń, godzina pierwsza, ta chwila, ten moment, ten czas.**

21. Supply an action for the foregoing expressions:

tej nocy: **tej nocy deszcz padał nieustannie.**

(Use the cues of Exercise 20.)

22. Translate, using the appropriate expression with **czas, pora, chwila, moment:**

czas:

a. We won't make it to the movie on time.
b. He's sometimes happy and sometimes sad.
c. Do you by chance have a match?
d. I don't have time for breakfast.
e. I fell asleep during the lesson.
f. During all that time I met only one truly interesting person.
g. In time you'll come to like him (use **polubić** *pf. come to like*).
h. He can sometimes be very irksome (**irytujący**).
i. Ever since then I don't even say hello to him.
j. She drops by to see us from time to time.
k. In olden times people didn't live very long.
l. After a while she calmed down (**uspokoić się**).
m. I won't be able to finish that picture on time.
n. Time's up.

pora:

a. It's time to go to bed.
b. He will still be sleeping at this time.
c. Congratulations, you've come on time.
d. Up till now he's been rather nice.
e. The movie started on time.
f. What time of year was it when you arrived in (*translate as* 'to') this country?

chwila:

a. He returned after a moment with a bottle of brandy.
b. Your girlfriend called a minute ago.
c. I have to rest for a while.
d. The director is busy right now. He'll see you in just a moment.
e. I like you more and more each moment.

moment:

a. At one point he became angry (**oburzyć się**) and walked out of the room.
b. Up until that moment I thought that I liked him.
c. Just a moment! I'll be there right away.
d. I'm free only for a moment.

23. **Tłumaczenie**

a. The next bus will arrive in an hour or two.
b. The last train arrived over an hour ago.
c. Look, what a strange car!
d. We'll never catch a bus at this stop. - Don't be a pessimist. Stop complaining.
e. Can one get there by train? - No, only by bus or on foot.
f. Here comes number eleven right now.
g. I've been waiting at this taxi-stand for an hour already. - That's nothing. I've been waiting for more than two hours.
h. How old is he? He's well (**dużo**) past fifty.
i. The taxi-stand is next to (**obok** + G) an antique store.
j. I have in my hand 3 sixes and 2 tens. -That's a full house (**full**).
k. Let's get off our bikes for a moment.
l. Where shall we go after the performance? - Let's go to a decent (**porządny**) restaurant.
m. I'm sorry that I'm late, but I had an accident (**wypadek**).
n. I'm glad you finally arrived. What happened? Did you get hurt?
o. Nothing serious (**poważny**) happened. My car collided with a freight train (**pociąg towarowy**) with chickens.
p. I can imagine that that was an incredible mess (**bałagan**).
q. Stop complaining, because it doesn't help.
r. I'm sorry I broke (**zepsuć**) your chair. - It really doesn't matter.
s. Let's go to the food store on foot; it's not so far after all.
t. It's getting on toward 10:00.
u. We'll never make it to the movie-house on time. - Of course we will.
v. Unfortunately all seats are already taken. - Indeed.
w. The bus escaped from under my nose. - Don't worry, the next one will be here in a moment.
x. Excuse me, I am getting out at the next stop.
y. We get on number 4 here and ride three stops. Then we get out in front of the main (**główny**) post-office.
z. At least your father likes me.
a. My uncle has only just arrived from Poland.
b. There are at least three pictures here that I like.
c. Now that's what I call good art.
d. That's precisely what I wanted to say.

24. Compose five-line conversations, the first line of which begins as follows:

a. **Już ponad godzinę czekam na taksówkę.**
b. **Zobacz, jaki śliczny samochód!**
c. **Gdzie pojedziemy po koncercie?**
d. **Przepraszam, że się spóźniłem(łam), ale miałem(łam) wypadek.**
e. **Dochodzi już dwunasta.**
f. **Jak się jedzie stąd** *(from here)* **do hotelu?**

– TO MUSI BYĆ KTOŚ BARDZO WAŻNY

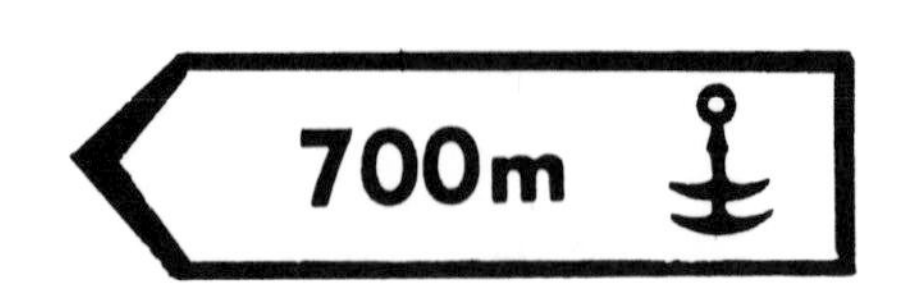

Q. Tekst do czytania

Komunikacja miejska

W Polsce rzadziej niż w innych krajach używa się na co dzień samochodów osobowych. Spowodowane jest to racjonowaniem i wysoką ceną benzyny. Dlatego najczęściej używanymi środkami komunikacji w miastach polskich są autobusy, tramwaje i taksówki. Kryzys paliwowy i konieczność oszczędzania benzyny sprawiły, że w wielu miastach na nowo wprowadza się trolejbusy. Są to pojazdy o napędzie elektrycznym, które pobierają prąd z przewodów zawieszonych nad ulicami. Zaletą trolejbusów jest to, że są ciche i nie zanieczyszczają powietrza spalinami.

Komunikacja miejska w Polsce jest stosunkowo tania. Dzieciom, uczniom, studentom oraz emerytom i rencistom przysługuje pięćdziesięcioprocentowa zniżka. Bilety autobusowe, tramwajowe i trolejbusowe kupuje się przeważnie w kioskach „Ruchu", gdzie można również nabyć prasę, papierosy oraz różne drobiazgi. Wiele osób dojeżdżających do pracy posiada bilety miesięczne. W polskich środkach komunikacji miejskiej nie ma konduktorów. Pasażerowie sami kasują bilety w kasownikach umieszczonych w pobliżu drzwi wejściowych i wyjściowych pojazdu. Jednak od czasu do czasu kontrolerzy sprawdzają, czy każdy skasował bilet. Oczywiście, za jazdę "na gapę" płaci się wysoką karę. We wszystkich publicznych pojazdach są specjalnie wyznaczone miejsca dla inwalidów i osób z dzieckiem na ręku.

Stosunkowo drogim, ale również bardzo popularnym środkiem lokomocji są taksówki, którymi najwygodniej i najszybciej można poruszać się po mieście. Niektóre z nich są własnością taksówkarzy, inne należą do przedsiębiorstwa państwowego. Cennik opłat za przejazd taksówką we wszystkich miastach jest jednakowy, gdyż ustalony jest przez administrację państwową.

W porównaniu z amerykańskim systemem komunikacji miejskiej polska komunikacja działa stosunkowo sprawnie. Autobusy i tramwaje kursują na ogół z dużą częstotliwością, jednak - szczególnie w godzinach szczytu - są bardzo zatłoczone.

O trasach autobusów i tramwajów informują tablice umieszczone na pojazdach i przystankach, a także plany miast. Plany te można nabyć w księgarniach i kioskach "Ruchu". W razie potrzeby o drogę zawsze można spytać innych pasażerów. Kierowcę nie, ponieważ rozmowa z nim w czasie jazdy jest zabroniona.

Ruch uliczny

Komunikacja miejska - słowniczek

cennik *price list*

częstotliwość *(f.) frequency*

dojechać dojeżdżać *commute*

drobiazg *trifle, sundry*

dziecko na ręku *child in arms*

emeryt *retired person*

gdyż *since, because*

informować *inform*

inwalida *disabled person*

jednakowy *identical*

kasować s- *cancel*

kasownik *ticket-cancelling box*

kierowca *driver*

kryzys *crisis*

na co dzień *on an every-day basis*

na gapę *(here:) for free;* **jechać na gapę** *take a free ride*

na nowo *anew*

na ogół *on the whole*

napęd *drive, propulsion*

niektóre *(pl.) some*

paliwowy *(adj.) fuel (*from **paliwo** *fuel)*

państwowy *(adj.) state (*from **państwo***)*

plan miasta *city map*

pobrać pobierać *(here:) draw, take*

pojazd *vehicle*

ponieważ *since*

poruszyć się poruszać się *move about*

potrzeba *need;* **w razie potrzeby** *in case of need*

powodować s- *cause*

prasa *the press (magazines and newspapers)*

prąd *current*

przejazd *ride*

przeważnie *predominantly*

przewód przewodu *wire*

racjonowanie *rationing*

rencista *pensioner*

rzadki *rare*

spaliny *(pl.) exhaust*

sprawny *efficient*

spytać *(pf.) inquire*

stosunkowo *comparatively*

szczyt *summit (here:) peak traffic hours*

taksówkarz *taxi-driver*

uczeń ucznia *school-child, pupil*

umieścić umieszczać *locate*

ustalić ustalać *determine, set*

w pobliżu + G *in the vicinity of*

w porównaniu z + I *in comparison with*

wejściowy *(adj.) entrance (*from **wejście** *entrance)*

własność *(f.) property*

wprowadzić wprowadzać *introduce (into use)*

wyjściowy *(adj.) exit (*from **wyjście** *exit)*

wyznaczyć wyznaczać *designate*

zanieczyścić zanieczyszczać *foul, pollute*

zatłoczony *crowded*

zawiesić zawieszać *hang*

śliska droga

Pytania do tekstu:

1. Dlaczego w Polsce samochody osobowe są rzadko używane na co dzień?
2. Jakie są najpopularniejsze środki komunikacji miejskiej w Polsce?
3. Co to jest trolejbus? Dlaczego trolejbusy zostały na nowo wprowadzone w niektórych miastach?
4. Gdzie kupuje się bilety autobusowe i tramwajowe?
5. Komu przysługuje zniżka w polskich środkach komunikacji miejskiej?
6. Kto w autobusach i tramwajach kasuje bilety?
7. Co grozi pasażerowi na gapę?
8. Co jest zaletą, a co wadą komunikacji miejskiej w Polsce?
9. Co wiesz o Polskich taksówkach?
10. Gdzie można znaleźć informacje o trasach autobusowych i tramwajowych w polskich miastach?

Pytania do rozmowy:

1. Jakie środki komunikacji publicznej są w twoim mieście? Z jakich najczęściej korzystasz i dlaczego?
2. Czym jeździsz do pracy czy na uniwersytet? Dlaczego?
3. Jaki jest najpopularniejszy środek komunikacji w tym kraju? Dlaczego?
4. Czy system komunikacji publicznej jest obecnie rozwijany w tym kraju? Dlaczego?
5. Dlaczego trudno byłoby Amerykanom żyć bez samochodu?
6. Jaki system obowiązuje przy kupnie biletów autobusowych w twoim mieście? Kto kontroluje pasażerów?
7. Czy są zwykle specjalne miejsca dla inwalidów i kobiet z małymi dziećmi?
8. Jak często kursują autobusy w twoim mieście? Jeśli jeżdżą ze zmienną częstotliwością, od czego ona zależy?
9. Gdzie można znaleźć informacje o trasach autobusów i tramwajów w obcym mieście?
10. W jakich sytuacjach jeździsz taksówką? Kiedy ostatni raz jechałeś(aś) taksówką?
11. Czy w Ameryce ustępuje się miejsca starszym i kobietom ciężarnym?
12. Gdzie stąd jest najbliższy postój taksówek? Przystanek autobusowy?
13. Czy w Ameryce są tramwaje i trolejbusy? Jeśli tak, to w jakich miastach? Dlaczego w większości miast amerykańskich tramwaje i trolejbusy zostały wycofane?

ciężarny *pregnant*
grozić + D *threaten*
korzystać z + G *make use of*
obcy *strange, foreign*
obowiązywać *be obligatory*
rozwinąć rozwijać *develop*
wybrać wybierać *pick, choose*
zmienny *varying*

LEKCJA TRZECIA 3

Słupsk

A. Przy samochodzie

- Czy wszyscy się zmieścimy?

- Oczywiście, że się zmieścimy! Ty usiądź z przodu, a reszta niech zajmie miejsca z tyłu.

- A co zrobimy z bagażem?

- Nie ma problemu. Umieścimy go w bagażniku.

- No dobrze, ale tę jedną torbę wolał(a)bym mieć przy sobie.

- To będziesz musiał(a) trzymać ją na kolanach.

B. Na stacji benzynowej

- Proszę dziesięć litrów żółtej (niebieskiej). Czy można też wymienić olej?

- Tak, ale bez zmiany filtrów, bo ich zabrakło.

- Nie szkodzi, mam zapasowy filtr w bagażniku.

- To niech pan(i) podstawi wóz na tamto stanowisko.

- Kiedy można go odebrać?

- Za godzinę.

Drogowskazy

C. W którą stronę?

- Proszę pana(pani), jak stąd dojechać do Torunia?

- Nie w tę stronę. Tam nie ma przejazdu przez rzekę.

- A więc którędy lepiej jechać?

- Trzeba cofnąć się około pięciu kilometrów. Na pierwszym skrzyżowaniu skręcić w prawo. Do mostu jedzie się już dalej prosto - około dziesięciu kilometrów.

- Dziękuję panu(pani) uprzejmie.

- Proszę bardzo. A moglibyście państwo podwieźć mnie do tego skrzyżowania?

- Oczywiście, niech pan(i) wsiada.

Na stacji benzynowej

D. Na wszelki wypadek

- Czy umiesz prowadzić samochód?

- Umiem, ale nie mam prawa jazdy.

- Trzeba więc je zrobić.

- Po co? Nie mam wozu i nie mam zamiaru go kupić.

- Nie szkodzi. Trzeba to zrobić na wszelki wypadek. Nigdy nie wiadomo, kiedy się może przydać.

- Może masz rację.

zakaz wjazdu *do not enter*

zakaz wjazdu dla samochodów

E. Mandat

- Prawo jazdy proszę!

- Co się stało?

- Przed chwilą przekroczył(a) pan(i) przepisy drogowe i prawie spowodował(a) wypadek.

- Przecież miałem(am) pierwszeństwo.

- Nigdy się nie ma pierwszeństwa przed karetką pogotowia, proszę pana(pani).

- Przepraszam uprzejmie, ale nie zauważyłem(am), że to było pogotowie.

- Właśnie w tym rzecz, że pan(i) nie zauważył(a). Oto mandat. I na drugi raz niech pan(i) będzie bardziej spostrzegawczy(a).

- Postaram się.

brzeg rzeki

sypki żwir *loose gravel*

F. Słowniczek

bagaż *baggage*
bagażnik *trunk (of car)*
benzynowy *(adj.) gasoline*
cofnąć się cofać się *withdraw, go back*
drogowskaz *road sign*
filtr *filter*
karetka pogotowia *ambulance*
kolano *knee*
którędy *which way?*
mandat *(traffic) ticket, fine*
most *bridge*
niebieska *(here:) premium (gasoline)*
odebrać odbierać *pick up, take back*
olej *oil*
pierwszeństwo *right of way*
podstawić podstawiać *put, bring up*
prawo jazdy *driver's license*
prawy *right;* **w prawo** *to the right*
prowadzić *(here:) drive*
przejazd *crossing*
przekroczyć przekraczać *(here:) break*
przepis drogowy *traffic law*
przód przodu *front;* **z przodu** *up front*
przydać przydawać + D *come in handy*
skręcić skręcać *turn*
spostrzegawczy *observant*
stanowisko *(here:) stand, station*
starać się po- *try, make an attempt*
stąd *from here*
strona *direction*
torba *bag*
trzymać *hold*
tył *rear;* **z tyłu** *in the rear*
umieścić umieszczać *put, fit*
uprzejmie *(here:) kindly*
wiadomo *it is known;* **nigdy nie wiadomo** *one never knows*
wóz, wozu *car*
wymiana *exchange, change*
zabraknąć + G *(pf.) run out of*
zapasowy *(adj.) reserve, spare*
zmieścić się *(pf.) fit*
żółta *(here:) regular gasoline*

G. Uwagi

około pięciu (dziesięciu) kilometrów *about five (ten) kilometers.* Colloquially, one might encounter the Accusative of the numeral more often than the Genitive: **około pięć (dziesięć) kilometrów.**

niech pan wsiada *get on in.* The Imperfective aspect here expresses welcome or encouragement.

na wszelki wypadek *for all events, for any eventuality.*

trzeba je zrobić *you should get one.* **Nie mam zamiaru go kupić** *I don't intend to buy one.* Note the use of the pronouns **je, go** in Polish where English uses "one."

oto mandat *here is a ticket.* In Poland, one generally pays a ticket on the spot, not in a traffic court.

właśnie w tym rzecz *that's just the point*

na drugi raz *next time*

H. Formy łącznikowe liczebników *combinatory forms of numerals*

English hyphenated numeral expressions - two-year-old, thirteen-day-long, and so on, correspond to Polish expressions using the combinatory form of the numeral. Except for numbers 2 and 3 and numbers 100 and above, the combinatory form of the numeral ends in **-o:**

1 **jedno-**	100 **stu-**
2 **dwu-**	200 **dwustu-**
3 **trzy-**	300 **trzystu-**
4 **cztero-**	400 **czterystu-**
5 **pięcio-**	500 **pięćset-**
6 **sześcio-**	600 **sześćset-**
12 **dwunasto-**	1000 **tysiąc-.**
20 **dwudziesto-**	

Combinatory numeral forms are used in combination with adjectival forms of time periods (see below) in expressions referring either to age or length of time:

czterodniowy program *a four-day-program*
trzyletnie dziecko *three-year-old child*
dwugodzinny koncert *a two-hour-long concert.*

In addition, the combinatory forms of the numerals occur with the adjectival forms of ordinal numerals 100 and above to form compound ordinal numerals:

dwudziestotysięczny wypadek *the 20,000th accident*
czteromilionowy zysk *a four-million (dollar, zloty, etc.) profit.*

Combinatory numeral forms may combine with other combinatory numerals:

dwudziestodwutygodniowy kurs *a 22-week course*
czterdziestoośmiogodzinna grypa *48-hour flu.*

Occasionally, combinatory numerals form compounds with other kinds of nouns and adjectives:

pięcioramienna gwiazda *five-pointed star*
pięciobok *pentagon*
czterofazowy silnik *four-cycle engine*
stukilogramowy mężczyzna *100-kilogram man*

and so on.

I. Formy przymiotnikowe rzeczowników określające czas
Adjectival forms of names for time-periods

Nouns referring to time often occur in the adjectival form:

godzina *hour*	**godzinny**	**godzinny mecz** *hour-long match*
dzień *day*	**dzienny**	**dzienna porcja** *daily portion*
	-dniowy	**czterodniowa przerwa** *four-day break*
noc *night*	**nocny**	**nocny koncert** *nightly concert*
wieczór *evening*	**wieczorowy**	**wieczorowa suknia** *evening gown*
	wieczorny	**wieczorny spacer** *evening stroll*
popołudnie *afternoon*	**popołudniowy**	**popołudniowe wiadomości** *afternoon news*
ranek *morning*	**poranny**	**poranna gazeta** *morning newspaper*
tydzień *week*	**tygodniowy**	**tygodniowy turniej** *week-long tournament*
miesiąc *month*	**miesięczny**	**miesięczny urlop** *a month's vacation*
rok *year*	**roczny**	**roczny program** *yearly program*
	-letni	**dwuletnie dziecko** *two-year-old child.*
dzisiaj *today*	**dzisiejszy**	**dzisiejsza lekcja** *today's lesson*
wczoraj *yesterday*	**wczorajszy**	**wczorajsze wiadomości** *yesterday's news*
jutro *tomorrow*	**jutrzejszy**	**jutrzejsze zebranie** *tomorrow's meeting*

Names of days, months, and seasons also form adjectives:

poniedziałek *Monday*	**poniedziałkowy**	**poniedziałkowy seans** *Monday's show*

Similarly: **wtorkowy, środowy, czwartkowy, piątkowy, sobotni, niedzielny.**

styczeń *January*	**styczniowy**	**styczniowe mrozy** *January frosts*

Similarly: **lutowy, marcowy, kwietniowy, majowy, czerwcowy, lipcowy, sierpniowy, wrześniowy, październikowy, listopadowy, grudniowy.**

zima *winter*	**zimowy**	**zimowy płaszcz** *winter coat*

Similarly: **wiosenny, letni, jesienny.**

Włocławek

-ALE PRZYZNASZ, ŻE TO POPRAWIA SAMOPOCZUCIE

J. Kierunki geograficzne *points of the compass*

północ *(f.) north*	**północny**	**północna półkula** *Northern Hemisphere*
południe *south*	**południowy**	**Południowa Afryka** *South Africa*
zachód zachodu *west*	**zachodni**	**zachodni brzeg** *west bank*
wschód wschodu *east*	**wschodni**	**wschodnia Europa** *East Europe.*

Directions of the compass take the preposition **na** plus either A or L:

Ludzie na wschodzie są bardzo bezpośredni. *People in the east are very direct.*

Te plemiona zamieszkiwały obszary daleko na wschód. *Those tribes occupied territory far to the east.*

Compound directional adjectives may be formed with the combinatory forms **północ no-, południowo-, wschodnio-, zachodnio-:**

północnowschodni *northeast* **południowozachodni** *southwest*

wschodnioeuropejski *East European* **zachodnioeuropejski** *West European.*

Tarnów

K. Wyrażenie częstotliwości *the expression of frequency*

1. Expressions such as "every day," "each week," and so on, are expressed in Polish with **każdy** *each, every* or with **co.** Both constructions require the Accusative case:

każdy dzień *every day*	**co dzień** *each day*
każdą noc *every night*	**co noc** *each night*
każdą godzinę *every hour*	**co godzinę** *each hour*
każdy rok *every year*	**co rok** (or: **co roku**) *each year*

and so on. As an alternative, adverbs formed from the adjectives of the above nouns are sometimes used to express regular repetition:

godzinnie *hourly, per hour, by the hour*
dziennie *daily, every day, by the day, per day*
and so on.

2. "All day," "all night," and so on, are expressed with **cały** *whole, all,* with or without a preceding preposition **przez:**

(przez) całą noc *all night, the whole night through.*
(przez) cały rok *all year, all year long*
and so on.

3. A number of repetitions per period of time is expressed with **raz -u,** *Gpl* **razy,** followed by **w** + L or **na** + A:

raz w miesiącu *once in a month, once per month*
raz na miesiąc *once a month, once every month*
and so on.

4. Names for periodical publications generally derive from the adjectives for names of time-periods: **dziennik** *a daily (paper)* **tygodnik** *a weekly (paper)* **miesięcznik** *a monthly (periodical)* **rocznik** *an annual.*
Cf. the following titles of periodicals:

Dziennik Powszechny *Universal Daily*
Tygodnik Radiowy *Radio Weekly*
Miesięcznik Literacki *Literary Monthly*
Rocznik Statystyczny *Statistical Yearbook.*

To the above kinds of periodicals may be added **dwutygodnik** *bi-weekly,* **dwumiesięcznik** *bi-monthly,* and **kwartalnik** *quarterly* (the last from **kwartał** *quarter*).

L. Zwrot "po pierwsze, po drugie..." *in the first place, in the second place...*

The English expression "in the first (second, etc.) place" is expressed in Polish with **po** plus the neut. sg. form of the ordinal numeral: **po pierwsze, po drugie, po trzecie,** etc.:

Nie pójdę dziś do teatru. Po pierwsze - jestem zmęczony, a po drugie - widziałem już tę sztukę w lepszej obsadzie. *I'm not going to the theater tonight. In the first place I'm tired, and in the second place I've already seen that play with a better cast.*

Sometimes, **raz** is used in place of **po pierwsze:**

Nie lubię tego aktora. Raz - jest brzydki, a po drugie, kiepsko gra. *I don't like that actor. For one thing he's ugly, and in the second place he acts badly.*

For more on the use of **raz,** see below, Section R.

M. Zwrot "z jednej strony, z drugiej strony" *on the one (the other) hand*

The English expression "on the one (the other) hand" is expressed in Polish with the phrase **z jednej (z drugiej) strony:**

Z jednej strony życie w dużym mieście jest wygodne i ciekawe, lecz z drugiej strony - męczące. *On the one hand life in the city can be comfortable and interesting, but on the other hand it can be tiring.*

Literal uses of the word **strona** *side, direction* are discussed in the following section.

N. Kierunki *directions*

1. strona *way, side, direction*

w stronę *in a direction (***w** + A*)*

- **w którą stronę** *in what direction, what way?*
- **w tę stronę** *that way*
- **w jedną i drugą stronę** *in one way and the other*
- **w obie strony** *in both directions*
- **w żadną stronę** *in no way*
- **w odwrotną stronę** *in the opposite direction*
- **w przeciwną stronę** *in the opposite direction*
- **w prawą (lewą) stronę** *to the right (left) side*

po stronie *on the side (***po** + L*)*
po tej stronie *on that side*
po prawej (lewej) stronie *on the right- (left) hand side*
po obu stronach *on both sides*
po przeciwnej stronie *on the opposite side*

ze strony *on, from a side (***z** + G*)*
z tej strony *from that side, direction*
z prawej (lewej) strony *from the right (left) side*
z obu stron *from both sides*
z jednej i drugiej strony *from one side and the other.*

2. **prawy** *right,* **lewy** *left,* **prosty** *straight*

prawa ręka *right hand*
lewa noga *left leg*
prawa strona *right-hand side*
lewy brzeg *left bank.*

The expressions **na lewo, na prawo** are more or less synonymous with the phrases **po lewej stronie, po prawej stronie:**

Na lewo jest most, na prawo dworzec. *On the left is a bridge, on the right, the station.*

The expressions **w lewo, w prawo** are more or less synonymous with **w lewą stronę, w prawą stronę:**

Trzeba najpierw skręcić w prawo, potem w lewo. *You have to turn first to the right, and then to the left.*

The difference between **w lewo/na lewo** and **w prawo/na prawo** is often slight. Another way of expressing straight ahead besides using **prosto** is **przed siebie,** literally, in front of oneself: **Idź przed siebie!** *Walk straight ahead!*

As an adjective, **prosty** often modifies nouns of path: **prosta droga** *a straight road.* Other common adjectives used to modify nouns of path include **śliska** *slippery,* **kręta** *crooked,* **stroma** *steep,* **wąska** *narrow,* **mokra** *wet,* **niebezpieczna** *dangerous,* **jednokierunkowa** *one-way.*

3. **góra** *top,* **dół** *bottom,* **przód** *front,* **tył** *back,* **środek** *middle,* **bok** *side*

a. The word **góra** (whose literal meaning is *hill, mountain*) occurs in the following common constructions and meanings having to do with direction:

w górę *toward the top, uphill, upstairs (an adverb of direction).* **iść w górę** *walk uphill, upstairs;* **jechać w górę** *ride uphill.*

na górę *up to the top, upstairs (an adverb of goal).* **wejść na górę** *go (all the way) upstairs;* **wjechać na górę** *ride up to the top.*

pod górę *uphill (an adverb of situation).* **Cały czas jedziemy pod górę.** *We've been driving the whole time uphill.*

na górze *on, at the top, upstairs (an adverb of place).* **Zostawiłem płaszcz na górze.** *I left my coat upstairs.*

z góry *from the top, downwards, downstairs (an adverb of direction).* **zejść z góry** *come downstairs.*

od góry *from up above, from upstairs, (beginning) from the top.* **Zaczęliśmy zwiedzać ten pałac od góry.** *We began to visit the palace from the top down.*

b. The word **dół** *bottom* has more-or-less corresponding uses to those of **góra:**

w dół *downwards, downhill, in a downward direction, downstairs (an adverb of directional motion).* **jechać w dół** *descend.*

na dół *down to the bottom, downstairs (an adverb of goal).* **zejść na dół** *come (all the way) downstairs.*

na dole *at the bottom, downstairs,* **Ktoś czeka na ciebie na dole.** *Someone's waiting for you downstairs.*

z dołu *from the bottom, from downstairs.* **Z dołu słychać muzykę.** *Music could be heard from downstairs.*

od dołu *from the bottom.* **Musisz obejrzeć ten samochód również od dołu.** *You also have to examine the car from the bottom.*

c. The words **przód przodu** *front* and **tył** *back* occur most frequently in the following constructions:

do przodu *to the front;* **do tyłu** *to the rear.* **Proszę iść do przodu.** *Please go to the front.*

z przodu *from the front, at the front, up front;* **z tyłu** *from the rear, at the rear, in the back.* **Usiądźmy z tyłu.** *Let's sit down in the rear.*

The constructions using **z** + G are more common in meanings of location than the possible **na przedzie (przodzie), w tyle.** The expression **naprzód** *forward* is matched by **wstecz** *backwards. "Back and forth" is usually expressed by* **tam i z powrotem.**

d. The word **środek** *middle* occurs with various prepositions of motion and place:

do środka *to the middle, center*
w środek *into the middle, center*
na środek *to the middle, center*
w środku *in the middle, center*
na środku *at the middle, center*
od środka *from the middle.*

By far the most common preposition of place with **środek is po** + L: **Pośrodku pokoju stała lampa.** *In the center of the room stood a lamp.*

e. The word **bok** *side* is used in a great many figurative expressions, for example **wychodzić komuś bokiem** *be disgusted with.* Among the more common concrete expressions utilizing this word are the following:

na boku *at, on the side.* **Stał na boku.** *He stood on the side.* **Pracuje na boku.** *He works on the side (moonlights).* **Leżał na boku.** *He lay on his side.*

z boku *from the side, from one side.* **Podejść z boku** *to approach from the side.*

pod bokiem *alongside, near at hand.* **Mam tu wszystko pod bokiem.** *We have everything here close at hand.*

na bok *onto its (one's) side.* **Przewrócił fotel na bok.** *He turned the armchair over onto its side.* **odłożyć na bok** *to put aside.*

z boku na bok *from side to side.* **Całą noc przewracałem się z boku na bok.** *All night long I tossed and turned.*

przy boku *at the side of.* **Przy boku ojca czuł się bezpieczny.** *He felt safe at his father's side.*

u boku *at one's side.* **Oficer miał szablę u boku.** *The officer had a saber at his side.*

w boku *in the side.* **Kłuło go coś w boku.** *Something was hurting him in his side.*

bokiem *sidewise, sideways.* **stać bokiem** *to stand sideways.*

"Beside, alongside" is rendered in Polish by **obok** + L or **przy** + L: **Jan stoi obok Marty (przy Marcie).** *Jan is standing next to Marta.*

f. The above nouns form the following adjectives:

	Examples:	
górny *upper*		**górna warga** *upper lip*
dolny *lower*		**Dolny Śląsk** *Lower Silesia*
przedni *front*		**przednie koło** *front wheel*
tylny *rear, back*		**tylne wejście** *rear entrance*
środkowy *middle, center*		**środkowy palec** *middle finger*
boczny *side*		**boczna ulica** *side street.*

O. Okolicznik miejsca w narzędniku *Instrumental of path*

The Instrumental case is often used with words referring to the route of travel:
Niech pan jedzie tą ulicą. *You drive along this street.*
Szła szybko śliską ścieżką. *She walked quickly along the slippery path.*
Nie wiem, czy tą drogą dojedziemy do miasta. *I don't know whether we'll get to town on that road.*
Trzeba było przejść polem. *It was necessary to cross over the field.*

P. Okolicznik sposobu w narzędniku *Instrumental of respect*

The Instrumental is often used to describe body position with respect to some other object:

twarzą w twarz *face to face*
odwrócony plecami *with one's shoulder turned*
do góry nogami *with one's legs up (upside down)*
bokiem *sideways.*

Q. Przysłówki kierunkowe *adverbs of path*

The Instrumental of path (above, Section O.) is allied to certain adverbs of path:

dokąd *where to*	**Dokąd prowadzi ta droga?** *Where does that road lead to?*
skąd *from where*	**Skąd wracasz?** *Where are you coming from?*
którędy *which way*	**Którędy jechałeś** *Which way did you go?*
dotąd *to here, till now.*	**On dotąd nie zajdzie.** *He won't make it this far.* **Dotąd tego nie rozumiem.** *To this day I can't understand it.*
stąd *from here*	**Idź stąd!** *Go away from here!*
stamtąd *from there*	**Stamtąd się nie wraca.** *From there one doesn't return.*
zewsząd *from everywhere*	**Zewsząd padały strzały** *Shots were falling from all sides.*
tędy *this way*	**Idź tędy.** *Go this way.*
tamtędy *that way*	**Tamtędy biegły konie.** *The horses were running that way.*

Strictly speaking, **dokąd** is preferable to **gdzie** after a verb of motion, but **gdzie** occurs commonly in colloquial speech: **Dokąd (gdzie) idziesz?** *Where are you going? The adverb* **skąd** is often used as an exclamation of denial:

- **Czy jesteś gotowy?** *Are you ready?*
- **Ależ skąd!** *Why of course not!*

R. Konstrukcje z wyrazem "raz" *construction with* **raz** *once*

The word **raz,** *Gsg.* **razu,** *Gpl.* **razy** occurs in a great many expressions, including the following:

raz *once, one time.* **Widziałem go raz.** *I saw him once.* This word is used instead of **jeden** when counting: **raz, dwa, trzy...***one, two, three...*

dwa razy *twice.* Similarly: **trzy razy** *3x,* **cztery razy** *4x,* **pięć razy** *5x,* and so on.

raz...raz...*sometimes...at other times...* **Raz był gorszy, raz lepszy.** *At times he was worse, at other times better.*

na raz *at once.* **Wszyscy mówili na raz.** *Everyone was talking at once.*

ani razu *not a single time.* **Nie byłem tam ani razu.** *I haven't been there even once.*

na drugi raz *next time.* **Na drugi raz niech pan uważa.** *Next time watch out.*

choć raz *just once.* **Trzeba choć raz to zobaczyć.** *You should see that at least once.*

pewnego razu *one time (in narrations).* **Pewnego razu byłem w pobliżu i zajżałem do niego.** *One time I was in the vicinity and dropped in on him.*

tym razem *this time.* **następnym razem** *next time.* **Tym razem nie przekonasz mnie tak łatwo.** *This time you won't convince me so easily.*

za każdym razem *each time.* **Za każdym razem, kiedy słucham muzyki Chopina, myślę o tobie.** *Every time I hear Chopin I think of you.*

w sam raz *on the button.* **Ta koszula jest w sam raz dla ciebie.** *That shirt is just what you need.*

w razie + G *in case of.* **w razie potrzeby** *in case of need.* **w razie czego** *in case of anything.* **W razie czego zadzwoń do mnie.** *In case anything comes up, call me.*

w każdym razie *in any case, all in all.* **W każdym razie ja z tych planów nie zrezygnuję.** *At all events, I shall not give up on my plans.*

w takim razie *in that case, in that event.* **W takim razie nie musisz zmieniać koszuli.** *In that case you don't have to change your shirt.*

na razie *for the time being; "so long".* **Na razie nic nie robię tylko czekam.** *For the moment I'm not doing anything but waiting.* **Na razie!** *So long!*

po któryś raz *for the nth time.* **Słyszę to po raz nie wiem który.** *I'm hearing that for the nth time.* **Mówię ci to po raz ostatni.** *I'm telling you this for the last time.*

raz po raz *again and again.* **Raz po raz słychać huk strzałów.** *Shots could be heard again and again.*

raz za razem *one after another.* **Strzały padały raz za razem.** *Shots kept falling one after another.*

razem *together, along with.* **Pójdziemy tam razem.** *Let's go there together.* **Oni idą razem z nami.** *They're going together with us.*

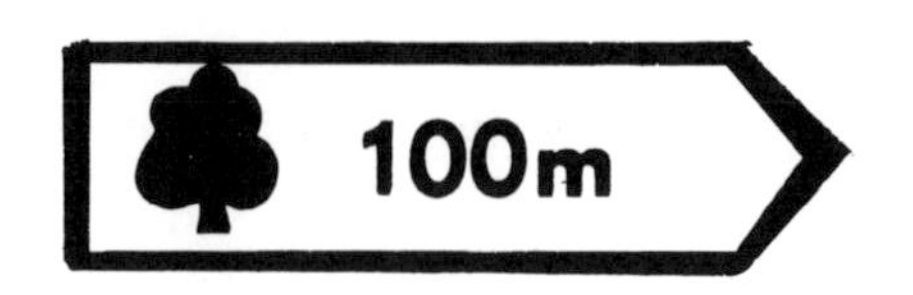

S. Ćwiczenia

1. slippery: **jedziemy śliską drogą.**

narrow, wet, steep, dangerous, one-way, two-way, crooked, safe, dangerous, short, long, far.

2. month: **miesiąc, miesięczny, miesięcznie.**
day, year, week, hour.

3. Complete in some logical way:
miesiąc: **każdego miesiąca otrzymuję paczkę z domu.**

rok, tydzień, dzień, noc, godzina.

4. **miesięcznik:** **miesięcznik wychodzi raz na miesiąc.**

dziennik, rocznik, tygodnik, dwumiesięcznik, dwutygodnik, kwartalnik.

5. **miesiąc (1, 2, 4,):**
a. miesięczny
b. dwumiesięczny
c. czteromiesięczny

dzień (1, 3, 5); **godzina** (7, 11, 18); **tydzień** (6, 12, 22); **miesiąc** (8, 9, 33); **rok** (1, 3, 5): **godzina** (200, 300, 500).

6. **zajęcia, poniedziałek:** **poniedziałkowe zajęcia.**

koncert, wtorek; lekcja, środa; konferencja, wczoraj; zebranie, czwartek; program, jutro; seans, piątek; wieczór, sobota; noc, dzisiaj; przedstawienie, niedziela; rozruchy *demonstrations,* **przedwczoraj; podróż, pojutrze; deszcz, jesień; powódź** *flood*, **wiosna; klimat, wiatr; wakacje, lato.**

7. **pogoda, styczeń:** **styczniowa pogoda.**

program, luty; wiatry, marzec; kwiaty, kwiecień; dzień, maj; egzaminy, czerwiec; numer, lipiec; upały, sierpień; noce, wrzesień; rewolucja, październik; święto, listopad; mrozy, grudzień.

8. Put count nouns in the plural, mass nouns in the singular:

koszula: **brak w tej chwili koszul**
mydło *soap:* **brak w tej chwili mydła.**

benzyna, filtr, stanowisko, olej, papier, gazeta, miejsce, pieprz, sweter, pewność *certainty*, **masło, szklanka, czas, cierpliwość** *patience*, **mięso, papieros, jabłko** *apple.*

9. Give the opposite:

w jedną stronę: **w drugą stronę.**

z tej strony, po lewej stronie, z jednej strony, prawa ręka, lewa noga, na prawo, z tyłu, w lewo, na dół, do przodu, na dole, stąd, przednie koło, górne zęby, wschodni brzeg, na północy, na wschodzie, od góry, południowozachodni, północny wschód.

10. Review of peripheral prepositions:

above the table: **nad stołem.**

under the chair, behind the cupboard **(szafa)**, at the desk, next to the pharmacy, next to the wall, beneath the tree, above the clouds **(chmura)**, between the pages **(stronica)**.

11. what way: **a. w którą stronę?**
b. z której strony?
c. po której stronie?

this way, that way, one way, other way, both ways, no way, all ways, various ways.

12. Build short sentences around the responses of the preceding exercises:

what way

a. w którą stronę idziemy?
b. z której strony idziesz?
c. po której stronie stoi ten dom?

13. uphill: **pod górę.**

downhill, back and forth, forward, backwards, upwards, downward, to the right, to the left, to the top, to the bottom, to the rear, to the front, at the back, at the front, at the bottom, at the top, in the middle, at the side, sideways, alongside.

14. Describe in words what each of the following road signs means:

15. Use constructions with **raz:**

together: **razem.**

once, twice, five times, all at once, not once, this time, a certain time, last time, next time, just once, each time, for the time being, in any case, in no case.

16. Compose sentences using the above expressions:

razem: **Pójdziemy razem do kina.**

17. 5: **a. pięć razy**
b. pięciokrotnie.

1, 6, 2, 8, 3, 11, 20, 300, 1000.

18. **dobry film:** **jedne filmy są dobre, inne złe.**

brudny pokój, interesujący profesor, chory ptak, grzeczny kelner, duże miasto, bezpieczna droga, kręta ulica, leniwy student.

19. Tell what the following road signs means, using the expressions **w pobliżu** *in the vicinity* and **znajdować się** *be located.*

20. Translate, using expressions with **raz**:
   a. Sometimes the lessons are easier, sometimes more difficult.
   b. I change the oil twice a year.
   c. Next time you'll be sorry (**pożałować**).
   d. Let's go to the bank together.
   e. In that case I have no choice. I must change my plans for tomorrow.
   f. So long!
   g. Next time be more observant. - I'll try.
   h. All the guests arrived together.
   i. Once on my way to (**po drodze do** +G) work I saw a bad accident at this intersection. A truck collided with a Mercedes.
   j. I've never been in that tavern with your wife even once.
   k. You should try (**spróbować**) this cheese at least once. It's not at all as sharp (**ostry**) as you think.
   l. In any case I'll be waiting for your call around three o'clock.
   m. Each time you try to fix (**naprawić**) the car, you ruin something.
   n. In case anything should happen, call me at the library.
   o. That dress fits you perfectly.
   p. For the time being we simply have to be patient (**cierpliwy**).

21. on this side of the ocean: **po tej stronie oceanu.**

on the other side of the river, on the left side of the street, in the middle of the room, from the bottom of the building, to the middle of the river, at the side of the crowd (**tłum**), in the front of the bus, to the rear of the train, on both sides of the ocean.

22. **Tłumaczenie**
   a. Were you at Wednesday's concert? - No, but I'll be at next Friday's concert.
   b. Come downstairs for a moment. Someone's waiting for you downstairs. - Let him wait.

c. Please go to the front of the bus. It's too cramped (**ciasno**) in the rear.
d. I'll make room for you and your suitcase here on the front seat (**siedzenie**). The rest will have to sit in back.
e. Will everyone fit? - Of course they will.
f. There's no room for your bag in the trunk. You will have to hold it on your knees.
g. Where should I put the car for an oil change? - There's a free station over there. - When will my car be ready? - In two hours.
h. How does one get (**dostać się**) from here to there? - It's impossible.
i. First you go along this street to a store with antiques, then turn left and go straight ahead for about 5 kilometers.
j. The taxi-stand is next to the pharmacy and across from (**naprzeciw** + G) the bank.
k. Let's go this way. - What way? - Along this path (**ścieżka**).
l. Careful (**uwaga!**) - this road is slippery and dangerous.
m. I didn't notice that ambulance. - That's just the point. Next time be more observant.
n. Several minutes ago you almost caused a serious accident. - Big deal (**wielka rzecz**).
o. I go to the dentist's once a year. - I go there twice a month.
p. I don't have a driver's licence, and I don't intend to get one either.
q. Which way should we go? - I don't know. I don't know my way around here (use **nie orientować się**).
r. The gas station should be on the right-hand side of the road in about 15 km.
s. What happened? - I just ran over (**przejechać**) a cat.
t. What a terrible mess there is in your room. One can't even get in.
u. I like these long winter nights. - I'm glad that at least somebody likes them.
v. This year our school is having its 400-year anniversary (**rocznica**).
w. On the one hand I like this picture; on the other hand, it doesn't match (**pasować do** + G) my decor (**dekoracja**).
x. Look in both directions before (**zanim**) you cross the street.
y. I'd like five liters of regular, please. And please change the oil and the oil filter. - We're out of oil, but we have lots of oil filters.

23. Compose five-line conversations, the first line of which begins as follows:

a. **Czy jesteś gotowy?**
b. **W którą stronę idziemy?**
c. **Jak stąd dojechać do Lublina?**
d. **Co się stało?**
e. **Jak ci się podoba ten obraz?**
f. **Zejdź na dół natychmiast!**
g. **Czy byłeś(aś) na wczorajszym koncercie?**
h. **Gdzie jest najbliższa stacja benzynowa?**

T. Tekst do czytania

Motoryzacja

Rozwój motoryzacji w Polsce, z uwagi na trudności gospodarcze, jest ostatnio wolniejszy niż przed kilkoma laty. Posiadanie samochodu nie jest więc tak powszechne jak np. w Stanach Zjednoczonych.

Pomimo stałych problemów z paliwem, z naprawami, ze znalezieniem części zamiennych itd., w dalszym ciągu wielu Polaków chciałoby kupić samochód. Ilość potencjalnych nabywców "czterech kółek" jest znacznie wyższa od liczby produkowanych samochodów, dlatego administracja państwowa wprowadziła system przedpłat. Nierzadko jednak trzeba czekać kilka lat, nim zdoła się nabyć upragniony wóz. Oczywiście ci, dla których samochód jest niezbędny do wykonywania zawodu, jak np. weterynarze, mogą zakupić samochody poza kolejnością. Samochody też można kupić (lub sprzedać) na tak zwanych giełdach samochodowych. Nierzadko używany wóz kosztuje tam tyle samo co nowy, ale kupiony od państwa. W kupnie, sprzedaży lub zamianie samochodów pośredniczą też prywatne biura. Kupujący samochód na giełdzie, za pośrednictwem takiego biura czy ewentualnie z ogłoszenia w prasie nie uzyskuje jednak gwarancji sprawności pojazdu. Możliwość wygrania nowego samochodu skłania więc wielu Polaków, którzy nie dokonali przedpłaty, do systematycznego uczestniczenia w różnego rodzaju loteriach.

Najpopularniejszym samochodem osobowym w Polsce jest małolitrażowy "mały fiat". Jest to model 126 p (powszechnie zwany maluchem), który od kilkunastu lat produkowany jest w Polsce na licencji włoskiej. Inne samochody polskiej produkcji to już nie produkowana Syrena, Warszawa (wycofana już z produkcji), Fiat 125 p, Fiat 127 p ("p" oznacza "Polska") i najnowszy Polonez. Produkcja Poloneza od początku była przedmiotem kontrowersji i licznych dyskusji, głównie dlatego, że jest to samochód bardzo drogi i przeznaczony przede wszystkim na eksport, a nie dla przeciętnego polskiego nabywcy.

Przepisy drogowe w Polsce są w większości wypadków podobne do przepisów w innych krajach europejskich. Bardzo surowo karane jest prowadzenie samochodu po wypiciu nawet małych ilości alkoholu. Przekroczenie tego przepisu grozi utratą prawa jazdy, natomiast za spowodowanie wypadku w stanie nietrzeźwym podlega się karze więzienia. Kultura drogowa w Polsce różni się pod wieloma względami od amerykańskiej. Na przykład reguła, że "przechodzień ma zawsze pierwszeństwo" czasami wydaje się być obca polskiemu kierowcy. Chociaż nowy kodeks drogowy daje zdecydowane pierwszeństwo przechodniom przed pojazdami, zaleca się, żeby przechodzień przekraczał jezdnię w

Mandat

specjalnie oznaczonych miejscach (na tzw. "zebrach"), a przedtem, na wszelki wypadek, rozejrzał się uważnie na wszystkie strony. Przekraczanie jezdni na czerwonym świetle jest zabronione i karane mandatem.

Motoryzacja - słowniczek

część zamienna *spare part*
cztery kółka *four wheels (slang for automobile)*
dokonać dokonywać *perform, execute; (here: make)*
dyskusja *discussion*
eksport *export*
ewentualny *eventual*
giełda *(goods or stock) exchange*
głównie *mainly, primarily*
gospodarczy *economic*
gwarancja *guarantee*
itd. (i tak dalej) *and so forth*
jezdnia *pavement, roadway*
karać u- *punish*
kodeks *(legal) code*
kolejność *(f.) order;* **poza kolejnością** *out of order*
kontrowersja *controversy*
kultura *(here:) etiquette*
licencja *licence*
liczny *numerous*
loteria *lottery*
maluch *(slang) small-fry*
małolitrażowy *(adj.) low-capacity, low-mileage*
motoryzacja *motor transport*
nabywca *purchaser*
naprawa *repair*
natomiast *on the other hand*
nietrzeźwy *intoxicated*
niezbędny *essential*
nim *(conjunction) before*
np. (na przykład) *for example*
oznaczyć oznaczać *designate, signify*
paliwo *fuel*
początek początku *beginning*
podlegać + D *be subject to*
polonez *polonaise*
pomimo + G *despite, in spite of*
pośrednictwo *mediation;* **za pośrednictwem** *through the mediation of*
pośredniczyć *broker, act as intermediary*
powszechny *universal*
produkcja *production, manufacture*
przechodzień przechodnia *pedestrian*
przeciętny *average*
przedmiot *subject, object*
przedpłata *prepayment*
przedtem *beforehand*
przekroczyć przekraczać *cross (street); break (law)*
przeznaczony na + A *intended for*
reguła *rule*
rozglądać się rozejrzeć się *look around*
rozwój rozwoju *development*
różnić się *differ*
skłonić skłaniać *incline*
sprawność *(f.; here:) good condition*
sprzedaż *(f.) sale*
stały *constant*
surowy *strict, severe*
syrena *mermaid*
systematyczny *systematic*
trudność *(f.) difficulty*
uczestniczyć *participate*
upragniony *longed-for*
utrata *loss*
uwaga *attention;* **z uwagi na** + A *in view of*
uzyskać uzyskiwać *obtain*
w dalszym ciągu *still*

w większości wypadków *in the majority of cases*
w zamian za + A *in exchange for*
więzienie *prison, jail*
wydać się wydawać się *seem*
wygrać wygrywać *win*
wykonać wykonywać *execute, perform*
wzgląd względu *respect;* **pod wieloma względami in many respects**
zakupić *(pf.) purchase*
zalecić zalecać *advise*
zamiana *exchange*
zawód zawodu *profession*
zdecydowany *decided*
zdołać + infin. *manage*
zebra *zebra*
znaczny *significant*

Pytania do tekstu:

1. Dlaczego rozwój motoryzacji w Polsce jest ostatnio wolniejszy niż przed kilkoma laty? Czy istnieje podobna sytuacja w innych krajach?
2. W jaki sposób można w Polsce nabyć samochód?
3. Kto i dlaczego może zakupić w Polsce samochód poza kolejnością?
4. Jakie są marki samochodów polskiej produkcji?
5. Dlaczego produkcja Poloneza była przedmiotem licznych dyskusji?
6. Jak wyglądają przepisy drogowe w Polsce w porównaniu z amerykańskimi?
7. Czym się różni "kultura drogowa" w Polsce i w Ameryce?
8. O czym przechodzień musi pamiętać, przechodząc przez ulicę?
9. Dlaczego przejście dla pieszych nazywa się "zebra"?

Pytania do rozmowy:

1. Jakie marki samochodów są najpopularniejsze w tym kraju?
2. Jakie wnioski natury socjologicznej można wysnuć na podstawie posiadania przez Amerykanów określonej marki samochodu?
3. Czy masz własny samochód? Jaki? Czy jesteś z niego zadowolony? Ile osób może jechać wygodnie w twoim samochodzie? Ile mil przejechał twój wóz?
4. Gdzie najczęściej jeździsz samochodem? Ile mil przejeżdżasz tygodniowo? miesięcznie? rocznie?
5. Czy płaciłeś(aś) kiedyś mandat? Dlaczego? Ile wynosił?
6. Czy prowadzenie samochodu w stanie nietrzeźwym jest w Ameryce równie surowo karane jak w Polsce?
7. Ile lat trzeba mieć, żeby dostać prawo jazdy? Czy masz prawo jazdy? Kiedy i gdzie je zrobiłeś(aś)? Jaki procent Amerykanów, twoim zdaniem posiada prawo jazdy?
8. Jakie są rodzaje benzyny? Ile kosztuje galon każdego rodzaju w tej chwili?
9. Jakie są pozytywne i negatywne strony posiadania samochodu z silnikiem Diesla?

10. Czy sam reperujesz samochód? Co umiesz w tym zakresie? Gdzie odstawiasz samochód, kiedy trzeba coś naprawić?

marka *brand*
mila *mile*
odstawić odstawiać *(here:) drop off, take and leave*
określony *(here:) particular*
podstawa *basis*
reperować *repair*
równo *equally*
silnik *motor*
wniosek wniosku *conclusion*
wynosić *(here:) amount to, come to*
wysnuć wysnuwać *(here:) extrapolate*
zakres *area*
zdanie *opinion;* **twoim zdaniem** *in your opinion*

U. Lektura uzupełniająca *supplementary reading*

Autostop

Jedną z ciekawszych form turystyki w Polsce jest autostop. Od lat cieszy się on ogromną popularnością, nie tylko wśród młodzieży. Stroną organizacyjną autostopu zajmuje się Polskie Towarzystwo Turystyczno-Krajoznawcze. We wszystkich większych miastach oddziały PTTK rozprowadzają za niewielką opłatą książeczki autostopu wraz z mapą i regulaminem dla kierowców. Autostopowicze, którzy wykupili książeczki, są automatycznie ubezpieczeni na cały sezon, tzn. od 1 V do 30 IX. Książeczka autostopu upoważnia do przejechania 1980 km. Turysta trzymając ją w ręce zatrzymuje samochody osobowe, ciężarowe, lub dostawcze. Jeśli kierowca zabierze ze sobą takiego pasażera, otrzymuje od niego kupony świadczące o ilości wspólnie przejechanych kilometrów. Pod koniec sezonu turystycznego kierowcy posiadający owe kupony mogą je wysłać do biura PTTK w Warszawie, gdzie co roku odbywa się losowanie pieniężnych nagród.

W okresie lata na trasach turystycznych całej Polski pojawiają się tysiące autostopowiczów. Wśród nich można spotkać przedstawicieli najróżniejszych krajów. Chociaż najczęściej autostopem podróżuje młodzież szkolna i studencka, to jednak sporo jest w gronie autostopowiczów ludzi starszych, nawet emerytów. Ostatnio modny się stał tzw. autostop rodzinny - podróżują w ten sposób rodzeństwa, małżeństwa, a zdarza się, że i rodzice z dziećmi.

W tej formie turystyki są w stanie uczestniczyć nawet ci, którzy mają bardzo skromne fundusze, bowiem organizatorzy autostopu umożliwiają im podjęcie sezonowej pracy. Autostopowicze podróżując po Polsce pomagają przy żniwach lub w innych pracach polowych, a zarobione w ten sposób pieniądze przeznaczają na dalszą wędrówkę. Korzystając z tego udogodnienia liczne rzesze młodzieży mogą całe lato wędrować po kraju, poznawać różne jego regiony, zwiedzać zabytki i nawiązywać nowe kontakty. Mogą też wziąć udział w kilkudniowym zlocie autostopowiczów połączonym ze zdobywaniem różnych odznak turystycznych, konkursami i zabawami.

Autostop: słowniczek

autostop *hitchhiking*
cieszyć się + I *enjoy*
ciężarowy *(adj.) freight*
dostawczy *(adj.) delivery*
fundusz *(monetary) funds, means*
grono *group, body, company*
konkurs *contest*
krajoznawczy *(adj.)*
losować *draw lots*
małżeństwo *husband and wife*
młodzież *youth*
nagroda *prize*
nawiązać nawiązywać *contract, make*
odbyć się   odbywać się *take a place*
oddział *(here:) branch, section*
odznaka *badge*
organizacyjny *organizational*
organizator *organizer*
ów owa owo *(bookish) that*
po + L *(here:) around, about*
podjęcie *undertaking*
pojawić się   pojawiać się *appear*
polowy *(adj.) field (*from **pole***)*
połączony z + I *connected with*
przeznaczyć   przeznaczać na + A *allocate*
region *region*
regulamin *rules*
rozprowadzić rozprowadzać *distribute*
rzesza *crowd, throng*
sezon *season*
sezonowy *seasonal*
świadczyć o + L *testify to*
towarzystwo *society*
ubezpieczyć ubezpieczać *insure*
udogodnienie *convenience*
udział *share;* **wziąć udział w** + L *take part in*
umożliwić umożliwiać *enable*
wędrować *wander*
wędrówka *journey, wandering*
wspólny *mutual*
wysłać wysyłać *send*
zabrać zabierać *take along*
zabytek zabytku *monument, relic*
zarobić zarabiać *earn*
zdarzyć się   zdarzać się *happen*
zlot *rally, jamboree*
żniwo *harvest*

LEKCJA CZWARTA

Łomża

A. Zenon Wiktorczyk

Nowe mieszkanie

Osoby:
KONFERANSJER(KA)*
AKTOR(KA)*

KONFERANSJER: Gratuluję panu. Słyszałem, że dostał pan mieszkanie.

AKTOR: A tak... dostałem.

KONFERANSJER: Gdzie?

AKTOR: Na Mirowie.

KONFERANSJER: A jak się panu mieszka?

AKTOR: Gruntownie. Nieraz to w ogólę nie wychodzę z domu.

KONFERANSJER: Tak przyjemnie we własnym mieszkaniu?

**Replace masculine forms with feminine, as appropriate in the classroom situation.*

Nowe i stare budownictwo

AKTOR: Nie. Tylko drzwi się czasem zatrzaskują, tak że ich nie można otworzyć. Wtedy przymusowo siedzę w domu.

KONFERANSJER: O, to nieprzyjemnie.

AKTOR: Nie, ja się nie nudzę.

KONFERANSJER: Opracowuje pan role?

AKTOR: Nie, remontuję mieszkanie.

KONFERANSJER: Bardzo pana przepraszam, ale o ile się orientuję, to teraz mieszkania są oddawane bez usterek.

AKTOR: A owszem... Oddawanie odbyło się bez usterek, tylko mieszkanie jest z usterkami.

KONFERANSJER: Jakieś braki?

AKTOR: Przeciwnie. Podłogi jest na przykład za dużo. Puchnie.

KONFERANSJER: I co pan z tym robi?

AKTOR: Prasuję codziennie elektrycznym żelazkiem.

KONFERANSJER: Ależ proszę pana, w ten sposób może pan łatwo spalić podłogę.

AKTOR: Wykluczone. Żelazko jest zimne. Kontakt nie działa.

KONFERANSJER: Dlaczego pan go nie naprawi? Przecież to bardzo łatwo. Wystarczy włożyć dwa cienkie druciki...

AKTOR: Tak, tylko że do tych dwóch cienkich potrzeba jeszcze dwóch grubych - przewodów elektrycznych w ścianie.

KONFERANSJER: Acha... Zapomnieli zainstalować.

AKTOR: Przeciwnie.

KONFERANSJER: Jak to, przeciwnie?

AKTOR: Przeciwnie, zainstalowali. Wpuścili z drugiej strony ściany do łazienki.

KONFERANSJER: No to przynajmniej w łazience kontakt działa.

AKTOR: Nie działa, bo nie ma gniazdka.

KONFERANSJER: Zaraz, jeśli nie ma gniazdka, to skąd pan w ogóle wie, że tam w ścianie są przewody elektryczne?

AKTOR: A... to mi w pogotowiu wytłumaczyli.

KONFERANSJER: Wzywał pan pogotowie elektryczne?

AKTOR: Nie, lekarskie. Kiedy mnie nagle w wannie piorun strzelił... No i właśnie ten sanitariusz z pogotowia wytłumaczył mi, że to wskutek stykania się w ścianie łazienki rur wodociągowych z przewodami elektrycznymi.

KONFERANSJER: To straszne... Więc ostatecznie pan ma łazienkę, tylko żadnych korzyści z niej?

AKTOR: Nie, owszem. Od miesiąca już mam korzyści.

KONFERANSJER: Acha. Naprawili...

AKTOR: Nie, tylko wynająłem łazienkę jednej lecznicy na gabinet do leczenia wstrząsami elektrycznymi.

KONFERANSJER: No dobrze, a kwaterunek się na to zgodził?

AKTOR: Nie pytałem.

KONFERANSJER: Więc jak pan mógł bez zgody kwaterunku wynająć komuś łazienkę?

AKTOR: A jak oni mi mogli wynająć takie mieszkanie? Ojej... Bardzo pana przepraszam, ale muszę lecieć do domu. Przypomniałem sobie, że zakręciłem gaz w kuchni.

KONFERANSJER: Chwileczkę. Jeżeli pan zakręcił gaz, to wszystko w porządku. Czym się pan denerwuje?

AKTOR: Jak to czym? Dziadkiem sąsiadów. Jest sparaliżowany i wszyscy wyszli z domu.

KONFERANSJER: Pan wybaczy, ale ja absolutnie nie rozumiem, co ma wspólnego zakręcony gaz u pana w mieszkaniu ze sparaliżowanym dziadkiem w mieszkaniu sąsiadów?

AKTOR: A bo widzi pan, to jest tak... Jak się u mnie gaz zakręca, to u nich automatycznie sam się odkręca... Bo tam też mieszkanie zostało oddane bez usterek. Ale może jeszcze zdążę...

Słowniczek

brak *shortcoming*
cienki *thin*
denerwować się z- + I *get upset about*
drucik *little wire (*from **drut***)*
gniazdko *(electrical) outlet*
gruby *thick*
gruntownie *fundamentally (here, jocularly)*
instalować za- *install*
jak *(here:) when, as soon as*
jeżeli *if (literary)*
konferansjer *master of ceremonies*
kontakt *electrical switch*
korzyść *(f.) use, benefit*
kwaterunek kwaterunku *(here:) housing office*
leczenie wstrząsami *shock therapy*
lecznica *clinic*
mieszkać się + D *(here:) get along*
Mirów Mirowa *a district of Warsaw*
może *maybe*
nieraz *sometimes*
oddać oddawać *hand over*
odkręcić odkręcać *turn on*
opracować opracowywać *work out, perfect*
paraliżować s- *paralyze*
piorun *lightning bolt*
pogotowie elektryczne *electrical repair service*
potrzeba + G *be needed*
prasować *press*
przeciwnie *on the contrary*
przewód przewodu *line, conduit*
przymusowy *forcible*
przypomnieć przypominać sobie *recall*
puchnąć *swell*
remontować *renovate*
rura *pipe*
sanitariusz *(hospital) orderly*
skąd pan wie? *how do you know?*
spalić spalać *scorch*
strzelić strzelać *shoot, strike*
stykać się *touch together*
usterka *defect*
wanna *bath*
włożyć wkładać *insert*
wodociągowy *(adj.) sewer*
wskutek +G *due to*
wspólny *common, mutual.* **coś wspólnego** *something in common*
wszystko w porządku *everything's in order*
wybaczyć wybaczać *forgive*
wykluczyć wykluczać *exclude*
wynająć wynajmować *rent*
wystarczyć *(pf.) be sufficient*
zakręcić zakręcać *turn off*
zaraz *(here:) just a minute*
zatrzaskiwać się *get stuck*
zgoda *permission*
zgodzić się zgadzać się na + A *agree to*
żelazko *(hand-) iron*

B. Pytania do tekstu:

1. Gdzie aktor obecnie mieszka?
2. Dlaczego aktor czasem w ogóle nie wychodzi z domu?
3. Czy jest mu nudno w mieszkaniu? Dlaczego?
4. Jakie usterki ma jego mieszkanie?
5. Dlaczego aktor prasuje podłogę?
6. Czy użycie żelazka przez aktora do prasowania podłogi było niebezpieczne?
7. Kto i jak wytłumaczył aktorowi przyczynę porażenia w wannie?
8. Dlaczego historia z elektrycznością w wannie jest mało prawdopodobna?
9. Kto musi wyrazić zgodę na wynajęcie części lub całego mieszkania? Czy aktor uzyskał zgodę na wynajęcie łazienki? Dlaczego?
10. Jak i przez kogo jest obecnie używana łazienka aktora?
11. O czym aktor przypomniał sobie w pewnym momencie?
12. Co ma wspólnego zakręcony gaz u aktora ze sparaliżowanym dziadkiem w mieszkaniu sąsiadów?

lub *or (literary)*
niebezpieczny *dangerous*
porażenie *electrocution*
wyrazić wyrażać *express*

- ZAPŁAĆ ZA GAZ, ŚWIATŁO, TELEFON, RATĘ NA SYRENKĘ, ODDAJ DŁUGI, WPŁAĆ NA MLEKO, OPŁAĆ CZYNSZ I PRENUMERATĘ, ZOSTAW NA ŻYCIE, A RESZTĘ ZŁÓŻ NA PKO.

C. Porządek słów w zdaniu *word order in the sentence*

1. Podmiot i dopełnienie *subject and complement*

There are three significant positions within a typical Polish declarative sentence: initial, middle, and final. Initial position carries old, previously mentioned, or implied information; final position conveys new, previously unmentioned information. The middle position is reserved for information that is either old or new, but is not highlighted as such in the given sentence. Take, for example, the sentence

Moja siostra	**wybrała**	**zieloną sukienkę.**
1	2	3
my sister	*chose*	*a green dress*

This sentence states that (1) my sister (the topic, or old information) (2) chose something (the act of her choosing is possibly old, possibly new, but in any case not highlighted information), and that (3) the thing she chose was a green dress (the main new information in the sentence (*i.e.,* the sentence's comment). Depending on the stress given one or another element in the comment, the above sentence can be taken to be an answer to one of three different questions. If the stress falls on **sukienka** *dress,* then the sentence answers the question **Co wybrała moja siostra?** If the stress falls on **zieloną** *green*, it answers **Jaką** (or **jakiego koloru**) **sukienkę wybrała moja siostra?** Alternatively, the entire phrase **wybrała zieloną sukienkę** may be taken to be the sentence's comment, in which case the sentence answers the question **Co robiła moja siostra?**

Nowe osiedle mieszkaniowe w Warszawie

By changing the order of elements in a sentence, one varies the elements chosen as topic and comment in the sentence. In other words, one varies the potential questions which the statement answers. For example, the sentence

Zieloną sukienkę	**wybrała**	**moja siostra.**
1	2	3
the green dress	*chose*	*my sister*

declares that (1) the green dress (old information) (2) was chosen (peripheral old or new information) (3) by my sister (new information). This sentence answers the question **Kto wybrał zieloną sukienkę?** *Who chose the green dress?* When translating such sentences as the above into English, one should note first of all that English will usually express the shift of focus onto the verbal complement with a passive construction, as in *The green dress was chosen by my sister.* Secondly, one may observe that as a rule noun phrases carrying old information are preceded in English by the definite article *the;* noun phrases expressing new information are typically preceded by the indefinite article *a/an* (see below, 3).

2. **Porządek słów w pytaniach** *word order in questions*

In Polish, as in English, one typically places a question word at the beginning of the sentence:

Kto wybrał zieloną sukienkę? *Who chose the green dress?*
Co wybrała moja siostra? *What did my sister choose?*
Gdzie kupiła moja siostra zieloną sukienkę? *Where did my sister buy the green dress?*

and so on. In such questions, the asked-for new information occurs at the beginning (in the form of the question word) and the old information occurs at the end. In other words, in such questions, the principles of word order are roughly the reverse of situation in declarative sentences. What this means in practical terms is that when answering questions by a declarative statement, one begins the answer by mentioning the information most recently mentioned in the question:

Q: Kto wybrał sukienkę?
A: Sukienkę wybrała moja siostra.

Q: Co wybrała moja siostra?
A: Moja siostra wybrała sukienkę.

Q: Gdzie moja siostra kupiła tę sukienkę?
A: Tę sukienkę kupiła w domu towarowym.

and so on. In each of the above examples, note how the noun phrase at the end of the statement corresponds to the question word at the beginning.

It should be stressed that in most cases Polish and English word order turn out to be more or less the same. This is because English tends to follow strict subject-verb-complement order, which in most cases reflects the order of old-neutral-new information. English differs from Polish in not having the potential for shifting the order of elements in a sentence in response to shifts in topical focus. Instead, English makes use of a different grammatical construction (usually, the passive construction) or of different intonational contours.

3. Określone i nieokreślone frazy nominalne *definite and indefinite noun phrases*

By a noun phrase is meant a noun and all its modifiers, quantifiers, and determiners:

te *those*	**dwa** *two*	**stare** *old*	**domy** *houses.*
determiner	*quantifier*	*modifier*	*noun head*

A definite noun phrase is one which refers to a specific referent, known to both speaker and listener. In English, definite noun phrases are usually indicated either by definite articles or determiners like *the, this, that* or by possessive pronouns like *my, your, our, his, her, your.* English indefinite noun phrases can be signaled by the indefinite article *a, an* or by indefinite modifiers or quantifiers like *some, a few, several, many,* and so on.

Definite noun phrases by nature refer to old information. Consequently, it is natural that in Polish definite noun phrases tend to occur at the beginning of the sentence, in the position reserved for elements that convey old information. A difference in position of a noun phrase in a Polish sentence will often be accompanied in the English translation by a change between a definite and indefinite article:

Na ulicy zebrał się tłum. *A crowd formed on the street.*
Tłum się zebrał na ulicy. *The crowd gathered on the street.*

Siostra wybrała sukienkę. *My sister chose a dress.*
Sukienkę wybrała moja siostra. *The dress was chosen by my sister.*

4. Umiejscowienie krótkich i pełnych form zaimków osobowych *the placement of short and long-form pronouns*

Pronominal direct and indirect objects, especially short forms **cię** for **ciebie, go** for **jego, mu** for **jemu**, almost always express old information; that is, they refer more or less by nature to referents already before the attention of the speakers. For this reason, short-form pronominal objects do not often occur in sentence-final position, even if they must fall before the verb in order to avoid final position:

Ja cię lubię. *I like you.*
To mi się podoba. *That appeals to me.*

Short-form pronominal objects will occur in final position only to avoid absolute initial position, where they can never occur:
Lubię cię. *I like you.*
Daj mi. *Give (it to) me.*

Long-form pronominal objects do not avoid final position as strongly as short-form objects, for the reason that the long form typically conveys new information (usually, contrastive stress):
Ja lubię ciebie. *It's you I like.*

5. Umiejscowienie przymiotników przed lub po rzeczowniku *the placement of adjectives before or after the noun*

Adjectives usually precede the noun:

ważny kraj *important country* **nowe mieszkanie** *new apartment*
cienki drut *thin wire* **zimne żelazko** *cold iron.*

However, type-adjectives, that is, adjectives used to give the type of the noun rather than to express a transitory aspect of it, typically follow the noun. Type-adjectives are usually, though not always, derived from nouns:
przewód elektryczny *electric wire* **rura wodociągowa** *sewer-pipe*
zwierzę domowe *house animal* **biuro kwaterunkowe** *housing office.*

In case the adjective is not normally a type adjective, placing it after the noun lends a typing quality to it; the effect is one of increased emphasis:
inteligentny człowiek *an intelligent man* **człowiek inteligentny** *an "intelligent-type" man.*

Attributive and type-adjectives often modify the same noun at the same time:
ważny kraj przemysłowy *important industrial country.*

In case two or more type-adjectives modify the noun at the same time, only one will follow the noun; the others will precede it:
bank narodowy + bank handlowy + bank polski = polski narodowy bank handlowy *Polish national trade bank.*

Often in set phrases, the placement of the adjective is idiomatically determined, *cf.* **dzień dobry** *good day (= hello) vs.* **dobranoc** *good-night.*

6. **Umiejscowienie okoliczników sposobu** *the placement of manner adverbs*

In English, manner adverbs frequently follow the verb and often appear at the end of a sentence. In Polish, manner adverbs frequently occur before the verb:

Ona ładnie śpiewa. *She sings nicely.*
On musi ciężko pracować. *He has to work hard.*

7. **Umiejscowienie partykuły "nie"** *the placement of* **nie**

Under conditions of neutral stress, the negative particle **nie** immediately precedes the verb. The effect is that of a general denial of a fact:

Nie kupiłem samochodu. *I didn't buy a car.*

Under various kinds of special negative stress, the particle **nie** is placed before the specific item in the sentence that is being negated, whether the verb or some other item:

a. Nie ja kupiłem samochód, tylko brat. *It wasn't I that bought the car but my brother.*
b. Kupiłem nie samochód, lecz motocykl. *I bought not a car but a motorcycle.*

When the verb itself is being negated, the particle will go before the verb, as under neutral stress; the difference in meaning will be conveyed by raised intonation on the verb:

c. Nie KUPIŁEM samochodu, tylko go WYNAJĄŁEM. *I didn't BUY a car but RENTED one.*

D. **Wstęp do polskiej intonacji zdaniowej** *introduction to Polish sentence intonation*

In Polish, three levels of sentence pitch can be distinguished: high, mid, and low. The following intonational contours are basic:

1. Declarative Intonation

   a. neutral: mid onset, falling to low at end:

   Gra-tu-lu-ję
   pa-nu.

   b. emphatic: mid onset, rising to high, falling to low:

   lu-
   Gra-tu- ję
   pa-nu!

2. Yes-No Interrogative Intonation: mid onset, with a low-mid dip on the item or items of interest:

   Tak przy-jem-nie we wła-snym mie- niu?
   szka-

   Kwa-te- nek się na to dził?
   ru- zgo-

3. Directed Interrogative Intonation

   a. neutral: high-mid onset, falling to low, rising to mid at the end:

   Co pan na bi?
   to ro-

   b. emphatic: high, falling to mid at the end:

   Co pan na to ro-
   bi?

4. Imperative Intonation

a. neutral: low onset, slowly rising to high, with a fall back to mid:

py-
go za- ta.
Niech pan

b. emphatic: high onset, ending on a fall to mid:

Niech pan go za-py-
ta!

5. If-Then Statements

The "if" clause of an if-then sentence usually consists of a mid onset with a high-mid rise and a fall at the end. The remainder of the sentence will follow the intonational pattern appropriate to its sentence type (declarative, interrogative, or imperative):

gnia-
Je-śli nie ma zdka, to... (and so on).

NOTES

The above remarks merely scratch the surface of the subject of sentence intonation. However, by following one of the above basic intonational patterns the speaker will rarely go wrong. The following remarks elucidate a few additional points:

a. Not infrequently, some item in a sentence will be singled out for special emphasis. This emphasis is usually accompanied by a rise in intonation on the item or items in question:

neutral: **Nie-raz to w o-gó-le nie wy-cho-dzę z do-**
mu.

Nie- w o- z do-
animated: **raz, to góle nie wy-cho-dzę mu!**

b. In the case of a yes-no question, added emphasis is indicated by a drop, not a rise:

neutral: **Tak przy-je-mnie we wła-snym mie-**   **niu?**
                                                             szka-

animated: **Tak przy-**   **mnie we wła-snym mie-**   **niu?**
                               je-   **szka-**

c. Words that contrast in some way with what has been said or implied elsewhere will reflect this contrast by carrying an intonational rise:

      dło-   **du-**
Po-   **gi, na przy-kład, jest za**   **żo.**

In the context of the text, following the question **Jakieś braki?** *Are there any shortcomings?*, emphasis in the above sentence will fall on both **podłogi** and **za dużo,** so as to correct the implication of the question that there might be "too little floor." Of course, the effect here is humorous, but the general principle holds regardless of the kind of text.

E. Polskie odpowiedniki angielskiego przyimka "for" *Polish correspondents of "for"*

The English preposition "for" has a wide variety of translations into Polish, the most important of which are summarized below:

dla +G *for the benefit of.* **dla** usually occurs with personal complements: **Czy ten prezent jest dla mnie?** *Is that present for me?* In some expressions, this preposition can express the affected or interested party in an impersonal construction. **To jest łatwe dla mnie.** *That is easy for me.* **Dla** can be used with abstract objects in the meaning *for the sake of:* **sztuka dla sztuki** *art for art's sake.*

za + A *in exchange for.* **Ile zapłaciłeś za ten zegarek?** *How much did you pay for that watch?* **Kupiłem go za pięć dolarów.** *I bought it for five dollars.* This preposition also means "for" in the sense of being "for" or "against" some cause: **Walczymy za naszą i waszą wolność.** *We are fighting for our and your freedom.* "Against" is expressed by **przeciw** + D. "for a cause" may also be expressed by **o** + A (see below).

za + I *longing for.* **Tęsknię za domem.** *I long for home.* The prepositions **do** and **na** sometimes occur in this general meaning as well: **Wzdycham do wiosny.** *I sigh for spring.* **Mam ochotę na ciastka.** *I have a desire for some pastry.*

na + A often translates the "for" of purpose or appropriateness: **Masz już bilet na samolot?** *Do you have the plane ticket?* **To na nic się nie nadaje.** *That's not suitable for anything.* Under this heading may also be listed **na** as the "for" of time of appointment: **Mam bilety na ósmą.** *I have tickets for 8:00.* Other uses of **na** are discussed below, under the heading " 'For' in time expressions."

jak na + A translates the "for" of condescending comparison: **On pisze całkiem nieźle, jak na dziecko w tym wieku.** *He writes quite well for a child of his age.*

po + A translates the "for" of fetching: **Wyskoczę po piwo.** *I'll hop out for some beer.* **Zajdę po ciebie o ósmej.** *I'll come by for you at 8:00.*

do + G translates the "for" of specific application: **woda do picia** *drinking water.* **maszyna do pisania** *typewriter.* **pasta do zębów** *toothpaste.* **coś do jedzenia** *something to eat.*

o + A often translates the "for" of struggle: **Walczymy o równouprawnienie kobiet.** *We are fighting for the equality of women.*

u + G translates the English expression "work for a person, *i.e.,*work under a person's authority": **Ona pracuje u dentysty.** *She works for a dentist.* **Studiuję u znanego profesora.** *I am studying under a well-known professor.*

z + G *known for.* **On jest znany ze swoich wcześniejszych prac.** *He is known for his earlier works.*

"For" in the Expression of Duration of Time:

na + A *for a time to come, i.e, for a time period in the future, cut off from the action referred to with the main verb:* **Wyjedziemy na rok.** *We are leaving for a year.* **Rozstałem się z nią na zawsze.** *I parted with her forever.*

od + G *for a time past, reaching up to the present:* **Mieszkam w Warszawie od pięciu lat.** *I have lived in Warsaw for five years.* This use of the preposition is often matched in English by the present perfect of the verb: "I have lived."

przez + A *for a length of time:* **Pracowałem ciężko przez cały miesiąc.** *I worked hard for the entire month.* The use of **przez** is usually more emphatic than the use of the Accusative by itself, which may also be used in this sense of "for": **Spałem całą noc.** *I slept the whole night through.*

- WIESZ, ZOSIU, TO CHYBA JESZCZE NIE TO

F. Wyrazy "pamiętać, zapomnieć," itd. *verbs of remembering and forgetting*

Among the most important verbs in the semantic area of remembering and forgetting are the following:

pamiętać *remember.* **Doskonale pamiętam każde słowo.** *I remember perfectly every word.* When translating English "can't remember," Polish does not usually use the modal verb of ability: **Nie pamiętam, gdzie zostawiłem klucze.** *I can't remember where I left my keys.*

zapamiętać zapamiętywać *commit to memory, keep in mind.* **Muszę zapamiętać każde słowo z tej lekcji.** *I have to memorize every word in this lesson.*

przypomnieć przypominać sobie *recall, call to mind, remember (suddenly).* **Przypomniałem sobie, że muszę dzisiaj zwrócić tę książkę.** *I just remembered that I have to return this book today.* **Nie mogę sobie przypomnieć jego nazwiska.** *I can't recall his last name.*

kartki na mięso *meat ration cards*

zapomnieć zapominać *forget.* **Zupełnie zapomniałem o twoich urodzinach.** *I completely forgot about your birthday.*

wylecieć z głowy *(colloquial) fly out of one's head, escape.* **Tytuł tej książki akurat wyleciał mi z głowy.** *The title of that book escapes me at the moment.*

przyjść komuś do głowy *(colloquial) come to mind.* **Co ci przyszło do głowy?** *What were you thinking of?* **Nic mi nie przychodzi do głowy.** *Nothing comes to mind.*

G. **Zwroty ilościowe z dopełniaczem** *quantitative expressions using the Genitive*

1. The Partitive Genitive

The Genitive case is sometimes used with words referring to substances in the meaning "some." This use of the Genitive occurs particularly often in social situations with nouns referring to food items: **Nalać ci herbaty?** *May I pour you some tea?* **Chcesz cukru?** *Do you want some sugar?* The Partitive Genitive seems to be going out of common use in contemporary Polish. More and more one replaces the idea of "some" with **trochę** + G or simply uses the Accusative: **Nalać ci herbatę? Chcesz trochę cukru?**

2. Verbs of Quantity Requiring the Genitive

A number of verbs and verbals (a verbal is a nonconjugated word that has the function of a verb, *e.g.* **trzeba** *it is necessary*) in the semantic area of quantity, sufficiency, lack, need, and so on, require the Genitive case. Among the most important are the following:

potrzebować *need, require.* **Potrzebuję odpoczynku.** *I need some rest.*

trzeba potrzeba *be in need of.* **Trzeba czasu, żeby o tym zapomnieć.** *It requires time to forget about that.* **Tego właśnie mi potrzeba.** *That's just what I need.*

brakować *be wanting, lacking.* **Niczego mi nie brakuje.** *I'm not in need of anything.*

zabraknąć *(pf.) run short of.* **Zabrakło mu odwagi.** *His courage deserted him.* **Pieniędzy ci nie zabraknie.** *You'll never lack for money.*

brak *be out of, be lacking.* **Brak mi słów.** *I'm at a loss for words.* **W tej książce brak kilku stron.** *There are several pages missing in this book.* **Piwa brak** *out of beer.*

starczyć starczać *(usually in pf.) be enough.* **Nie starczyło mu pieniędzy na kupno biletu.** *He didn't have enough money to buy a ticket.*

wystarczyć wystarczać *(usually in pf.) be sufficient, suffice (usually followed by an infinitive).* **Wystarczy powiedzieć mu parę słów.** *It will suffice to say a couple of words to him.*

ubyć ubywać *lose, decline (in amount).* **Widzę, że zamiast przybywać, ubywa ci rozumu.** *I see instead of gaining, you're losing in intelligence.*

przybyć przybywać *gain (in amount).* **W rzece przybywa wody.** *Water is rising in the river.*

nie ma (nie było, nie będzie) *be absent, missing, gone.* **Nie ma mleka w tej chwili.** *We don't have milk at the moment.* **Janka jeszcze nie ma.** *Janek isn't here yet.*

Lato w Bydgoszczy

H. Ćwiczenia

1. **mieszkanie, usterki:** **a. mieszkanie z usterkami**
b. mieszkanie bez usterek.

dom, centralne ogrzewanie; łazienka, ciepła woda; kuchnia, gaz; budynek, kanalizacja *plumbing.*

2. **gaz, kuchnia:** **nie ma gazu w kuchni.**

kontakt, ten pokój; przewody elektryczne, ściana; pogotowie ratunkowe, to miasto; centralne ogrzewanie, cały dom; ciepła woda, łazienka; rury wodociągowe, ziemia; prąd *current*, **ta dzielnica** *section of town.*

3. fix the iron: **a. trzeba naprawić żelazko**
b. nie mogę naprawić żelazka.

turn off the water, turn on the gas, install electricity, open the door, close the window, rent the apartment, change the filter, call an ambulance, remember his name, memorize those words.

4. fix the iron: **napraw żelazko!**

Use the vocabulary of Exercise 3.

5. In the following pattern, use Ewa as a subject of the verb. Be prepared to explain the difference between a. and b.

wrócić do pokoju: **a. Ewa wróciła do pokoju**
b. do pokoju wróciła Ewa.

zjeść śniadanie, włożyć sweter, wypić herbatę, załatwić sprawę, spojrzeć *glance* **na zegar, zwiedzić Hollywood, wymienić filtr, wezwać pogotowie, wyłączyć** *disconnect* **gaz, zapomnieć o zebraniu, naprawić samochód.**

6. **zjeść śniadanie:** **śniadanie zostało zjedzone przez Ewę.**

Use the appropriate items from Exercise 5. Be prepared to comment on the stylistic difference between the passive voice and reversed subject-object order.

7. Find the expression in this lesson's reading:

congratulations: **gratuluję.**

on the contrary, everything's fine, out of the question, whoops, how do you know?, just a moment, at least, sometimes, my dear sir, that's terrible.

8. light switch: **kontakt.**

sewer pipes, electric wires, electric iron, ambulance, shock therapy, paramedic, housing office, clinic.

9. Use a logical verb with the given noun. You may use the noun as subject, object, or as any other kind of complement:

żelazko: **prasuję elektrycznym żelazkiem.**

mieszkanie, gaz, drzwi, podłoga, woda, pogotowie, kontakt, elektryczność, przewody elektryczne, rury wodociągowe.

10. Use a logical noun complement with the given verb:

remontować: **remontuję całe mieszkanie.**

gratulować, wychodzić, siedzieć, nudzić się, martwić się, opracować, prasować, wzywać, zakręcić, denerwować się, wynająć.

11. **zdążyć:** **zdążę, zdążysz.**

naprawić, zapomnieć, zainstalować, wpuścić, wezwać, strzelić, zgodzić się, wyjść, wynająć, przypomnieć sobie, zakręcić, zapamiętywać.

12. Accusative pronoun review:

ja, on, widzieć: **a. ja go widzę**
b. on mnie widzi.

ja, ona, lubić; my, wy, kochać; oni, one denerwować; ty, on, nudzić.

13. Place each of the noun phrases or adverbs under question, as in the model. Then arrange the parts of the model sentence correctly in order to answer the question.

Ewa pije mleko z sokiem:	**1a. Kto pije mleko z sokiem?** **1b. Mleko z sokiem pije Ewa.** **2a. Z czym Ewa pije mleko?** **2b. Ewa pije mleko z sokiem.**

Tadek jest na poczcie. Mąż wraca jutro. Ewa wraca o siódmej. Dzieci czekają na obiad. Jurek gra na flecie. Zosia często zapomina o śniadaniu. Zbyszek czyta gazetę. Ten pan szuka swojej żony. Adam zna Ewę. Państwo Rylscy mieszkają we Wrocławiu. Marta ma przerwę o ósmej. Anna czeka na Barbarę. Maria mówi o swojej pracy. Ryszard ładnie śpiewa włoskie piosenki. Monika pomaga rodzinie.

14. Negate different elements in the sentence:

Ewa pije mleko z sokiem:	**a. Nie Ewa pije mleko z sokiem.** **b. Ewa nie pije mleka z sokiem.** **c. Ewa pije mleko nie z sokiem.**

Use the sentences of 13.

15. Compose a 10-line dialogue on the subject **Słyszałem, że dostałeś(aś) nowe mieszkanie.**

16. Translate, choosing the correct preposition in the meaning "for":
a. I think I'll be able to come by for you at 7:30 this evening.
b. I like to sing, but only for my own pleasure (**przyjemność**).
c. We have two extra (**zbędny**) tickets for this evening's performance.
d. What will you give me for this camera (**aparat**)?
e. For an American, he speaks Polish rather well.
f. What are you cooking (**gotować**) for dinner?
g. I mustn't forget to buy something for Aunt Zofia.
h. She works for a large bank in Ohio. - I know a song about the banks of the Ohio.
i. I have an appointment with my lawyer at 9:30 Monday morning.
j. Józek has gone for some more (**jeszcze**) beer.
k. For whom did you buy that vase? For my wife's brother.
l. We'll play this match (**zagrać mecz**) for a bottle of champagne (**szampan -a**).

m. What did you go shopping for? We don't need anything.
n. Our teacher is known for his difficult examinations.
o. I won't tell you my secret for anything in the world.
p. I like America, but I'm homesick for Poland.
q. He is running for the presidency (**prezydentura**) for the fourth time.
r. You are either for us or against us.
s. We are going to the seashore (**wybrzeże**) for the entire summer.
t. For how long do you leave (**zostawiać**) your dog at home alone?
u. She's been here only for a few days, but she already knows almost everyone.
v. I worked on (**pracować nad** + I) my dissertation (**dysertacja**) day and night for almost two whole years.
w. That's easy for you, but not for me.
x. Florida is known for its mild (**łagodny**) winters.
y. I'll give you ten dollars for that shirt.
z. For an intelligent person, you don't read very much.

17. **Tłumaczenie**

a. I'm never bored in my new apartment.
b. They forgot to install the electricity in the bathroom.
c. There's no outlet in the kitchen and no switch in the bedroom (**sypialnia**).
d. My electric iron hasn't worked for two months, but I keep (use **nadal**) using it.
e. I forgot to turn off the gas; I have to run home.
f. What are you worried about?
g. It's not pleasant to sit at home all the time.
h. How could you rent your bathroom to a shock therapy clinic without my permission? - It was easy.
i. Congratulations on your new apartment.
j. As far as I am aware, there are no electric wires in the wall.
k. In general, one needs both thin and thick wires.
l. Do you think it's necessary to call an ambulance?
m. The floor is swelling and the door sticks.
n. I am pressing the floor with an electric iron, but without significant (**znaczny**) results.
o. What are you upset about? - I'm not upset about anything.
p. I'm at a loss for words.
q. I've lost a little weight (**waga**) lately.
r. I just remembered that I forgot to turn the water off.
s. What do you mean you forgot my birthday?
t. You aren't bored, are you? - Why yes, I am.

18. Draw intonational contours for at least 15 sentences taken from the text to this lesson:

Wtedy przymusowo siedzę w domu.

19. Explain the humor behind the cartoons in this lesson.

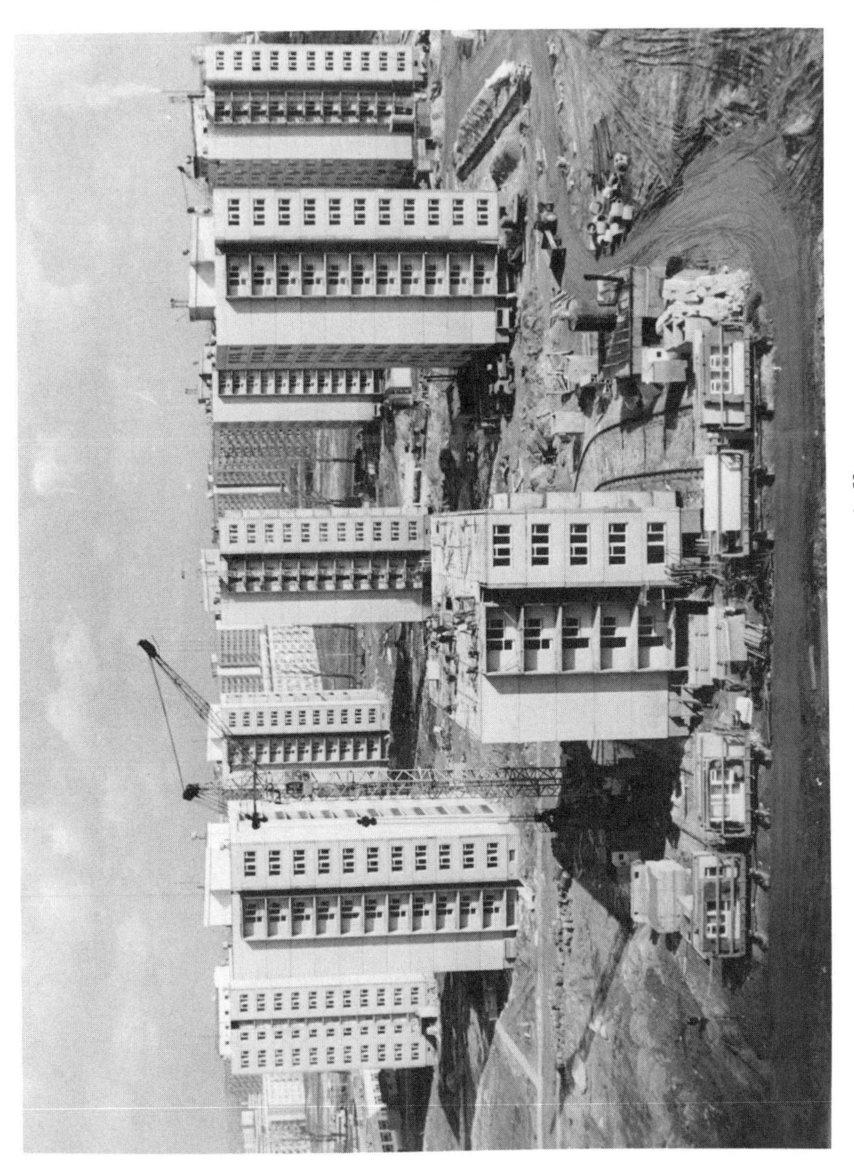

Powstaje nowe osiedle.

I. Tekst do czytania

Sytuacja mieszkaniowa

Sytuacja mieszkaniowa w Polsce jest bardzo trudna i stanowi poważny problem, z którym boryka się wiele rodzin. Po prostu mieszkań ciągle brakuje, a okres oczekiwania na nie jest bardzo długi. Podczas ostatniej wojny wiele polskich miast uległo prawie całkowitemu zniszczeniu, a ich odbudowa trwała całe lata. Znaczny przyrost naturalny, a także migracja ludności ze wsi do miast pogorszyły i tak już skomplikowaną sytuację. Nie jest więc rzadkością, że młodzi ludzie bardzo długo mieszkają ze swoimi rodzicami lub dziadkami nawet wtedy, kiedy założą swoje własne rodziny. Zapewne jest to jedną z przyczyn tego, że więzy rodzinne w Polsce są o wiele silniejsze niż w innych krajach.

W polskich miastach, w przeciwieństwie do miast amerykańskich, większość ludzi mieszka w dużych, kilkupiętrowych blokach na nowych osiedlach mieszkaniowych. Z reguły mieszkania na tych osiedlach, w porównaniu z amerykańskimi są nieduże i, w zależności od wielkości rodziny, mają przeciętnie dwa, trzy lub cztery pokoje. Oczywiście wszystkie nowe budynki są skanalizowane, mają bieżącą wodę, elektryczność, centralne ogrzewanie i gaz. Użytkownicy mieszkań co miesiąc opłacają czynsz, w wysokości mniej więcej od dziesięciu do piętnastu procent zarobków, oraz za gaz i elektryczność. Pozostałe opłaty są wliczone w czynsz.

W Polsce są różne rodzaje mieszkań. Pierwszy typ to tak zwane mieszkania kwaterunkowe. Są one własnością miasta, które przydziela je najbardziej potrzebującym. Lokatorzy nie są więc ich właścicielami, a jedynie użytkownikami - w zamian za comiesięczny czynsz.

Druga forma to mieszkania spółdzielcze. Każdy może zapisać się do spółdzielni mieszkaniowej, która zazwyczaj buduje całe nowe osiedla. Aby zostać członkiem takiej spółdzielni, wpłaca się określoną sumę pieniędzy na książeczkę mieszkaniową (od razu lub na raty) i czeka się na mieszkanie. Niestety, czeka się bardzo długo, nawet ponad dziesięć lat. Dlatego też bardzo często rodzice zakładają książeczki mieszkaniowe swoim dzieciom, kiedy te są jeszcze małe, aby gdy dorosną, szybciej otrzymały swoje mieszkania.

Zarówno mieszkania kwaterunkowe jak i spółdzielcze, można wykupić na własność - są to wtedy mieszkania własnościowe. Ich posiadacze mogą nimi dowolnie dysponować - sprzedać, zamienić na inne, wynająć, itd. Jedynym mankamentem własnościowych mieszkań jest ich bardzo wysoka cena.

Oczywiście marzeniem wielu ludzi i symbolem dobrobytu jest posiadanie domu jednorodzinnego z ogródkiem. Budownictwo jednorodzinne jest więc, mimo bardzo wysokich kosztów, dosyć popularne, choć nie na taką skalę jak w innych krajach. Bardzo często, aby obniżyć koszty budowy domku, całe rodziny pracują przy jego wykończeniu. Mają wówczas dodatkową satysfakcję, że jest to naprawdę ich dom, bo wybudowany częściowo ich własnymi rękami.

Sytuacja mieszkaniowa - słowniczek

bieżąca woda *running water*
blok *block of apartments*
borykać się z + I *struggle with*
budować *building, construction*
budować wy- *build*
budownictwo *construction*
cena *price*
częściowo *in part*
członek członka *member*
czynsz *rent*
dobrobyt *well-being*
dorosnąć dorastać *grow up*
dysponować + I *dispose of*
jednorodzinny *(adj.) single-family*
kilkupiętrowy *multistory* (from **piętro** *story, floor)*
koszty -ów *(pl.) costs*
książeczka mieszkaniowa *apartment savings booklet*
kwaterunkowy *(here: state-owned)*
lokator *tenant*
ludność *(f.) population*
mankament *flaw, drawback*
mieszkaniowy *(adj.) housing*
migracja *migration*
na raty *on installments*
obniżyć obniżać *lower*
oczekiwać + G *expect*
od razu *right away*
odbudowa *rebuilding*
ogródek ogródku *garden*
opłacić opłacać *pay*
osiedle *housing development*
pogorszyć *(pf.) worsen*
posiadacz *proprietor*
potrzebujący *(here:) needy*
poważny *serious, important*
pozostały *remaining*
przeciętnie *on the average*
przyczyna *reason*
przydzielić przydzielać *allocate*
przyrost naturalny *birth rate*
rachunek rachunku *account, bill*
rzadkość *(f.) rarity*
skanalizowany *equipped with plumbing*
skomplikowany *complicated*
spółdzielczy *cooperative*
spółdzielnia *co-op*
stanowić *comprise*
suma *sum*
trwać *last*
ulec ulegać + D *undergo*
użytkownik *user; (here:) dweller*
w przeciwieństwie do + G *in contradistinction to*
w zależności od + G *depending on*
w wysokości + G *in the amount of*
wielkość *size*
więzy *(pl.) ties, bonds*
wliczony w + A *reckoned into*
własnościowy *(here:) privately owned*
właściciel *owner*
wojna *war*
wówczas *then*
wpłacić wpłacać do + G *pay in(to)*
wykończenie *(here:) finish work*

wykupić wykupywać *buy up*
z reguły *as a rule*
założyć zakładać *found, establish*
zapewne *no doubt*
zapisać się zapisywać się do + G *sign up for*
zarobki zarobków *earnings*
zarówno... jak i ... *both... as well as...*
zazwyczaj *usually*
zniszczenie *destruction*
zostać zostawać + *I become*

Pytania do tekstu

1. Dlaczego sytuacja mieszkaniowa w Polsce jest trudna?
2. Dlaczego młodzi ludzie długo mieszkają z rodzicami?
3. Jak wygląda przeciętne polskie mieszkanie?
4. Ile trzeba płacić za mieszkanie? Czy to jest dużo, czy mało?
5. Co to są mieszkania kwaterunkowe?
6. W jakim celu zakłada się książeczkę mieszkaniową?
7. Dlaczego rodzice zakładają książeczki mieszkaniowe swoim dzieciom?
8. Jakie są wady i zalety mieszkania własnościowego?
9. Czy budownictwo jednorodzinne jest popularne w Polsce? Dlaczego?

Pytania do rozmowy:

1. Czy sytuacja mieszkaniowa w Ameryce jest podobna do polskiej? Jakie są podobieństwa? Jakie różnice?
2. Opisz typowy amerykański dom. Opisz twój dom.
3. W Polsce młodzi ludzie długo mieszkają z rodzicami. Czy uważasz, że to jest dobre? Jakie są dodatnie i ujemne strony mieszkania z rodzicami?
4. Czy mieszkania (domy) są w Ameryce tanie czy drogie? (W stosunku do czego są tanie czy drogie?)
5. Co sądzisz o wysokości opłat za gaz, wodę, elektryczność, ogrzewanie? Czy są one wysokie czy niskie? Jakie tendencje można obserwować w tej dziedzinie?
6. Jaki dom (jakie mieszkanie) chciał(a)byś mieć? Jak go sobie wyobrażasz? Czy sądzisz, że twoje marzenia się spełnią?

dodatni *positive*
opisać opisywać *describe*
podobieństwo *similarity*
sądzić *think, consider, judge*
spełnić się spełniać się *be fulfilled*
stosunek stosunku *relation*
ujemny *negative*

LEKCJA PIĄTA 5

Opole

A. Ze słyszenia

- Pani pozwoli, że się przedstawię: Artur Zieliński.

- Bardzo mi miło. Ewa Dębowska. Znam pana ze słyszenia, mój mąż pracuje z panem.

- O! Nie wiedziałem, że pani jest żoną Janusza. Ja natomiast doskonale znam panią z widzenia, bo robimy zakupy w tym samym sklepie spożywczym.

- Ach właśnie, miałam wrażenie, że skądś pana znam.

- Okazuje się więc, że jesteśmy starymi znajomymi.

Mini

B. Wtedy, kiedy

- O której zwykle wstajesz?

- W ciągu tygodnia o piątej.

- To bardzo wcześnie.

- Rzeczywiście, ale godzinę jadę do pracy, a poza tym muszę mieć jeszcze trochę czasu na wykąpanie się i (uczesanie /ogolenie).

- O której zaczynasz pracę?

- O siódmej. O jedenastej jest przerwa na drugie śniadanie, a kończymy pracę o trzeciej.

- A gdzie jesz obiady?

- W stołówce fabrycznej. Tylko w niedzielę jem obiad z rodziną w domu.

- Czy masz wolne soboty?

- Pracuję co drugą sobotę, ale nawet wtedy, kiedy mam wolną, jem obiad gdzieś na mieście. W sobotę wszyscy są zajęci własnymi sprawami.

C. Całe szczęście

- Czy macie państwo dzieci?

- Mamy dwójkę - synka i córeczkę.

- Chodzą do szkoły?

- Jeszcze nie. Przed południem chodzą do przedszkola, a po południu babcia je pilnuje, dopóki nie wrócę z pracy.

- Całe szczęście, że babcia ma wolne popołudnia.

- Ona cały czas ma wolny teraz, bo od dwóch lat jest na emeryturze. Gdyby nie to, nie wiem co bym zrobił(a). Życie z dwojgiem małych dzieci jest dość trudne.

- Wyobrażam sobie.

D. Dajemy sobie radę

- Kto jest młodszy, ty czy (twój brat/twoja siostra)?

- Jesteśmy (bliźniakami/bliźniaczkami), ale ja podobno jestem o dwie minuty (starszy/starsza).

- Wcale nie jesteście do siebie (podobni/podobne).

- To (fakt/prawda). Ja i (mój brat/moja siostra) różnimy się zasadniczo i wyglądem i charakterami.

- Mieć (bliźniaka/bliźniaczkę) to pewnie wielkie obciążenie.

- W jakim sensie?

- W sensie psychicznym.

- Ech, to przesada. Jakoś dajemy sobie radę. Żeby powiedzieć prawdę, wolę mieć bliźniaka niż być (jedynakiem/jedydaczką).

- Pewnie.

E. Klatka schodowa

- Poznajcie się: Zosiu, to Zenek, mój chłopak.

(Zosia: - Cześć, Zenek!)

- Cześć! A wy skąd się znacie, jeśli wolno spytać?

- Jak to skąd? Od dwudziestu paru lat mieszkamy w tej samej klatce schodowej. Zosia to moja najstarsza przyjaciółka.

- I najładniejsza, jak widzę.

- Zenek! Wstydziłbyś się prawić takie komplementy!

- A co, uważasz, że tak nie jest?

- Pewnie, że tak.

- No, to (o co chodzi/w czym rzecz)?

F. Słowniczek

bliźniak (fem. **bliźniaczka)** *twin*
chłopak *boy (here: boyfriend)*
czesać cię u- *comb (one's) hair*
dopóki nie *until*
emerytura *retirement:* **na emeryturze** *in retirement*
fabryczny *(adj.) factory* (from **fabryka** *factory)*
golić się o- *shave(self)*
jedynak (fem. **jedynaczka)** *only child*
kąpać się wy- *bathe (self)*
klatka *cage.* **klatka schodowa** *stairwell*
komplement *compliment*
o + A (in expressions of amount) *by (so much)*
obciążenie *burden*
okazać się okazywać się *turn out*
pewnie *surely, probably (here:) I'm sure*
pilnować *look after, take care of*
podobno *supposedly*
podobny do + G *similar to*
południe *noon*
poznać się poznawać się *meet (each other)*
pozwolić pozwalać *allow*
prawić *(here:) pay (compliment)*
przedstawić się przedstawiać się *introduce oneself*
przedszkole *preschool*
przerwa *break, recess*
przesada *exaggeration*
psychiczny *psychic*
sens *sense;* **w jakim sensie** *in what sense?*
stołówka *cafeteria*
szczęście *(good) fortune, happiness, luck*
wczesny *early*
wrażenie *impression*
wtedy *then, at that time*
wygląd *appearance*
zasadniczy *basic, fundamental*
znać się *know each other*

G. Uwagi

pani pozwoli, że się przedstawię *please allow me to introduce myself*

bardzo mi miło *(lit., it's very nice for me) I'm very glad*

znam pana ze słyszenia *(lit., I know you from hearing) I have heard of you*

znam pana z widzenia *(lit., I know you from seeing) I know you by sight*

skądś pana znam *I know you from somewhere*

drugie śniadanie *second breakfast (a sort of more elaborate coffee break)*

wolna sobota *Saturday off.* Most workers in Poland work at least some Saturdays.

na mieście *(colloquial) in town, i.e., downtown*

dwójka dzieci *(colloquial) lit., a twosome of children*

całe szczęście *it's your good luck*

klatka schodowa *stairwell.* In Poland, most apartment houses are only a few stories tall and have several outside entrances, each leading to stairwells, giving onto apartments on either side of the landings.

wstydziłbyś się *you ought to be ashamed*

w czym rzecz *what's the big deal?*

-PROSZĘ, NIECH PAN SIADA.

siadać *have a seat; do time (in prison)*

H. **Liczebniki zbiorowe** *collective numerals*

Polish has a special set of numerals, called collective, for referring to mixed-gender personal groups, animal young, and nouns that have only a plural form. Collective numerals exist for numbers 2-90; however, the use of collectives 20 and above is not common. Collectives 2, 3, 4 are formed on the same stem as the reified numerals (Lesson II); collectives 5 and above are formed on the stem of the cardinal numeral with the suffix **-or-o -org-a**. The endings are those of the neuter singular noun declension.

2 **dwoje dwojga**
3 **troje trojga**
4 **czworo czworga**
5 **pięcioro pięciorga**
6 **sześcioro sześciorga**
7 **siedmioro siedmiorga**
10 **dziesięcioro dziesięciorga**
11 **jedenaścioro jedenaściorga**
12 **dwanaścioro dwanaściorga**
20 **dwadzieścioro dwadzieściorga**
30 **trzydzieścioro trzydzieściorga**
and so on.

The N, A, G, and I cases of the collective numeral take the quantified noun in the Genitive; the D and L modify the noun in the D and L cases, respectively:

NA **dwoje dzieci**
G **dwojga dzieci**
D **dwojgu dzieciom**
I **dwojgiem dzieci (!)**
L **dwojgu dzieciach.**

The collective numeral is used:

a. with mixed-gender personal groups: **dwoje ludzi** *two people (of either sex);* **troje lekarzy** *two doctors (of either sex).*

b. groups of animal and human young: **czworo dzieci** *four children;* **jedenaścioro kurcząt** *eleven chicks.*

c. nouns having no singular form: **pięcioro drzwi** *five doors;* **sześcioro sań** *six sleds.* Notes: the numeral form used with the singular of plural-only nouns is **jedne: jedne drzwi** *one door.* With "pairable" plural-only nouns, the word **para** *pair* is normally used: **dwie pary spodni** *two pair(s) of trousers.*

d. paired body parts, especially in poetic usage: **dwoje oczu** *two eyes;* **sześcioro rąk** *(or* **sześć rąk***) 6 arms.*

In theory, the collective numeral can form compound expressions: **trzydzieścioro dziewięcioro kurcząt** (more often: **trzydzieści dziewięć kurcząt**) *39 chicks.*

I. Rodzaj gramatyczny zaimków "kto," "nikt"

The pronouns **kto** and **nikt** are masculine in gender and singular in number, regardless of the sex or number of the group:

Kto jest wyższy, ty czy twoja siostra? *Who is taller, you or your sister?*
Kto tu jest studentem? *Who here is a student?*
Potrzebujemy kogoś młodszego. *We need somebody younger.*
Nie znam nikogo, kto (który) będzie lepiej przygotowany. *I don't know anyone who would be better prepared.*

In principle, any of the above sentences could be used in contexts where only females were under consideration. In all cases, feminine agreement would be incorrect. In practice, when the group is all female, other words will often be substituted for **kto, nikt**:

Która z was jest studentką? *Which one of you is a (fem.) student?*
Która z was jest starsza? *Which one of you (women) is older?*
Potrzebujemy młodszej kobiety (osoby). *We need a younger woman (person).*
Nie znam osoby, która będzie lepiej przygotowana. *I don't know a person who would be better prepared.*

Kto and **nikt** may not be completed with a a plural complement; hence only
Kto tu jest pracownikiem? *Who here is a worker?*

To form an explicitly plural sentence, one may resort to **którzy**, but the expression does not sound very natural: **Którzy z was są studentami?** *Who of you are students?*

Additional note on pronoun use with mixed-gender groups: pronominal adjectives such as **każdy** *each*, **jeden** *one*, a certain, **drugi** *a second*, and so on, may take neuter agreement in reference to a sexually unspecified individual:

Czy każde z was jest gotowe? *Is each of you ready?*
Jedno z nas nie jest gotowe. *One of us is not ready.*

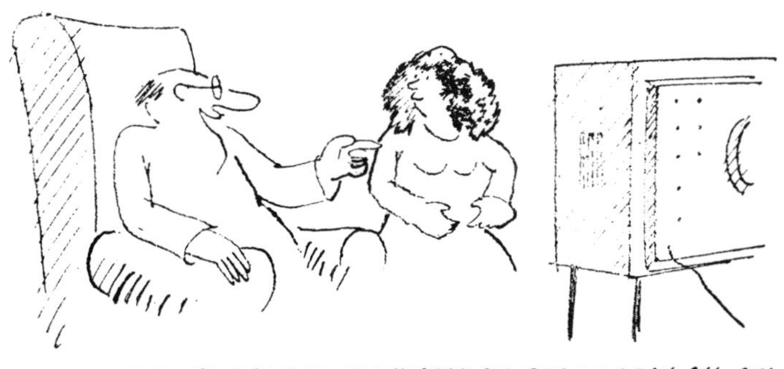

- WIESZ, PYTAŁEM WSZYSTKICH PODWŁADNYCH CZY MNIE LUBIĄ. WYOBRAŹ SOBIE, ŻE WSZYSCY!

J. oba, obydwa, oboje *both*

1. "Both" is usually expressed in the spoken language by **obydwa obydwie obydwaj,** the forms and syntax of which are similar to that of **dwa dwie dwaj:**

	masc.-neut.	fem.	masc.pers.
N	**obydwa**	**obydwie**	**obydwaj**
GL	*all genders:* **obydwóch (obydwu)**		
D	**obydwom (obydwóm, obydwu)**		
A	**obydwa**	**obydwie**	=G
I	**obydwoma**	**obydwiema**	**obydwoma.**

The form **obydwu** will occasionally be used in the Instrumental; **obydwoma** is sometimes used for **obydwiema.**

2. A somewhat more literary form for "both" is **oba obie obaj;** of these, **obaj** probably encountered most frequently. The complete forms are as follows:

	masc.-neut.	fem.	masc.pers.
N	**oba**	**obie**	**obaj**
GDL	*all genders:* **obu**		
A	**oba**	**obie**	**obu**
I	**oboma**	**obiema**	**oboma.**

The form **obu** occasionally appears in the Instrumental; **oboma** sometimes occurs instead of **obiema**.

3. The collective form of "both" is **oboje** G **obojga,** which has the same declension and use as **dwoje** and the other collectives (see above, H.); *cf.* **oboje dzieci** *both children;* **o obojgu dzieciach** *about both children.* Less frequently, one encounters the collective **obydwoje** G **obydwojga.**

4. The combinatory form of "both" is **obu-,** *cf.* **obustronny** *bilateral,* **oburęczny** *ambidexterous,* and so on.

K. Uwagi o rzeczownikach typu "imię, zwierzę" *notes on nouns of the* imię *and* zwierzę *classes*

1. The number of nouns that declines similarly to **imię imienia** *first name* is quite small. Some other nouns of this type include **brzemię** *burden,* **strzemię** *stirrup,* **wymię** *udder,* **ramię** *shoulder,* **znamię** *badge,* **plemię** *tribe.*

2. The **zwierzę zwierzęcia** *animal* class is fairly large but consists almost entirely of names for animal (and human) young *cf.* **kurczę** *chick,* **źrebię** *foal,* **kocię** *kitten,* **szczenię** *puppy,* **orlę** *eaglet,* **cielę** *calf,* **dziewczę** *girl,* **chłopię** *lad,* and so on. Many of these words, especially names for domestic and barnyard animals, compete with much more frequent masculine-gender variants in **-ak: kurczak, źrebak, kociak, szczeniak, cielak** and so on.

3. The noun **książę** *prince* is masculine in gender and has the following irregular declension:

sg.	NV **książę**	GA **księcia**	D **księciu**	I **księciem**	L **księciu**
pl.	NV **książęta**	GA **książąt**	D **książętom**	I **książętami**	L **Książętach.**

Occasionally this word will be declined according to the regular **zwierzę** model: **książę książęcia** and so on.

L. Rzeczowniki występujące wyłącznie w liczbie mnogiej *plural-only nouns*

Some nouns have only plural forms, even though these nouns may refer to singular items. When counted, such nouns take the collective numeral (or **para;** see above, H.). Some plural-only nouns follow a feminine-like declension (as suggested by the form of the Gpl.):

drzwi G **drzwi** *door*
nożyczki G **nożyczek** *scissors*
skrzypce G **skrzypiec** *violin*
sanie G **sań** *sled, sleigh*

widły G **wideł** *pitchfork*
Kielce G **Kielc** *Kielce*
Tatry G **Tatr** *The Tatras*
Alpy G **Alp** *The Alps.*

Other plural-only nouns follow a masculine-like declension:

okulary G **okularów** *eyeglasses*
plecy G **pleców** *shoulders*
modły G **modłów** *prayers*
kleszcze G **kleszczy** (or: **-ów**) *tongs*
Andy G **Andów** *The Andes*
Sudety G **Sudetów** *The Sudetens.*

Only a few plural-only nouns follow a neuter-like declension, for example:

usta G **ust** *mouth*
wrota G **wrót** *gate.*

A number of names of countries follow a plural-only declension:

NV **Niemcy**	G **Niemiec**	D **Niemcom**	I **Niemcami**	L **Niemczech**	*Germany*
NV **Węgry**	G **Węgier**	D **Węgrom**	I **Węgrami**	L **Węgrzech**	*Hungary*
NV **Włochy**	G **Włoch**	D **Włochom**	I **Włochami**	L **Włoszech**	*Italy*
NV **Chiny**	G **Chin**	D **Chinom**	I **Chinami**	L **Chinach**	*China*
NV **Czechy**	G **Czech**	D **Czechom**	I **Czechami**	L **Czechach**	*Czechoslovakia.*

M. Rzeczowniki nijakie przyjmujące końcówkę -y w dopełniaczu liczby mnogiej *neuter nouns taking the ending* -y *in the Gen. pl.*

A fairly large number of soft-stem neuter nouns, often with a collective or area meaning, form the Gpl. in **-y**, for example:

popołudnie *afternoon,* Gpl. **popołudni**
przedszkole *preschool,* Gpl. **przedszkoli**
wybrzeże *seacoast,* Gpl. **wybrzeży**
podwórze *courtyard,* Gpl. **podwórzy**

and many others.

N. Użycie partykuły zwrotnej się *the use of the reflexive particle* się

The reflexive particle **się** has a number of functions. Most of these functions involve the addition of **się** to a transitive verb (*i.e.*, a verb that takes a direct object). The **się** takes the place of the direct object, therby creating an intransitive verb in one or another of various meanings.

a. In its strictly reflexive use, the particle **się** indicates that the action of the verb devolves upon the actor:

myć *wash*	**myć się** *wash oneself*
golić *shave*	**golić się** *shave oneself*
czesać *comb*	**czesać się** *comb oneself.*

b. The reflexive particle can also indicate reciprocal action, that is, action passing back and forth between two or more actors:

widzieć *see*	**widzieć się** *see each other*
spotkać *meet*	**spotkać się** *meet each other*
lubić *like*	**lubić się** *like each other.*

c. Often the addition of **się** to a transitive verb creates an intransitive verb of self-sustaining action. The subject is not an actor but an undergoer of the action. The subject may be either animate:

budzić *waken (someone)*	**budzić się** *wake up (by oneself)*
gubić *lose*	**gubić się** *lose oneself*

or inanimate:

otworzyć *open*	**otworzyć się** *open (by itself)*
zamknąć *close*	**zamknąć się** *close (by itself).*

d. Sometimes verbs with **się** are translated into English as passives:

nazywać *to call, name*	**nazywać się** *to call oneself, to be called*
znajdować *find*	**znajdować się** *to find oneself, to be located.*

e. A number of verbs of mental state or response are formed with **się:**

wstydzić *to shame*	**wstydzić się** *to be ashamed*
cieszyć *to gladden*	**cieszyć się** *to be glad*.

f. The combination of the prefix **na-** plus **się** forms a number of verbs, usually expressing surfeit:

jeść *to eat*	**najeść się** *to eat one's fill*
pić *to drink*	**napić się** *to have a drink.*

If such verbs take a noun complement, it will appear in the Genitive: **Czego się napijesz?** *What would you like a drink of?*

g. With some verbs, the effect of adding **się** is not necessarily predictable:

mieć *to have*	**mieć się** *feel, be (in general)*
stać *to become*	**stać się** *happen.*

h. A few verbs occur only with **się**, for example:

bać się *be afraid*	**starać się** *try*
modlić się *pray*	**podobać się** *appeal.*

i. Many verbs occurring only with **się** name random or diffuse actions:

pienić się *to foam*	**ślizgać się** *slip*
błąkać się *wander about*	**krzątać się** *bustle.*

j. The particle **się** may be added to almost any verb, transitive or intransitive, to create an impersonal verb, that is, a verb whose subject is not specified:

pracuje *he works* — **pracuje się** *one works*
idzie *he goes* — **idzie się** *one goes*.

Such impersonally used verbs may take complements in the same way that the verb would without **się**; in other words, as distinct from other instances where **się** is added to a verb, the verb does not become intransitive; a transitive verb remains transitive and will take direct objects in the Accusative:

chodzi się do miasta *one goes to town* — **czyta się książkę** *one reads a book.*

k. In case two verbs with **się** occur in proximity to each other, one **się** may be used with both verbs:

staram się ogolić *I am trying to shave*
kupuje się i sprzedaje samochody *one buys and sells cars.*

l. As a rule, the particle **się** will be kept when the verb becomes nominalized. The more independent from the verb the noun becomes, the more likely is **się** to be lost:

martwić się *worry* — **martwienie się** *worrying*
ogolić się *shave self* — **ogolenie się** *shaving.*

O. Wyrazy "spotkać", "poznać", "zebrać się" *Polish translations of 'meet'*

poznać poznawać *meet (for the first time), get to know:* **Chciałbym poznać twojego narzeczonego.** *I'd like to meet your fiancé.*

spotkać spotykać *meet (someone already known):* **Spotkałem wczoraj twoją żonę w delikatesach.** *I met your wife yesterday at the delicatessen.* **O której się spotkamy?** *At what time shall we meet?*

zebrać się zbierać się *hold a meeting, gather (together):* **Zbieramy się w sali wykładowej.** *We are meeting in the lecture hall.*

odpowiedzieć odpowiadać + D *meet (one's expectations), match, correspond to:* **Czy odpowiada to twoim wymaganiom?** *Does that meet your requirements?*

P. Polskie odpowiedniki angielskiego "to mean" *Polish translations of 'to mean'*

znaczyć *mean* (usually used in 3.p.sg., not with reference to people): **Co to ma znaczyć?** *What is that supposed to mean?* **To nic nie znaczy.** *That doesn't mean anything.*

chcieć powiedzieć *mean, want/intend to say:* **Co chcesz przez to powiedzieć?** *What do you mean to say by that?*

chodzić komuś o coś *to mean, to "get at," to concern:* **Nie rozumiem, o co ci chodzi.** *I don't understand what you mean, what you're getting at.*

oznaczyć oznaczać *mean, signify, indicate:* **Czy znasz słowo na cztery litery, e oznacza "głodowanie"?** *Do you know a word of four letters meaning ' 'going*

jak to *how's that?* This phrase translates the English phrase of protest "What do you mean?": **Jak to, nie mamy papierosów? Przecież wczoraj kupiłem całe pudełko.** *What do you mean we don't have any cigarettes? I bought a whole carton yesterday.*

oznaczyć oznaczać *mean, signify, indicate:* **Czy znasz słowo na cztery litery, które oznacza "głodowanie"?** *Do you know a word of four letters meaning "going without food?"*

Q. **Czasowniki związane z dbałością o ludzkie ciało** *verbs of personal grooming*

czesać się u- *comb (one's) hair* **grzebień grzebienia** *comb,* **szczotka** *brush.*

golić się o- *shave (self).* **brzytwa** *razor,* **żyletka** *safety razor,* **maszynka do golenia** *electric razor.*

kąpać się wy- *bathe (self).* **wanna** *bath(tub),* **kąpiel** *(f.) bath.*

brać wziąć prysznic *take a shower.* **prysznic -a** *shower,* **mydło** *soap.*

myć umyć zęby *brush one's teeth.* **szczoteczka do zębów** *toothbrush,* **pasta do zębów** *toothpaste.*

myć umyć sobie włosy *wash one's hair.* **szampon** *shampoo.*

strzyć się o- *get one's hair cut.* **nożyczki** G **nożyczek** *scissors.*

ubrać się ubierać się *get dressed.* **ubranie** *clothing.*

przebrać się przebierać się *change one's clothing.*

rozebrać się rozbierać się *get undressed.*

pozbierać się *pull oneself together, get one's act together.*

gimnastykować się po- *do exercises, calisthenics.* **ćwiczenia gimnastyczne** *gymnastic exercises, calistenics.*

przeglądać się przejrzeć się w lustrze *look at oneself in the mirror.* **lustro** *mirror.* **lusterko** *small mirror.*

farbować u- włosy *dye one's hair.* **farba** *dye.*

perfumować się po- *put on perfume.* **perfumy** G **perfum** *perfume.*

malować się po- *put on makeup.* **tusz do rzęs** *mascara, eyeliner;* **szminka** *lipstick.*

pudrować się u- *powder one's face.* **puder pudru** *face powder.*

robić z- makijaż *do one's makeup.* **kosmetyki** G **kosmetyków** *cosmetics.*

budzić się o- *wake (self) up.* **budzik -a** *alarm clock.* **szlafrok** *robe.* **pantofel pantofla** *slipper*

R. Rada *advice; remedy, way of coping*

1. Advice

udzielić (udzielać) komuś rady (G) *give someone advice*

prosić (po-) kogoś o radę (A) *ask someone for advice*

przyjść (przychodzić) do kogoś po radę (A) *come to someone for advice*

szukać rady (G) **u kogoś** *look for advice from someone*

zwrócić się (zwracać się) do kogoś po radę (A) *turn to someone for advice*

pójść za czyjąś radą (I) *follow someone's advice*

Note: The word **porada** denotes 'advice' in a more professional sense, *i.e.,* counsel, *cf.* **porada prawna** *legal advice.*

2. Remedy, way of coping

dać (dawać) sobie radę z czymś *manage, handle something*

nie dać (dawać) sobie rady z czymś *be unable to manage, handle something*

nie ma rady *there's no use, nothing can be done*

nie ma innej rady *there's no other way*

znaleźć radę na coś *find a way to handle something.*

S. **Wyrażenie cechy** *the expression of trait*

There are three main case- or prepositional ways to express the possession of a trait in Polish:

1. The Genitive case: **człowiek dobrego charakteru** *man of good character,* **kobieta wesołego usposobienia** *woman of a merry disposition,* **chłopiec niewysokiego wzrostu** *boy of small stature,* and so on.

2. **z** + Instrumental: **kobieta z długimi włosami** *woman with long hair,* **dziewczyna ze smutną miną** *girl with a sad face,* and so on.

3. **o** + Locative: **człowiek o dobrym charakterze** *man of good character,* **kobieta o interesującej twarzy** *woman with an interesting face,* **dom o białych ścianach** *house with white walls,* **słowo o silnym zabarwieniu** *word with a strong flavor,* and so on.

Of these three expressions, **o** + Loc. is the best choice in most cases.

T. **"z widzenia," "ze słyszenia," itd.**

To know something "from" or "by" is expressed in Polish by **z** + G: **Znam pana ze słyszenia.** *I know you by repute.* Compare also:

z widzenia *by sight*
z pamięci *from memory*
z opowiadania *from stories, from hearsay*
z nazwiska *by (last) name*
z filmów *from the movies*
z książek *from books*
z literatury *from literature*
z reputacji *by reputation.*

U. **Przyimki "przed," "po," "przy" w połączeniu z rzeczownikiem odczasownikowym** *prepositions* **przed, po** *and* **przy** *in combination with the verbal noun*

The notions 'before', 'after', and 'while' doing something are often rendered in Polish with the prepositions **przed** + I *before,* **po** + L *after*, and **przy** + L *while, during* in combination with the nominal form of the verb.

przed znalezieniem *before finding*
po znalezieniu *after finding*
przy znalezieniu *while finding.*

V. Ćwiczenia

1\. 2, **lampa:** — **a. dwie lampy**
b. bez dwóch lamp
c. z dwiema lampami
d. o dwóch lampach.

5, **dzieci**; 7, **brat**; 1, **drzwi**; 3, **babcia**; 4, **zwierzę**; 2, **oko**; 5, **spodnie**; 11, **hotel**; 3, **człowiek**; 2, **ręka**; 3, **imię**; 7, **nożyczki**; 6, **ucho**; 9, **skrzypce**; 4, **mąż**; 10, **szkoła**; 18, **narzędzie** *tool.*

2\. **lampa:** — **a. obydwie lampy (obie lampy)**
b. z obydwiema lampami (z obiema lampami)
c. o obydwu lampach.

dzieci, brat, drzwi, babcia, zwierzę, oko, spodnie, hotel, człowiek, ręka, imię, nożyczki, ucho, skrzypce, mąż, narzędzie, chłopiec, szkoła.

3\. 2, **lekarz:** — **a. dwaj lekarze (dwóch lekarzy)**
b. dwoje lekarzy

3, **dentysta**, 5, **nauczyciel**; 7, **kolega**; 9, **znajomy**; 4 **milicjant**.

4\. Compose short sentences using the phrases:

by sight: — **Znam go tylko z widzenia.**

by name, from literature, from the movies, from books, from memory, from hearsay.

5\. Add an appropriate adverb of manner, time or circumstance:

znać się: — **Dobrze się znamy.**

spotykać się, widzieć się, nienawidzieć się *hate*, **poznać się, kochać się, lubić się.**

6\. Use different verbs of personal grooming:

4: — **kąpiesz się już po raz czwarty.**

2, 3, 5, 6, 7, 20, 100.

7. Compose short intransitive sentences, using **się**:

praca, zaczynać: **praca zaczyna się o siódmej.**

otwierać, drzwi; kończyć, film; rozpoczynać, koncert; zbierać, ludzie.

8. shave
a. muszę się ogolić
b. muszę mieć całą godzinę na ogolenie się.

bathe, comb hair, change clothes, wake up, get dressed, put on makeup, brush teeth, take shower, put oneself together, come to oneself (**przyjść do siebie**).

9. **on, ja, robić zakupy, sklep spożywczy:**
a. on robi zakupy w tym samym sklepie spożywczym co ja
b. robię zakupy w tym samym sklepie spożywczym co on.

ja, oni, chodzić do, kościół; my, wy, mieć, samochód; pani, oni, jadać, restauracja; państwo, ja, pochodzić, miasto; ty, one, mieszkać, ulica; my, oni, jeździć, tramwaj; on, ona, pracować, fabryka.

10. fiancée:
a. pan(i) pozwoli, że przedstawię moją narzeczoną
b. poznaj moją narzeczoną.

wife, husband, m. colleague, f. friend, friends, acquaintances, m. acquaintance, neighbors, fiancé, f. neighbor, colleague, girlfriend (**dziewczyna**), boyfriend (**chłopak**).

11. **ja, pan:** **skądś pana znam.**

my, wy; ona, ty; oni, ja; on, państwo; one, pani.

12. shave: **a. zaraz się ogolę**
b. dopiero się ogoliłem.

get dressed, get up, wake up, comb hair, introduce self, take a bath, return, take a shower, put on makeup, have a break, change clothes, undress, look in the mirror.

13. shave, brush teeth: **a. po ogoleniu się muszę umyć sobie zęby**
b. przed umyciem zębów muszę się ogolić.

change clothes, take a shower; get up, wash hair; get haircut, bathe; get undressed, go to bed; put on makeup, powder one's face.

14. Sunday: **a. czy masz niedzielę wolną?**
b. nie mam niedzieli wolnej
c. mam wszystkie niedziele wolne.

Monday, Tuesday, Wednesday, Friday, Saturday, Thursday.

15. Use different verbs and ordinal numerals:

Sunday: **pracuję co drugą niedzielę.**

Use the vocabulary of Exercise 14.

16. Use various appropriate tools or materials:

shave: **nie mogę się ogolić bez brzytwy.**

comb hair, wake up, brush teeth, take a shower, change the oil, make tea, get dressed, cut my hair, fix dinner, light my cigarette, powder my face, take a bath.

17. Make up answers to a., based on the meaning of the adjective:

intensywny: **a. Prowadzisz bardzo intensywny tryb życia.**
b. To prawda, że często wychodzę, ale to nie znaczy, że prowadzę intensywny tryb życia.

samotny, spokojny, nudny, interesujący, monotonny, nieregularny.

18. **on, pan:** **on nie rozumie, o co panu chodzi.**

ty, ja; ja, oni; oni, wy; pan, ona; pani, my; państwo, ja.

19. Choose appropriate constructions from among G, **z** + I, and **o** + L (not all may be appropriate in any given answer):

człowiek, dobry charakter: **człowiek dobrego charakteru, człowiek z dobrym charakterem, człowiek o dobrym charakterze.**

dom, białe ściany; kobieta, niebieskie oczy; człowiek, polskie pochodzenie; autor, niezwykła fantazja; pies, długi ogon; lew, miłe usposobienie; dziewczyna, jasne włosy; chłopiec, niski wzrost *height.*

20. Make up a brief sentence using the corresponding Polish expression with **rada**:

give advice: **Chętnie udzielę rady twojemu bratu.**

take advice, look for advice, reject advice, find advice, follow advice, turn to for advice, come to for advice.

21. Compose conversations beginning with the lines:
- a. **Nie wiedziałem(am), że pani jest żoną Janusza.**
- b. **Mam wrażenie, że skądś panią znam.**
- c. **Gdzie pracujesz?**
- d. **Czy ma pan(i) dzieci?**
- e. **Wcale nie jesteś podobny(podobna) do brata.**
- f. **Nie uważasz, że powinieneś(powinnaś) mnie przedstawić twojemu ojcu?**
- g. **Chcesz wziąć prysznic?**
- h. **Poznajcie się!**

22. Explain the humor of the cartoons in this lesson.

23. **Tłumaczenie**

Sentences a. through e. exhibit expressions containing **rada**.

a. There's no other way: I'll have to take the dog to the vet myself.
b. I can't handle this lesson; it's too long and too hard.
c. There's nothing to be done: we'll have to return home for the tickets.
d. How can you live on such a small salary (**pensja**)? - We manage somehow.
e. I couldn't find a way to cope with your child. He's very badly brought up.
f. You look much better with glasses. - I know, everyone says so.
g. Allow me to introduce myself. - You already introduced yourself to me a minute ago. - Oh, sorry, I forgot.
h. I met my fiancée at a party (**przyjęcie**) at a friend's house.
i. Let's meet in front of the tavern at 5:00 and have (=drink) a couple of beers.
j. The workers are meeting in the library.
k. I eat in the same cafeteria as you do: it's strange that we haven't seen each other there.
l. I have the impression that I've seen you somewhere. - I'm sure you're mistaken.
m. I can imagine that to have six children is a great burden. - Maybe, but we manage somehow.
n. You lead a very intensive social (**towarzyski**) life. - I don't know what you mean.
o. Where do you know Zofia from? - Zofia's my oldest and best friend. We have lived in the same building (**dom**) and in the same stairwell since childhood.
p. Most (**większość**) people have two children or less.
q. Houses are standing on both sides of the road.
r. Both your children are very polite.
s. Our cat had six kittens. - That's nothing; our dog had 11 pups.
t. What do you mean you can't sing? All Italians can sing.
u. What is that expression (**wyraz twarzy**) supposed to mean?
v. I know your father by reputation, but I wouldn't recognize him if I met him on the street.
w. He is a person of deep convictions (**przekonanie**).
x. I'm glad that you are finally combing your hair.
y. I am not working tomorrow. I work only every other Saturday. I have this Saturday free.
z. I usually read or watch television before going to bed.
a. One of us here is lying (**łgać łże łżesz**).
b. Is each of you ready?
c. No one here is truly (**naprawdę**) interesting.
d. Who is smarter (use **inteligentny**) - Zofia or her sister?
e. I don't know anyone who is funnier than Monika.

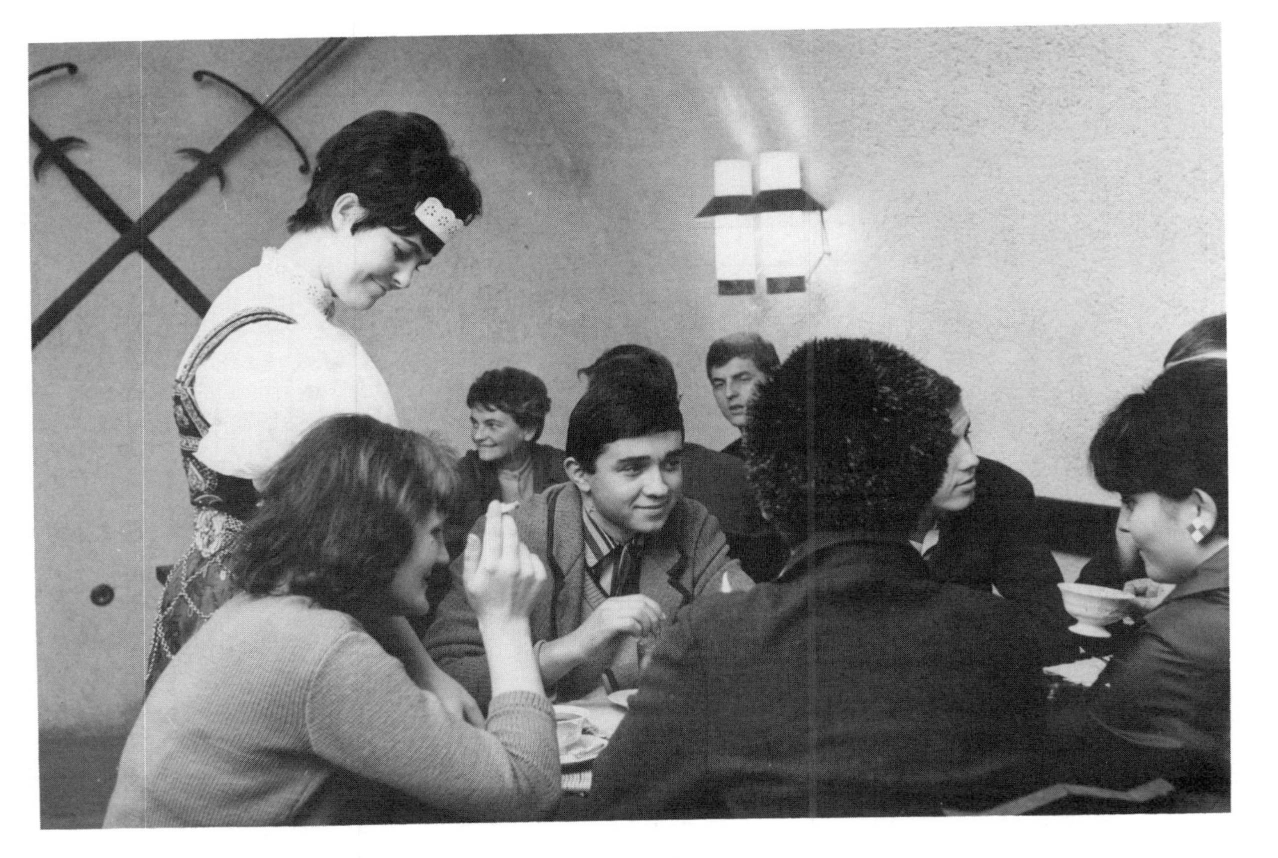

W kawiarni

W. Tekst do czytania

Polski savoir-vivre

Zasady polskiej etykiety towarzyskiej w dużym stopniu przypominają zwyczaje obowiązujące w krajach zachodnich. Mężczyznę przedstawia się kobiecie, osobę młodszą starszej, przy czym wymienia się najpierw imię, potem nazwisko i ewentualnie tytuł osoby przedstawianej. Mężczyźni obowiązkowo podają sobie ręce i to zarówno przy powitaniu się, jak i przy pożegnaniu, nie zaś tylko przy poznawaniu się, jak to często bywa w Ameryce. Jeśli chodzi o mężczyznę i kobietę, to decyzja, czy należy podać rękę czy nie należy do kobiety. W Polsce z kobietą należy zawsze przywitać się najpierw, a więc jeśli spotykają się dwie pary, mężczyźni najpierw witają się z kobietami, a dopiero później ze sobą. Dwie kobiety rzadko podają sobie ręce, a przy bardziej zażyłej znajomości często całują się w policzki - dwa lub trzy razy.

Przy formalnym przedstawieniu się (w sytuacji towarzyskiej) Polacy wymieniają swoje imię i nazwisko lub tylko nazwisko. Przy okazjach nie formalnych, szczególnie wśród młodzieży, najczęściej podaje się samo imię. Nazwiska są używane przede wszystkim w pracy. W towarzystwie nie należy używać słów "pan", "pani" w połączeniu z nazwiskiem, bo uchodzi to za bardzo sztuczną formę. Używa się natomiast albo samego "pan", "pani" albo, przy nieco mniejszym stopniu formalności, w połączeniu z imieniem, np. panie Macieju, pani Zofio, lub zdrobniale: panie Maćku, pani Zosiu.

Można by napisać całą książkę o użyciu różnych form grzecznościowych w języku polskim. Z reguły młodzi ludzie (mniej więcej do trzydziestki) mówią sobie po imieniu, tzn. są ze sobą "na ty". W przypadku ludzi starszych formy "pan", "pani" są na ogół obowiązujące. Dopiero po jakimś czasie, choć nie zawsze ma to miejsce, może nastąpić przejście "na ty", zazwyczaj uświęcone ceremoniałem "bruderszaftu", tj. wypiciem kieliszka alkoholu ze splecionymi rękami i siarczystym pocałunkiem w oba policzki. Propozycja mówienia sobie po imieniu pada ze strony osoby starszej, kobiety, lub zwierzchnika. Jednakże, w odróżnieniu od Stanów Zjednoczonych, przełożeni bardzo rzadko przechodzą na ty z podwładnymi, a z reguły nigdy z personelem administracyjnym. Obowiązująca forma zwracania się przez nauczycieli akademickich do studentów jest "pan", "pani" plus nazwisko. Studenci natomiast używają formy "pan", "pani" plus tytuł naukowy, np. "panie magistrze", "pani docent", "panie profesorze".

Wybór właściwej formy grzecznościowej sprawia cudzoziemcom wiele kłopotów, dlatego doradza się używanie na początku znajomości konstrukcji bezosobowych, w które to język polski na szczęście obfituje. Lepiej jest pozostawić polskim znajomym decyzję, czy zwracać się do nich per ty czy per pan, pani.

Obyczajów obowiązujących między obiema płciami nie da się, niestety, opisać w paru słowach. Ogólnie rzecz biorąc, cechuje je duża kurtuazja wobec kobiet, którym podaje się wierzchnie okrycia, pierwsze przepuszcza przez drzwi, częstuje zazwyczaj w pierwszej kolejności itd. Cudzoziemców w największe zakłopotanie wprawia zwyczaj całowania kobiet w rękę. Ten przeżytek staromodnej kurtuazji jest nadal dość powszechny, nawet wśród młodzieży, ale nie należy się tym martwić, bo nikt nie oczekuje takiego zachowania od cudzoziemca, a cóż dopiero od Amerykanina.

Obowiązujący zwyczaj nakazuje, by na ulicy Polak chodził z lewej strony kobiety, w przeciwieństwie do zwyczaju amerykańskiego, według którego mężczyzna odgradza kobietę od ulicy. W Polsce tylko wojskowi i milicjanci chodzą po prawej stronie kobiety, by łatwiej móc salutować prawą ręką.

Oczywiście Polacy nie zawsze zdają sobie sprawę z tego, jak trudny może być dla cudzoziemca właściwy wybór form grzecznościowych. Są jednak na ogół bardzo życzliwie nastawieni wobec cudzoziemców, szczególnie tych, którzy podjęli wysiłek nauczenia się ich trudnego języka. Choć więc należy poświęcić trochę uwagi zawiłej sprawie polskich form i zwyczajów grzecznościowych, żeby nie popełnić nietaktu, nie trzeba się zbytnio przejmować popełnionymi błędami, bo przecież język nie ma utrudniać kontaktów między ludźmi, lecz przeciwnie powinien być narzędziem umożliwiającym porozumiewanie się między nimi, poznawanie ich zwyczajów i kultury.

Polski savoir-vivre - słowniczek

administracyjny *administrative*
bezosobowy *impersonal*
błąd błędu *mistake*
bruderszaft *(fr. German Bruderschaft 'brotherhood') ceremony of going over to a first-name basis*
bywać *(frequentative of* **być**; *here: occur)*
całować po- *kiss*
cechować *characterize*
ceremoniał *ceremony*
cóż dopiero *not to mention*
cudzoziemiec cudzoziemca *foreigner*
częstować po- + I *offer something to eat*
da się + infin. *it is possible*
decyzja *decision*
doradzić doradzać + D *advise*
etykieta *etiquette*
forma *form*
formalność *(f.) formality*
grzecznościowy *(adj.) polite (form)*
jeśli chodzi o + A *as far as - is concerned*

kłopot *trouble, bother, worry*
konstrukcja *(gram.) construction*
kurtuazja *courtesy*
możnaby + infin. *one might, one could*
najpierw *(adv.) first*
nakazać nakazywać *(here:) demand*
narzędzie *tool*
nastawić nastawiać *(pre)dispose*
nastąpić następować *follow, occur*
nieco *somewhat, slightly*
nietakt *social error, gaffe*
obcokrajowiec *mp. foreigner*
obfitować w + A *be rich in, abound in*
obowiązkowy *obligatory*
obyczaj *custom*
odgrodzić odgradzać + G *separate from*
odróżnienie *distinction;* **w odróżnieniu od** *as distinct from*
ogólnie rzecz biorąc *generally speaking*
okrycie *covering, garment*
paść padać *fall (here:) originate*
per *(Latin)* = **przez** *through, by*
personel *personnel*
płeć płci *(f.) sex*
po imieniu/nazwisku *by first/last name*
pocałunek pocałunku *kiss*
podać podawać *offer*
podjąć podejmować *undertake*
podwładny *subordinate (at work)*
policzek policzka *cheek*
porozumiewać się *understand one another*
another
poświęcić poświęcać + D *devote*
pozostawić pozostawiać + D *leave to*
przecież *after all*
przede wszystkim *above all, primarily*
przejmować się + I *worry about*
przełożony *superior (at work)*
przepuścić przepuszczać *let pass*
przeżytek przeżytku *relic*
przy czym *while*
przypadek przypadku *case;* **w przypadku** + G *in the case of*
przywitać *(pf.) greet*
salutować za- *salute*
siarczysty *spirited*
spleść *(pf.) entwine*
staromodny *old-fashioned*
stopień stopnia *degree;* **w dużym stopniu** *to a large degree*
towarzyski *social*
tytuł *title*
uchodzić za + A *pass for*
umożliwić umożliwiać *facilitate*
uświęcić uświęcać *consecrate*
utrudnić utrudniać *hinder*
w połączeniu z + I *in combination with*
wierzchni *outer (e.g., garment)*
witać po- *greet*
wobec + G *with regard to*
wojskowy *(mp. noun) military man*
wprawić wprawiać *(here:) drive*
wybór wyboru *choice*
wymienić wymieniać *enumerate, list (here:) give*
wysiłek wysiłku *effort*
zachowanie *behavior*
zakłopotanie *confusion*
zasada *principle*
zaś *however, by contrast, on the other hand*
zawiły *intricate*
zażyły *close (e.g., relationship)*
zbytnio *excessively*
zdrobniały *diminutive*
znajomość *(f.) acquaintance(ship)*
zwierzchnik *superior*
zwrócić się zwracać się *address remarks*
zwyczaj *custom*
żegnać po- (+ A) *say goodbye to*
życzliwy *kindly*

Pytania do tekstu:

1. Jak w Polsce witają się mężczyźni, a jak kobiety?
2. Jakie zwyczaje obowiązują przy przedstawianiu się?
3. Jakie są obowiązujące zwyczaje zwracania się do nauczycieli akademickich na zajęciach?
4. Jak wygląda użycie słów "pan", "pani" z nazwiskiem i z imieniem?
5. Kiedy ludzie w Polsce mówią sobie po imieniu?
6. Na czym polega bruderszaft?
7. Jak ogólnie można ocenić polskie obyczaje odnoszenia się mężczyzn do kobiet?
8. Po której stronie kobiety chodzą mężczyźni w Polsce i w Ameryce? Czym się może tłumaczyć ta różnica?
9. Dlaczego nie należy zbytnio przejmować się popełnionymi błędami w zakresie etykiety towarzyskiej?

Pytania do rozmowy:

1. Porównaj polskie i amerykańskie zwyczaje w zakresie: a) przedstawienia się; b) powitania i pożegnania; c) używania imion i nazwisk.
2. Co sądzisz o polskim zwyczaju całowania kobiet w rękę?
3. Polską etykietę cechuje duża kurtuazja wobec kobiet. Czy uważasz, że jest to właściwe? Dlaczego? Czy kobiety powinny być traktowane inaczej niż mężczyźni?
4. Jakie według ciebie jest nastawienie większości kobiet amerykańskich do tradycyjnej kurtuazji wobec kobiet?
5. Czy uważasz, że przestrzeganie przyjętych form w zakresie etykiety towarzyskiej jest ważne? Dlaczego?
6. Jakie znasz zasady zachowania obowiązujące w innych krajach, na innych kontynentach? Jak je oceniasz?
7. Jaki jest przykład zdecydowanego nietaktu, który można popełnić w towarzystwie amerykańskim?
8. Czy są dziedziny etykiety, gdzie Amerykanie wydają się być a) bardziej formalni niż w innych krajach? b) niepewni siebie? Jakie?

cenić o- *evaluate*
inaczej *otherwise*
nastawienie *attitude*
niepewny + G *uncertain*
odnieść się odnosić się do + G *relate to*
przestrzegać *observe (a custom, law)*
przyjęty *accepted*

Zwyczaje ludowe II

Topienie Marzanny

Obchody "Marzanny" - zwyczaj witania wiosny i pożegnania zimy - związany jest ze Śląskiem. "Marzanna" - kukła ze słomy odziana w kolorowe bibułki i szmatki, symbol odchodzącej zimy - wśród śpiewów, tańców i zabaw utopiona jest w nurtach rzeki.

bibułka *tissue paper*
kukła *doll, effigy*
nurt *stream*
obchody *ceremony*
odziać odziewać *garb*
słomka *straw*
szmata *rag*

śpiew *singing*
topić u- *drown*
witać po- *greet*
zabawa *play*
związany *connected*
zwyczaj *custom*
żegnać po- *say farewell to*

LEKCJA SZÓSTA 6

Sopot

A. Nie szkodzi

- Słucham?

                                         jest Janek?
- Tu mówi (Jola/Janka). Czy mogę prosić Janka?
                                         zastałem(am) Janka?

- Nie wiem, o jakiego Janka panu(pani) chodzi. Jaki numer pan(i) wykręcił(a)?

- 36-74-41 (367-441).

- Numer się zgadza, ale nie ma tu żadnego Janka.

- O to przepraszam, widocznie zanotowałem(am) zły numer.

- Nic nie szkodzi.

Czekanie na otwarcie sklepu monopolowego

B. Bardzo prosto

- Jak się u was korzysta z automatu telefonicznego?

- Bardzo prosto: podnosi się słuchawkę, a po usłyszeniu sygnału wrzuca się monetę i wykręca numer.

- Wszystko to zrobiłem(am), ale żadnego sygnału nie było.

- To widocznie automat nie działa. Trzeba spróbować z innego.

- CZY MA PAN PRZY SOBIE KSIĄŻKĘ TELEFONICZNĄ ?

C. Kabina telefoniczna

- Przepraszam pana(panią), chciał(a)bym (zatelefonować/zadzwonić) do Katowic, ale nie znam numeru kierunkowego.

- Z tej kabiny i tak się pan(i) nie dodzwoni do Katowic, bo to jest automat tylko do rozmów miejscowych.

- A czy pan(i) wie, gdzie (jest/znajdę) automat międzymiastowy?

- Tak. Niech pan(i) pójdzie pod rondo. Tam są kabiny z międzymiastowym połączeniem. Numery kierunkowe są zwykle wypisane na tabliczce. Kierunkowy do Katowic, o ile dobrze pamiętam, to 032 ("zero trzydzieści dwa").

- Dziękuję panu(pani) uprzejmie.

- Proszę bardzo.

Kabina telefoniczna

D. Prywatka I: Wolna chata

- Halo, Baśka, to ty?

- Ja. Cześć Grzesiek! Jak leci?

- Po staremu. Słuchaj: moi starzy wyjechali na parę dni na wieś i mam wolną chatę. Wpadnij do mnie dziś wieczorem!

- No wiesz, do czego ty mnie namawiasz?

- Do niczego. Będzie trochę picia, żarcia, muzyka i paru dobrych kumpli. To wszystko.

E. Prywatka II: Nie zgrywaj się!

- Nie wiem czy przyjdę na twoją prywatkę. Łeb mi pęka i na nic nie mam ochoty.

- Łyknij sobie parę pigułek, to ci przejdzie.

- Może przejdzie, a może nie. Zobaczymy. Zastanowię się zresztą jeszcze i zadzwonię za jakąś godzinę.

- Dobra! Ale postaraj się przyjść, bo uschnę z tęsknoty.

- Nie zgrywaj się, dobra? Jeżeli przyjdę, to przyniosę coś dobrego do żarcia; dobrze wiem, że o to ci chodzi.

- No wiesz, co ty gadasz! Powiedz lepiej, że już się zdecydowałaś.

- Nie, jeszcze nie. Zadzwonię później.

- Dobra. To na razie.

- Cześć!

F. Prywatka III: Kumpel

- Grzesiek? To ja, Basia.

- Poznałem cię po głosie. No jak? Przyjdziesz?

- Przyjdę.

- Bomba! Wiedziałem, że na ciebie mogę zawsze liczyć.

- Dobra, dobra...Słuchaj! czy będzie u ciebie Zbyszek?

- Jaki Zbyszek?

- No, ten, co był poprzednim razem.

- Nie wiem, o kogo ci chodzi.

- Ten typ, który cały wieczór robił głupie uwagi o moich ciuchach, a potem chciał mnie poderwać.

- Ciekawa historia, ale nic nie pamiętam.

- Wiadomo dlaczego. Byłeś zalany i film ci się urwał.

- Ja? Musiałaś mnie z kimś pomylić.

- Nie bajeruj! Tak czy siak, jak ten Zbyszek się dzisiaj pojawi, to ja się zmywam. To o której mam przyjść?

- O siódmej. A właściwie, to im wcześniej, tym lepiej.

- No to do siódmej. Cześć!

- Cześć!

G. Prywatka IV: Dobrana para

- Zauważyłem(am), że moja koleżanka (Zosia/Zośka/Zocha) wpadła ci w oko.

- Jeszcze jak! Chyba nie ma w tym nic dziwnego. Żal mi jej jednak.

- Dlaczego?

- Ten jej mąż - Mirek to kompletny idiota. Ona zasługuje na kogoś lepszego.

- Co ty mówisz? Ja uważam, że są wyjątkowo dobraną parą. Zresztą oni są w sobie po uszy zakochani.

- Naprawdę? To czemu on cały wieczór tak natrętnie narzuca się wszystkim dziewczynom i ani słowa nie zamienia z żoną?

- Nie mam pojęcia. Szczerze mówiąc nie spodziewałem(am) się po nim takich numerów. Myślę jednak, że cała ta historia nie ma większego znaczenia. Widocznie pokłócili się z (Zosią/Zośką/Zochą) - to wszystko.

Dobrana para

H. Prywatka V: Wstrętny typ

- Jak się bawiliście na wczorajszej imprezie?

- Szkoda gadać! Nie wiadomo skąd zjawił się znowu ten wstrętny typ.

- Mówisz o Zbyszku, a to numer!

- No. Oczywiście uchlał się jak zwykle i zaczął wszystkim ubliżać. Kiedyśmy chcieli go uciszyć, to zrobił niesamowitą awanturę. W końcu wywaliliśmy go za drzwi, ale było już po zabawie.

- Ciekawe, kto go zaprasza na takie imprezy?

- Bo ja wiem? Chyba nikt, jednak on zawsze się zjawia.

automat telefoniczny *pay-phone*
awantura *uproar, ruckus*
bajerować *(slang) put on, fool*
bomba *(slang) far out!*
ciuchy -ów *(pl.) clothes (slang)*
decydować się z- *decide*
dobra *(slang)* =**dobrze**
dobrana para *ideal couple*
dodzwonić się do + G *(pf.) get through to*
gadać *(slang) talk*
głos *voice*
impreza *(slang) get-together*
jeszcze jak *and how!*
kabina telefoniczna *telephone booth*
kłócić się po- z + I *have a spat with*
kumpel kumpla *pal*
liczyć na + A *count on*
łeb *(slang) head*
łyknąć *(pf.) swallow, gulp*
miejscowy *local*
międzymiastowy *intercity*
moneta *coin*
namówić namawiać do + G *persuade*
narzucić się narzucać się + D *inflict self on*
natrętny *troublesome, persistent*
numer *number.* **numer kierunkowy** *area code; (slang:) type, character, odd behavior*
otwarcie *opening*
pęknąć pękać *burst*
picie *drink*
pigułka *pill*
podnieść podnosić *raise*
poderwać podrywać *(slang) pick up (a girl)*
połączenie *connection*
poprzedni *previous*
poznać poznawać *recognize*
późny *late*
próbować s- *try*
prywatka *(private) party*
rondo *traffic circle*
sklep monopolowy *state liquor store*
słuchawka *(telephone) receiver*
spodziewać się + G *expect*
sygnał *signal*
szczery *sincere*
nic nie szkodzi *it doesn't matter*
tabliczka *sign, plate, tablet*
tak czy siak *one way or the other*
telefonować za- *telephone*
tęsknota *longing*
ubliżyć ubliżać *insult*
uchlać się *(pf.; slang) get drunk*
uciszyć *(pf.) quiet down*
urwać się urywać się *tear*
uschnąć usychać *dry up*
uwaga *(here:) remark*
wiadomo *it is known*
właściwie *actually*
wpaść wpadać do + G *drop in on*
wpaść (wpadać) komuś w oko *catch someone's fancy*
wrzucić wrzucać *(here:) insert*
wstrętny *objectionable, despicable*
wykręcić wykręcać *dial*
wypisać wypisywać *write out, list*
wywalić za drzwi *(pf.; slang) kick out*
zalany *(slang) smashed, soused*
zamienić zamieniać z + I *exchange with*
zasłużyć zasługiwać na + A *deserve*
zastać zastawać *find, come upon*
zauważyć zauważać *notice*
zgrywać się *(slang) overact, play the fool*
zjawić się *(pf.) show up, turn up*
zmyć się zmywać się *(slang) beat it*
znaczenie *meaning, significance*
znowu *again*
żal + D + G *be sorry for*
żarcie *(slang) food*

I. Uwagi

36-74-41, 367-441. Polish telephone numbers may be cited in either of these two ways.

u was *among you, i.e., in your country. Cf.* **u nas** *among us, in our country.*

wrzuca się monetę i wykręca numer *one inserts a coin and dials the number.* Note the occurrence of one **się** with two verbs.

niech pan pójdzie pod rondo *go under the traffic circle.* Traffic circles in large cities often have underground passageways containing small shops and telephone booths.

jak leci? *(slang) how's it going?*

po staremu *same as always*

moi starzy *(slang) my folks*

mam wolną chatę *(slang) I have the house to myself.*

do czego ty mnie namawiasz? *what are you trying to get me to do?*

łeb mi pęka *my head is splitting*

bo uschnę z tęsknoty *or I'll die (lit., dry up) from longing.* Note the use of **bo** in the sense of English "or, otherwise."

poznałem cię po głosie *I recognized you by your voice*

film ci się urwał *you passed out; literally, your film snapped.*

nie bajeruj! *don't put me on!*

im wcześniej tym lepiej *the sooner the better*

Zosia/Zośka/Zocha: progressively familiar nicknames for Zofia

ten jej mąż *that husband of hers*

oni są po uszy zakochani *they're head over heels (lit., up to their ears) in love.*

pokłócili się z Zośką *he and Zoska had a spat.* Note the use of the plural verb in the meaning "he and Zoska."

szkoda gadać *it's not worth talking about*

typ, numer *(slang) character, strange sort*

robić awanturę *raise a ruckus, make a scene*

bo ja wiem? *oh, I don't know.*

J. Przegląd konstrukcji bezosobowych *survey of impersonal constructions*

Polish has various ways of rendering the subject of a sentence indefinite, nonspecific:

1. The addition of the particle **się** to a 3rd person singular verb makes the verb impersonal. The impersonal construction with **się** is extremely common. It is the most frequent correspondent to the English use of the 2nd person form of the verb:

Jak się korzysta z automatu? *How do you (= does one) use a pay phone?*
Tu się czeka na autobus. *You wait (= one waits) here for the bus.*
Jak się stąd jedzie do Łodzi? *How do you get from here to Lodz?*

The addition of **się** does not change any other aspect of the verb's syntax; transitive verbs remain transitive and continue to take the Accusative:

Wrzuca się monetę. *One inserts the coin.*

2. The 2nd person singular form of the verb can occasionally be used, in informal speech, when no particular person is meant. The effect is to make the listener more involved:

Kiedy chcesz coś od takiego urzędnika, on nigdy nie ma czasu. *When you want something from that kind of official, he never has the time.*
Kiedy idziesz do lekarza, zawsze musisz czekać. *When you go to the doctor's you always have to wait.*

3. The 3rd person plural form of the verb, without any accompanying pronoun, is often used as a colloquial form of indefinite attribution, similar to the use of the indefinite "they" in English:

Mają tu zbudować nowy hotel. *They're supposed to build a new hotel here.*
Wczoraj wyłączyli nam wodę. *They disconnected our water yesterday.*

4. The impersonal past participle is formed by adding **-o** to the stem of the past passive participle. The resulting construction is not passive but active. Constructions with the impersonal past participle occur very frequently in formal writing and in the press:

Odwołano godzinę policyjną. *Curfew was rescinded.*
Wyburzono całe dzielnice. *Entire districts were demolished.*
Czekano długo na obiad. *People waited a long time for dinner.*

5. The perfective infinitive is often used by itself, with no auxiliary verb, to form questions in situations where the participants are clear from context:

(Czy) nalać herbatę? *Shall I pour tea?*
(Czy) zdjąć ten obraz? *Shall I take down that picture?*
(Czy) zrobić śniadanie? *Shall I make breakfast?*

6. The words **człowiek, ludzie** are occasionally used to impersonalize a sentence:

Szybko! Ludzie czekają. *Quick, people are waiting.*
Człowiek pracuje lepiej w dobrym towarzystwie. *One works better in good company.*

7. The verbals **trzeba** *it is necessary,* **można** *it is possible,* **wolno** *it is permitted,* all of which are followed by a verb in the infinitive, are often substituted for personal verbal expressions:

Trzeba go zapytać. *We should ask him.*
Wolno tu palić? *Is one permitted to smoke here?*
Można wejść? *May I come in?*

K. Slang

As in any language, in Polish one encounters a rich slang vocabulary for referring to features of one's self and environment. The language learner should be wary of slang expressions; they are the most difficult part of a language to use appropriately and, when used incorrectly, they sound particularly jarring. Following is a short list of common slang terms encountered in colloquial Polish:

1. People

mężczyzna *man* .... **chłop** *fellow (lit., peasant)*
kobieta *woman* .... **baba** *old woman*
matka *mother* .... **stara** *old lady*
ojciec *father* .... **stary** *old man*
rodzice *parents* .... **starzy** *old folks*

przyjaciel *friend* .... **kumpel** *buddy, pal*
człowiek *person, man* .... **facet** *guy,* **typ** *sort,* **numer** *so-and-so*
głupi człowiek *stupid person* .... **młot** *dolt, dunce (lit., hammer)*
człowiek nienormalny *abnormal person* .... **czubek** *nut*
milicja *police* .... **glina** *fuzz (lit., clay, mud)*
milicjant *policeman* .... **gliniarz** *cop.*

2. Body parts

głowa *head* .... **łeb** *(animal) head, noggin*
twarz *face* .... **morda** *snout,* **pysk** *snout,* **ryj** *snout,* **gęba** *mug*
szyja *neck* .... **kark** *neck, upper back*
oczy *eyes* .... **gały** *peepers*
ręka *hand* .... **łapa** *mitt, paw*

3. Other

dom *house* .... **chata** *hut*
picie *drink* .... **pochlaj** *sop*
jedzenie *food* .... **żarcie** *(animal) food, slop*
pieniądze *money* .... **forsa** *dough*
szkoła *school* .... **buda** *shack*
restauracja *restaurant* .... **knajpa** *dive*
ubranie *clothes* .... **ciuchy** *duds*
przyjęcie *party* .... **impreza** *shindig*
upić się *get drunk* .... **uchlać się** *get smashed*
pijany *drunk* .... **zalany** *soused*
umrzeć *die* .... **zdechnąć** *die (of animal);* **odwalić kitę** *kick the bucket (lit., turn over one's tail).*
mówić *talk* .... **gadać** *rattle on, prate, gab.*

L. Ruchome końcówki czasownika w czasie przeszłym *movable endings in the past tense of the verb*

In informal speech, in certain syntactic environments, the past tense personal endings **-śmy, -ście** (much less often, the singular endings **-m, -ś**) may be attached to the first stressed word in the clause in which the verb appears:

Gdzieście wczoraj byli? *Where were you yesterday?*
Coście robili? *What did you do?*
Cieszę się, żeście przyszli. *I'm glad that you've arrived.*
Wszyscyśmy tam byli. *We were all there.*
Przyszliśmy, bośmy chcieli. *We came because we wanted to.*
Gdzieś ty się podział? *Where did you get to?*

In very relaxed speech, the past tense endings may be attached to a dummy **że** or to the personal pronoun:

Jakżeś to zrobił? *How did you do that?*
Skądżeście wrócili? *Where have you returned from?*
Trochę żeśmy się spóźnili. *We were a little late.*
Myśmy byli wtedy bardzo młodzi. *We were very young then.*

M. Konstrukcja "nie ma się o co martwić"

The existential expressions **jest/nie ma** are often followed by a question, word or phrase plus a verb in the infinitive in expressions such as:

Czy jest gdzie spać? *Is there anywhere to sleep?*
Nie było gdzie spać. *There wasn't anywhere to sleep.*

Jest o co się martwić. *There's something to worry about.*
Nie ma się o co martwić. *There's nothing to worry about.*

Nie było czym się przejmować. *There was nothing to get upset over.*
Nie było co jeść. *There wasn't anything to eat.*
Nie ma po co. *There's no reason why.*

and so on.

N. Dopełnienia różnych czasowników oznaczających stany umysłowe
complements of various verbs naming mental states

1. Verbs expressing more-or-less neutral, contemplative mental activities translate English "about" with **o** + L, *cf.* **myśleć o czymś** *daydream about something:*

O czym myślisz? *What are you thinking about?*
Marzę o karierze piosenkarza. *I dream of a career as a singer.*

2. Certain verbs expressing care or concern translate English "about" with o + A *cf.* **bać się o coś** *be afraid about something,* **martwić się o coś** *worry about something,* **walczyć o coś** *fight about something,* **zakładać się o coś** *bet about something,* **pytać o coś** *ask about something,* **dbać o coś** *be concerned about something,* **chodzić o coś** *be a matter of something.*

Martwię się o stopnie. *I'm worried about my grades.*
Boję się o twoje zdrowie. *I'm afraid about your health.*
Trzeba dbać o czystość. *One must be concerned about cleanliness.*
and so on.

3. Certain verbs of mental agitation, occurring with **się,** take Instrumental complements, *e.g.,* **zachwycać się czymś** *be delighted with something,* **cieszyć się czymś** *be glad of something,* **martwić się czymś** *be worried by something,* **przejmować się czymś** *be distressed by something,* **denerwować się czymś** *be worried by something,* **zadręczać się czymś** *agonize over something:*

Nie przejmuj się jego słowami. *Don't take his words to heart.*
Zachwycam się jego poezją. *I'm carried away by his poetry.*
and so on.

4. Various verbs and adjectives naming negative reactions directed "at" something or someone are often followed by **na** + A *cf.* **wściec się na coś/kogoś** *become enraged at something/one,* **złościć się na coś/kogoś** *be angry at something/one,* **oburzyć się na coś/kogoś** *be enraged at something/one,* **być złym na coś/kogoś** *be angry at something/one,* **krzyczeć na kogoś** *shout at someone,* **wrzeszczeć na kogoś** *holler at someone,* **skarżyć się na coś/kogoś** *complain about something/one,* and so on.

5. Verbs and adjectives of gladness or satisfaction often form constructions with **z** + G, *cf.* **cieszyć się z czegoś** *be glad of something,* **być zadowolony z czegoś** *be satisfied with something,* **być dumny z czegoś** *be proud of something:*

Nie ciesz się z nieszczęścia innych. *Don't rejoice at the misfortune of others.*
Oni są bardzo dumni ze swojego syna. *They are very proud of their son.*
and so on.

Oni są bardzo dumni ze swojego syna.

O. Polskie odpowiedniki angielskiego "use"

użyć używać + G *use, make use of, "take" (a substance)*
  Używasz zbyt długich zdań. *You use too long sentences.*
  Czy używasz soli? *Do you use (take) salt?*

korzystać s- + G *use, avail oneself of, utilize*
  Muszę skorzystać ze słownika. *I have to make use of a dictionary.*
  Jak się korzysta z automatu? *How does one use a pay-phone?*

posłużyć się posługiwać się + I *use, handle, employ*
  On nie umie posługiwać się nożem i widelcem. *He doesn't know how to use a knife and fork.*

zużyć zużywać + A *use up, exhaust (a supply)*
  Ten samochód zużywa niesamowite ilości benzyny. *This car uses incredible amounts of gasoline.*
  Wszystek cement został zużyty. *All the cement got used up.*

P. Ćwiczenia

1. **ja, ty, numer:** **nie wiem, o jaki numer ci chodzi.**

ona, ja, adres; my, wy, Jola; ja, pan, adwokat; ona, pani, artysta; oni, wy, biuro; on, państwo, ludzie.

2. **Janek.** **a. czy zastałem(am) Janka?**
b. nie, Janka nie ma.

Zosia, Zenon, Jola, Jadzia, Jurek, Lech, Staś, Stasia.

3. **podnieść słuchawkę:** **podnosi się słuchawkę.**

wrzucić monetę, wykręcić numer, usłyszeć sygnał, pójść pod rondo, zadzwonić do Katowic, poprosić o numer, zapisać adres, otrzymać sygnał, zmienić olej, reperować samochód, zaprosić gości, wezwać milicję, użyć ołówka, malować twarz.

4. **głowa:** **łeb.**

twarz, oczy, kobieta, rodzice, dom, jedzenie, przyjęcie, ojciec, milicja, człowiek, ręka, mężczyzna, przyjaciel, pieniądze, upić się, umrzeć, pijany, dom, ubranie, mówić.

5. salt: **nie używam soli.**

pepper, alcohol, long words, tobacco (**tytoń**), sugar, milk, narcotics (**narkotyki -ów**), ugly words, complicated expressions, cement, cocaine (**kokaina**).

6. **nóż:** **posługuję się nożem.**

widelec, słownik, młot, ołówek, pióro, podręcznik, piła *saw*, **narzędzie.**

7. dictionary: **trzeba korzystać ze słownika.**

pay-phone, telephone, advice, help, experience (**doświadczenie**), library, telephone book.

8. Supply appropriate complements:

sleep: **nie było gdzie spać.**

read, rest (**odpoczywać**), converse, sit, stand, lie, lie down, write, play.

9. **robić:** **coście robili?**

śpiewać, myśleć, chcieć, wyobrażać sobie, rozumieć.

10. **przyjść:** **cieszę się, żeście przyszli.**

już się zdecydować, powiedzieć mi o tym, zaprosić ich, zadzwonić.

11. Use either 1st or 2nd person pl. endings:

znaleźć to, gdzie: **gdzieśmy to znaleźli?**

czytać to, kiedy; kupić to, po co; sprzedać to, czemu; chcieć, co; zrozumieć to, jak; zrobić to, dlaczego.

12. Use G pl. or sg., as appropriate.

pieniądze: **szkoda pieniędzy.**

czas, ubranie, wysiłek, ludzie, słowo, atrament, krew, materiał.

13. **Zofia, mąż:** **żal mi Zofii, że ma takiego męża.**

Zenon, żona; Marta, matka; Olek, ojciec; Jadzia, dzieci; Zygmunt, życie; Ela, syn.

14. 36-74-41: **a. trzydzieści sześć, siedemdziesiąt cztery, czterdzieści jeden**
b. trzysta sześćdziesiąt siedem, czterysta czterdzieści jeden.

25-46-93, 72-19-51, 33-11-89, 67-72-98

15. **ja, ty:** **a. wiedziałem(am), że mogę na tobie polegać**
b. wiedziałem, że mogę na ciebie liczyć.

my, wy; ja, pan; my, pani; ja, oni; my, państwo.

This exercise may also be done in reverse:

a. wiedziałeś(aś), że możesz na mnie polegać
b. wiedziałeś(aś), że możesz na mnie liczyć.

16. **martwić się:** **a. martwię się**
b. nie ma o co się martwić.

przejmować się, cieszyć się, bać się, zachwycać się, marzyć, denerwować się, złościć się, myśleć, walczyć, patrzeć, dziwić się, używać.

17. **ja, Zośka:** **myśmy się z Zośką pokłócili.**

ty, Grzesiek; ona, Ela; ja, ona; ty, on; on, Jadzia.

18. **on:** **a. żal mi go**
b. współczuję *sympathize with* **mu.**

oni, pan, wy, ty, państwo, ona, twoi rodzice, twój brat, twoje dzieci, twoi przyjaciele, twoja narzeczona, twój narzeczony.

19. Make up an appropriate complement:

on: **współczuję mu, że ma taką żonę.**

Use the vocabulary of Exercise 18.

20. **on, ona:** **a. on jest zły na nią**
b. ona jest zła na niego.

oni, on; ja, one; wy, my; państwo, ja; ona, pani.

21. **on, ona:** **a. on jest dumny z niej**
b. ona jest dumna z niego.

Use the vocabulary of Exercise 20.

22. Make up five-line conversations, the first line of which is as follows:
  a. Słucham?
  b. Czy jesteś zły(a) na mnie?
  c. Jak się bawiłeś(aś) na swoich imieninach?
  d. Jak ci się podoba mój kolega Janek?
  e. Każda twoja prywatka kończy się awanturą.

23. Write a continuation to one or more of the conversations to this lesson.

24. **Tłumaczenie**
  a. Don't be upset; don't worry; don't be agitated.
  b. I'm thrilled with my new sweater.
  c. Zbyszek became enraged and began to shout at everyone and insult them.

d. Don't be angry at me because you're not satisfied with your life.
e. Be glad that I'm not worried about your grades.
f. She's very proud of her latest book.
g. The number matches, but there's no Zofia here.
h. I must have called too late.
i. I don't know what number you mean.
j. I'm sorry for the mistake. - No matter.
k. Is Dorota there? - What Dorota? There's no Dorota here.
l. How does one use the telephone? - The telephone doesn't work.
m. What does an interrupted (**przerywany**) signal mean? - It means that the line (**linia**) is busy.
n. There wasn't any place to make a call from.
o. There wasn't anywhere to go.
p. There's nothing to be surprised at.
q. Your parties always end in some kind of row.
r. I'll give it some thought and let you know in an hour.
s. I knew I could count on you. I can always depend on you.
t. Don't make comments on the subject of my clothing.
u. He always gets drunk and quarrels with everybody and insults them.
v. When we asked him to leave he made a scene.
w. I don't remember anything about your party. - We know why: you passed out.
x. I have no idea what you mean; you must be mistaking me with someone else.
y. You're the last person in the world who should make comments about other people's clothing.
z. May one smoke in this building? - I suppose so.
a. They say that that new restaurant is not bad.
b. Do you take sugar in your tea? - No, I take only rum.
c. I feel sorry for your parents for having such a son.
d. Don't buy that sweater: it's a waste of money.
e. I think that Zbyszek and Zofia are an ideal pair. - You must be joking.
f. Do you want to leave? - The sooner the better.
g. I have to make use of a dictionary when I read that author.
h. Not all children know how to use a knife and fork. - Yes, but that child is more than fifteen years old.
i. In the beginning (**na początku**) he tried to pick me up, but then he passed out.
j. Zosia and I are having a spat on the subject of her husband, who is a complete moron (**kretyn**).

25. **Przetłumacz:**

Zocha wczoraj zrobiła prywatkę. Starzy wyszli do knajpy a więc miała wolną chatę i nas wszystkich zaprosiła. Przyszła kupa kumpli. Zośka nie miała forsy i nie kupiła dużo żarcia, za to było co wypić. Jeden facet się tak uchlał, że film mu się urwał. Baby jak zawsze gadały o ciuchach. Ten młot, Zbyszek, chciał poderwać Baśkę ale był zalany i zaczął rozrabiać i ubliżać jej narzeczonemu. Wszyscyśmy już dawno zauważyli, że ta idiotka Jolka jest w tym wstrętnym typie po uszy zakochana. Niestety on traktuje ją jak powietrze i narzuca się każdej innej dziewczynie. Wyjątkowo "dobrana para"! Prywatka jak zwykle była za głośna i sąsiedzi zadzwonili po gliniarzy. Potem wszyscy szybko się zmyli. Rano pękał nam łeb, ale nie ma o co się martwić, jakoś przeżyjemy!

Umawianie się na wizytę

Q. Tekst do czytania

Telefon na co dzień

Słowo "telefon" w języku polskim może oznaczać aparat telefoniczny bądź telefoniczne wezwanie. Spodziewając się, że ktoś zadzwoni, można powiedzieć "czekam na telefon" lub zamiast mówić "ktoś dzwoni do pana" powiedzieć krócej "telefon do pana".

Polskie aparaty telefoniczne przypominają swoją budową tradycyjne aparaty amerykańskie, tzn. mają kadłub z tarczą cyfrową oraz słuchawkę. Nowocześniejsze telefony elektroniczne (z klawiszami zamiast tarczy) są bardzo rzadko spotykane. Z uwagi na słaby rozwój telekomunikacji w Polsce - tak w miastach, jak i na wsi - latami czeka się na założenie telefonu. Dlatego też ludzie często korzystają z publicznych automatów telefonicznych, których na szczęście jest stosunkowo dużo. Część z nich służy do przeprowadzania rozmów wyłącznie w obrębie danego miasta - to znaczy miejscowych. Z innych można też uzyskać połączenie międzymiastowe. Posiadają one wówczas tabliczkę z numerami kierunkowymi ważniejszych miast oraz cennik opłat. Takie aparaty przyjmują dwu-, pięcio-, i dziesięciozłotówki. Niewygodne, a czasem prawie niemożliwe jest zebranie odpowiedniej ilości monet, by przeprowadzić dłuższą międzymiastową rozmowę. Tym bardziej, że takie rozmowy są stosunkowo drogie. Lepiej więc udać się do najbliższego urzędu pocztowego, gdzie w odpowiednim okienku można zamówić i opłacić połączenie międzymiastowe. Rozmowę przeprowadza się wówczas w wyznaczonej kabinie. Na poczcie można również nadać telegram. W Polsce częściej niż w Ameryce wysyła się telegramy, bowiem nie ze wszystkimi ludźmi można skontaktować się telefonicznie.

Ci Polacy, którzy posiadają telefon, w przeciwieństwie do Amerykanów, rzadko korzystają z niego przy załatwianiu spraw urzędowych czy zakupów. Oczywiście mogą oni przedzwonić do sklepów lub urzędów, jednak z zasady wolą pójść tam osobiście. Istnieje bowiem przekonanie (czasem uzasadnione), że informacje udzielone telefonicznie są mało wiarygodne. Polacy uważają, że żadnej poważnej sprawy nie da się załatwić przez telefon. Należy, ich zdaniem, rozmawiać z urzędnikiem "w cztery oczy", a jeszcze lepiej zwrócić się do niego korespondencyjnie, by uzyskać odpowiedź na piśmie. Wielu ludzi twierdzi, że tylko taka odpowiedź jest naprawdę wiążąca.

Są też inne przyczyny rzadkiego używania telefonu w sprawach urzędowych. Na przykład w Polsce nie został przyjęty zwyczaj pozostawiania w urzędzie lub w sklepie swego nazwiska i numeru telefonu z prośbą, by nieobecny lub zajęty w danym momencie urzędnik czy kierownik sklepu przedzwonił później. Dlatego też zdarza się, że petent jest zmuszony w tej samej sprawie dzwonić wiele razy.

Polacy są z natury bardzo towarzyscy. Chętnie więc prowadzą ze sobą długie telefoniczne rozmowy. Wydaje się jednak, że bardziej cenią sobie bezpośredni kontakt, gdyż często się odwiedzają. Wpadają do siebie - nawet bez uprzedzenia - na krótkie pogawędki bądź telefonicznie umawiają się na mniej lub bardziej formalne spotkania. Nie zapowiedziane wizyty zazwyczaj składa się w sobotnie albo niedzielne popołudnia. Można też w inny dzień tygodnia, ale o takiej porze, kiedy wiadomo, że dana osoba jest na ogół w domu i chętnie podejmie gości.

aparat *apparatus*
bądź *or*
bezpośredni *direct, immediate*
cenić sobie *value*
dany *given*
elektroniczny *electronic*
kadłub *body, trunk*
kierownik *director, manager*
klawisz -a *key, button*
kontaktować się s- *make contact with*
korespondencyjnie *in writing, in a letter*
krótki *short; comp. adv.* **krócej**
nadać nadawać *send (letter, parcel)*
nie da się tego załatwić *it cannot be taken care of*
obręb *limits, confines*
odwiedzić odwiedzać *pay a visit to*
okienko *window (in a bank, post-office)*
oraz *as well as*
petent *supplicant, petitioner*
pismo *writing;* **na piśmie** *on paper*
podjąć podejmować *undertake; (here: entertain)*
pogawędka *chat*
prośba *request*
przedzwonić do + G *(pf.) give a call to*
przekonanie *conviction*
przeprowadzić przeprowadzać *conduct, carry on*
przypomnieć przypominać *call to mind*
służyć + D **do** + G *serve*
swego *(literary)* = **swojego**
tarcza *shield, face, disk*
tarcza cyfrowa *dial (of telephone)*
telefoniczny *(adj.) telephone*
telegram *telegram*
telekomunikacja *telecommunication*
towarzyski *companionable*
tradycyjny *traditional*
twierdzić s- *state, assert*
tym bardziej *all the more so*
udać się udawać się *take oneself to*
umówić się umawiać się na + A *make an appointment for*
uprzedzić uprzedzać *give advance notice of*
urząd urzędu *office*
urząd pocztowy *post-office*
urzędowy *(adj.) office, official (*from **urząd** *office)*
uzasadnić uzasadniać *justify*
w cztery oczy *eye to eye, face to face*
wezwanie *summons*
wiarygodny *reliable, believable*
wiążący *binding*
wizyta *visit*
wyłączny *exclusive*
z zasady *as a rule, on principle*
zapowiedzieć zapowiadać *announce*
złotówka *zloty (coin)*
złożyć składać wizytę + D *pay a visit to*
zmuszony do + G *forced, compelled to*
zwrócić się zwracać się do + G *turn to*

Pytania do tekstu:

1. Co może oznaczać słowo "telefon"?
2. Jak wyglądają polskie aparaty telefoniczne?
3. Dlaczego wielu ludzi korzysta z automatów telefonicznych?
4. Jakie monety przyjmują automaty umożliwiające rozmowę międzymiastową?
5. Dlaczego najlepiej jest międzymiastowe rozmowy przeprowadzać na poczcie?
6. Dlaczego w Polsce stosunkowo często wysyła się telegramy?
7. Dlaczego w Polsce rzadko korzysta się z telefonu przy załatwianiu spraw urzędowych?
8. Jaką odpowiedź w sprawie urzędowej Polacy uważają za naprawdę wiążącą?
9. Jak sądzisz, dlaczego Polacy bardziej cenią sobie bezpośrednie kontakty niż telefoniczne rozmowy?
10. Kiedy w Polsce można składać nie zapowiedziane wizyty?

Pytania do rozmowy:

1. Czy posiadanie telefonu jest konieczne? Dlaczego? (Dlaczego nie?)
2. Jak się korzysta z automatu w Stanach Zjednoczonych? Czy zawsze jest łatwo znaleźć automat? (który działa?)
3. Jakie występują rodzaje aparatów telefonicznych? Jakie są najnowsze rozwiązania w tej dziedzinie?
4. Jakie sprawy można łatwo załatwić telefonicznie? Jakich nie można załatwiać?
5. Co sądzisz o reklamach telefonicznych? Jakie firmy korzystają z takich reklam?
6. Jakie są różne hasła związane z reklamami amerykańskich firm telefonicznych? Czy takie hasła brzmiałyby dziwnie w Polsce? Dlaczego?
7. Jakie zasady obowiązują w Stanach Zjednoczonych w zakresie składania wizyt znajomym? Czy często się składa wizyty nie zapowiedziane?

brzmieć *sound*
dziedzina *field, area*
hasło *slogan*
konieczny *necessary*
rodzaj *kind, type*
rozwiązanie *solution, development*
techniczny *technical*
w zakresie + G *in the area of*

Zwyczaje ludowe III

Stroje ludowe

W niektórych regionach Polski tradycyjne stroje ludowe są noszone przez mieszkańców wsi jeszcze do dziś w czasie świąt kościelnych i uroczystości rodzinnych. Do najbardziej efektownych należą stroje krakowskie, kurpiowskie, łowickie, śląskie, góralskie i (na zdjęciu) opoczyńskie.

niektóre *(pl.) certain*
region *region*
strój stroju *clothing, costume*
ludowy *(adj.) folk*
mieszkaniec mieszkańca *inhabitant*
święto Gpl. **świąt** *holiday*
kościelny *(adj.) church*
uroczystość *celebration*
rodzinny *(adj.) family*
efektowny *(of clothing) striking*
krakowski *(adj.) Krakow (region)*
kurpiowski *(adj.) Kurpie (region)*
łowicki *(adj.) Lowicz (region)*
śląski *(adj.) Silesian*
góralski *(adj.) Goral (region)*
opoczyński *(adj.) Opoczyn (region)*

LEKCJA SIÓDMA 7

Gdynia

A. Gdzie tam!

- Kup ten żółty golf (pulower). Jest całkiem niezły i niewiele kosztuje.

- Ależ gdzie tam! Będę wyglądał(a) w nim jak pajac.

- Posłuchaj, niedługo przyjdzie zima, a ty nie masz żadnego porządnego ciepłego swetra. Ten ma bardzo modny fason.

- Możliwe, ale nie mam zamiaru wystroić się jak papuga, tylko dlatego, że to jest modne.

B. Gdzie indziej

- Kup sobie tamtą bluzkę. Lubię takie stójki.

- Tę seledynową? Chyba żartujesz. Lepiej nie dawaj mi rad, Marku, bo nie znasz się na modzie.

stoisko
makarony
art.mączne
przyprawy
koncentraty
cukier
słodycze
pieczywo

Zakupy

- Przecież tu jesteśmy, żeby ci kupić nową bluzkę.

- To nie znaczy, że mamy kupić byle jaką.

- Nie denerwuj się. Znam się na modzie tak samo jak ty.

- Możliwe. Ale ja wiem najlepiej, w czym mi dobrze. Nie znoszę tego koloru, a po za tym ta stójka jest wprost śmieszna.

- No dobrze. Jak chcesz. Poszukajmy sobie gdzie indziej.

drobiazg *trifle*

C. Drobnomieszczanin

- Jak uważasz, Andrzejku, czy dobrze mi w tej letniej sukience?

- Leży doskonale, Aniu, ale chyba nie masz zamiaru wychodzić w niej na ulicę?

- Dlaczego nie?

- Materiał jest cały przezroczysty, kochanie. Wszystko pod nim widać.

- Co z ciebie za drobnomieszczanin, Andrzejku. W tym właśnie cały urok.

D. Nie wypada

- Czy zamierzasz chodzić cały dzień w szlafroku?

- Nie, za chwilę się przebiorę. Zresztą to nie szlafrok, tylko podomka.

- Cóż za różnica?

- Zasadnicza. W podomce szanująca się osoba może chodzić cały dzień, natomiast w szlafroku nie wypada.

E. Daj mi spokój

- Chyba nie masz zamiaru włożyć tej fioletowej bluzki?

- Właśnie że mam. A bo co?

- Nie pasuje do mojej marynarki.

- Wielka rzecz. To zmień marynarkę, jeśli tak bardzo ci zależy na doborze kolorów.

- Jeśli zmienię marynarkę, to będę musiał zmienić też koszulę i krawat.

- Rób co chcesz i daj mi wreszcie spokój z tymi uwagami na temat mojego ubrania.

hasło *password*

F. Nie ma obawy

- Co kupujesz?

- Trochę owoców, słodyczy i alkohol.

- Robisz przyjęcie?

- Nie, wieczorem przyjdzie do mnie Jurek/Agatka. Będziemy oglądać jakiś włoski film w telewizji. Podobno jest niezły.

- Hmm, rozumiem. No to bawcie się dobrze!

- Nie ma obawy, na pewno będziemy się dobrze bawić.

- ZACZYNA MI SIĘ PODOBAĆ, PEWNIE JUŻ SIĘ SPIŁEM.

spić się *(pf.) get high*

G. Rozrzutność

- Proszę po trochu wszystkiego oprócz podrobów. Może być po pół kilo każdego rodzaju mięsa.

- Sławku! Po co ci tyle mięsa?

- Nie wiem. Mam forsę i chcę ją wydać.

- Zwykle nie jesteś taki rozrzutny.

- Widocznie mnie nie znasz Eluniu. Oszczędzam na wszystkim innym, ale na jedzeniu nie.

H. Słowniczek

alkohol *alkoholic beverage*
byle jaki *any old kind*
całkiem *entirely*
dlatego *for that reason, because*
dobór doboru *choice, assortment*
drobnomieszczanin *petty-bourgeois*
fason *style, cut*
fioletowy *violet-colored*
gdzie tam! *oh come on!*
gdzie indziej *somewhere else*
golf *turtleneck sweater*
kartka *card, coupon*
kochanie *dear*
marynarka *sports jacket*
moda *fashion*
modny *fashionable, stylish*
nie wypada *it is improper, unseemly*
niedługo *before long*
obawa *fear*
oprócz + G *except for*
oszczędzać na + L *save on*
owoc -a *fruit*
pajac *clown*
papuga *parrot*
pasować do + G *match*
podobno *supposedly*
podomka *housecoat*
podroby -ów *giblets, inferior cuts of meat*
porządny *respectable*
przezroczysty *transparent*
pulower *vee- or crew-neck sweater*
rozrzutny *profligate*
seledynowy *willow-green*
spokój spokoju *peace, rest*
stójka *stand-up (mandarin) collar*
szanujący się *self-respecting*
szlafrok *robe*
śmieszny *(here:) ludicrous*
trochę trochu *a little*
urok *charm*
widać *can be seen*
wprost *simply*
wystroić się wystrajać się *(here:) deck oneself out*
zależeć + D **na** + L *be of importance to*
zamierzyć zamierzać *intend*
znać się na + L *know about*
znieść znosić *stand, abide*

I. Uwagi

wiem, w czym mi dobrze *I know what I look good in*

leży doskonale *it fits fine*

co z ciebie za drobnomieszczanin! *what sort of petty-bourgeois are you?*

w tym cały urok *that's the beauty of it*

cóż *what! (emphatic of* **co***)*

właśnie że mam *indeed I do*

a bo co? *so what?*

wielka rzecz *big deal*

daj spokój z + I *give me a break*

nie ma obawy *never you worry*

po trochu wszystkiego *a little bit of everything*

po co ci tyle mięsa? *what do you need so much meat for?*

J. Różne konstrukcje przysłówkowe i zaimkowe *various adverbial and pronominal constructions*

1. The Emphatic Particle **-ż(e)**

The particle **-ż** (after a consonant, **-że**) may be added to question words and to certain interjections for emphasis:

ale! *but*
co? *what?*
dlaczego? *why?*
gdzie? *where?*
jak? *how?*
kiedy? *when?*
kto? *who?*
skąd? *from where?*

ależ! *but really!*
cóż? *but what?*
dlaczegóż? *but why?*
gdzież? *but where?*
jakże? *but how?*
kiedyż *but when?*
któż *but who?*
skądże? *but from where?*

2. Indefinite Pronouns and Adverbs

Indefinite adverbs and pronouns are formed by adding the suffix **-ś** (definite but unspecified) or **-kolwiek** (indefinite and unspecified). The meaning is analogous to English "some-" and "any-" (as in "somewhere", "anywhere"), *cf.*

Adverbs

gdzieś *somewhere*	**gdziekolwiek** *anywhere, wherever*
jakoś *somehow*	**jakkolwiek** *anyhow, however*
kiedyś *sometime*	**kiedykolwiek** *any time, whenever*
skądś *from somewhere*	**skądkolwiek** *from anywhere, from wherever*

Pronouns

coś *something*	**cokolwiek** *anything, whatever*
ktoś *someone*	**ktokolwiek** *anyone, whoever*
jakiś *some sort*	**jakikolwiek** *any (one), whichever*
któryś *some (certain one)*	**którykolwiek** *any (one), whichever*
czyjś *someone's*	**czyjkolwiek** *any one's whosesoever.*

Pronoun endings are added before the suffixes **-ś** and **-kolwiek**, *cf.* **coś, czegoś, czemuś; jakikolwiek, jakiegokolwiek, jakiemukolwiek,** and so on. When words ending in **-kolwiek** are the subject of a sentence, the verb may be negated: **Cokolwiek nie zrobisz, wybaczę ci.** *Whatever you do, I'll forgive you.* It should be remembered that the suffix **-kolwiek** takes stress: **coKOLwiek, czegoKOLwiek,** and so on. Examples:

Czy masz coś do czytania? *Do you have something to read?*
Cokolwiek mi powiesz, nie uwierzę ci. *Whatever you tell me, I won't believe you.*
Chcę gdzieś pójść na obiad. *I want to go somewhere for dinner.*
Chętnie pójdę gdziekolwiek. *I'd gladly go anywhere at all.*

3. Pejorative Indefinite Adverbs and Pronouns

A pejorative indefinite adverb or pronoun may be formed with the particle **byle**:

byle kto *"any old" person*	**byle jaki** *"any old" kind*
byle jak *"any old" way*	**byle gdzie** *"any old" place*
byle co *"any old" thing*	and so on.

Examples:

Nie będę kupować byle jakiej bluzki. *I'm not going to buy just any old blouse.*
Nie chcę pójść byle gdzie. *I don't want to go just any old place.*

The word **byle** may also serve as a conjunction in the sense "as long as":
Wszystko mi jedno gdzie pojedziemy, byle nie do tej samej starej knajpy.
It's all the same to me where we go, as long as it's not to that same old joint.

4. The Pairing of Indicating and Relating Adverbs

Relating adverbs often occur in a pair with a preceding indicating adverb. In corresponding English expressions, the indicating adverb is usually omitted. The most frequently occurring adverbial pairs are:
tak, jak... *the way that*
wtedy, kiedy... *at the time when*
tam, gdzie... *the place where*

Examples:
Zrób tak, jak chcesz. *Do as you like.*
Pójdę dopiero wtedy, kiedy będę gotowy. *I'll go only when I'm ready.*
Książka leży tam, gdzie ją zostawiłem. *The book is lying where I left it.*

These constructions are similar to the quantifying expression **tyle, ile...** *as many as:* **Możesz wziąć tyle, ile chcesz.** *You can take as much as you like.*

5. Polish Correspondents of English "else"

Polish expresses the idea of English "else" in a variety of ways.

a. **indziej** in combination with **gdzie, kiedy**:

Poszukajmy gdzie indziej. *Let's look somewhere else.*
Zróbmy to kiedy indziej. *Let's do that some other time.*

Note: **inaczej** *otherwise* is used in an analogous way with **jakoś** *somehow*, although it is not usually translated as 'else': **Zróbmy to jakoś inaczej.** *Let's do that somehow differently.*

b. **inny** in combination with pronouns:

kto(ś) inny *someone else*
Wziąłem pana za kogo(ś) innego. *I took you for someone else.*

co(ś) innego *something else*

Wolałbym oglądać co(ś) innego. *I'd prefer to watch something else.*

In oblique cases, the construction with **co** loses the Genitive:

Myślę o czymś innym. *I'm thinking about something else.*

nic innego *nothing else*

Nic innego nam nie pozostało. *Nothing else was left for us.*

In oblique cases, this construction loses the Genitive:

Nie marzę o niczym innym. *I dream of nothing else.*

wszystko inne *everything else*

O wszystkim innym pamiętałem, ale o tym nie. *I remembered about everything else, but not about that.*

wszyscy inni *everyone else*

Wszyscy inni są zmęczeni, a my nie. *Everyone else is tired, but not us.*

c. **jeszcze** in the sense "more" of something:

Chcesz jeszcze coś? *Do you want anything else?*

Answers to questions posed with **jeszcze** in this sense are expressed in the negative with **już**: **Dla mnie już nic, dziękuję.** *Nothing for me, thanks.*

d. **bo** "or else"

Uważaj z tym wazonem, bo wylejesz wodę. *Watch out with that vase or else you'll spill the water.*

Musisz się uczyć, bo oblejesz egzamin. *You'd better study or else you'll flunk that exam.*

K. Zaimek "to" jako łącznik zdaniowy *the pronoun* to *as a sentence connector*

The neuter pronoun **to (tego temu tym)**, usually followed by **że, czy,** or **by,** is often used as the receiver of case endings for an entire sentence to follow:

To zależy od tego, czy będę wolny. *That depends on whether I'll be free.*

Pomyślałem o tym, by podwieźć cię na dworzec. *I thought about taking you to the station.*

To, że zaczynam tyć, martwi mnie. *The fact that I'm beginning to get fat worries me.*

The conjunction **by** is used instead of **czy** in case the sentence expresses a hypothetical possibility rather than a simple yes-or-no choice:

Myślę o tym, czy stać się sławnym. *I'm thinking about whether to become famous.*

Marzę o tym, by stać się sławnym. *I'm dreaming about becoming famous.*

Virtually any verb that may take a sentence as either a subject or a complement may use **to** as a connector, that is, as the element with which the verb agrees or which the verb governs. Following is a list of common verbs that are frequently followed by **to** as a sentence connector:

chodzić o to, że... *concern, be a matter of*
wychodzić na to, że... *amount to*
zgadzać się z tym, że... *agree with*
polegać na tym, że... *depend on*
odnosić się do tego, że... *refer to, relate to*
rzecz w tym, że... *the point is that...*
interesować się tym, że/czy... *be interested that/whether*
upierać się przy tym, że... *insist on*
wskazywać na to, że... *indicate*
wynikać z tego, że... *result from*
zależeć od tego, czy... *depend on*
zastanawiać sę nad tym, czy... *consider whether*

NOTES

1. In informal speech, and following certain verbs, the sentence connector may be omitted:

To zależy (od tego), czy będę wolny. *That depends (on) whether I'll be free.*

2. In causal constructions, where one state of affairs is portrayed as bringing about another, the construction with **to** is often an alternative to a verbal noun:

To, że śpiewasz
przeszkadza mi. *Your singing bothers me.*
Twoje śpiewanie

3. Sometimes the sentence connector may be replaced by the subject of the following sentence, producing alternate constructions such as the following:

a. **Dziwię się temu, że twój przyjaciel jest taki przewrażliwiony.** *I'm surprised that your friend is so touchy.*

b. **Dziwię się twojemu przyjacielowi, że jest taki przewrażliwiony.** *I'm surprised at your friend, that he's so sensitive.*

4. When the sentence connector **to** acts as the subject of the verb **być (jest, było, będzie)** with a noun complement, the complement will be in the

Instrumental case (not in the Nominative, as in the identifying **to jest** construction):

To, że musisz się uczyć, jest rzeczą oczywistą. *The fact that you have to study is obvious.*

L. Zaimki "to, co" zastępujące zdanie *the pronouns* **to, co** *as sentence pronouns*

The pronouns **to** and **co** are often used as demonstrative and relative pronouns, respectively, referring to a complete clause.

Mirek powiedział, że będzie czekać przy telefonie, co mnie dziwi, bo on nie ma telefonu. *Mirek said that he would wait by the telephone, which surprises me, because he doesn't have a telephone.*

Zbyszek nie jest zaproszony na moje przyjęcie. To nie znaczy, oczywiście, że nie przyjdzie. *Zbyszek is not invited to my party. That doesn't mean, of course, that he won't come.*

The pronouns **to, co** often occur together as demonstrative and accompanying relative pronoun:

To, co powiedziałeś, jest bardzo ważne. *What you said is very important.*

M. Wyrażenia oznaczające zamiar *phrases indicating intent*

zamierzać *intend*

Czy zamierzasz cały dzień chodzić w szlafroku? *Do you intend to go around all day in your robe?*

mieć zamiar *have a mind to, intend*

Czy masz zamiar zaprosić Ewę na obiad? *Do you intend to invite Ewa to dinner?*

chcieć *want, feel like*

Chcę kupić jakiś alkohol. *I want to buy some kind of liquor.*

będę *be going to, intend to*

Kiedy nareszcie będziesz mówić prawdę? *When are you finally going to tell the truth?*

planować *plan, intend*

Co planujesz na następny rok? *What are you planning for next year?*

mieć plany *have plans*

Czy masz jakieś konkretne plany na jutro? *Do you have any concrete plans for tomorrow?*

N. Jako *as*

English "as" in the sense "in the function of, in the role of, in the capacity of," and so on, is rendered in Polish by **jako:**

On pracuje jako stolarz. *He works as a carpenter.*

The noun linked by **jako** appears in the same case as the noun to which it is linked:

Można używać siekiery jako broni. *One can use an axe as a weapon* (both **siekiery** and **broni** are in the Genitive case).

O. Wobec, co do, jeśli chodzi o, odnośnie do

a. The preposition **wobec** + G is widely used for expressing the notions "in the face of," "in regard to," "in view of," and so on:

Czuję się bezsilny wobec losu. *I feel powerless in the face of fate.*

Wobec tego, będę musiał zmienić plany. *In view of that, I'll have to change my plans.*

On jest obojętny wobec wszystkich. *He is indifferent toward everybody.*

b. The phrase **co do** + G often translates English "as for," "as regards," "as far as -- is concerned":

Mam pewne zastrzeżenia co do jego uczciwości. *I have certain reservations as far as his integrity is concerned.*

Co do Marty, to z nią nigdy nic nie wiadomo. *As for Marta, one never knows with her.*

c. The phrase **jeśli chodzi o** + A is used in meanings similar to **co do**:

Jeśli chodzi o jakość, to nie znam lepszego aparatu. *If it's a matter of quality, then I don't know of a better camera.*

Jeśli chodzi o Ryśka, nie możemy na nim polegać. *As far as Rysiek is concerned, we can't depend on him.*

d. Another phrase commonly used in the sense "relating to," "concerning" is **odnośnie (do)** + G:

Mam wiele uwag odnośnie (do) referatu. *I have many observations relating to the report.*

P. Ćwiczenia

1. Write a brief sentence beginning with a word in **-kolwiek**:

where: **Gdziekolwiek nie pójdziesz, znajdę cię.**

when, what, who, how, which, what kind.

2. Write a brief sentence containing a use of "else":

kto: **Zastałem(am) tam kogoś innego.**

kiedy, gdzie, jak, wszystko, nic, co, wszyscy.

3. Write a brief sentence using a word in **-kolwiek**, followed by **byle**, according to the general sense of the model:

gdzie: **Pójdźmy gdziekolwiek, byle nie do tej restauracji.**

kto, kiedy, jak, jaki, który, co.

4. Compose a simple sentence according to the loose model:

kto: **Myślę, że ktoś inny będzie lepszy na takim stanowisku.**

co, nic, wszystko, wszyscy, kto, każdy, nikt.

5. Compose a short sentence using **byle** in conjunction with the given word:

jaki: **Nie będę kupował(a) byle jakiej bluzki.**

co, kto, jak, gdzie, jaki.

6. Follow the general structure of the model:

gdzie: **Gdzieś pana widziałem(am), ale nie pamiętam gdzie.**

skąd, jak, co, kto, jaki.

7. **kto:** **któż!?**

dlaczego, kiedy, co, skąd, ale, gdzie, jak.

8. Compose sentences giving at least two "reasons" for purchasing the given object.

sweter: **Kup ten sweter. Jest modny i niewiele kosztuje.**

adapter, samochód, wazon, zegar, sukienka, płaszcz, płyta, nóż, pudel.

9. Write simple sentences using the indicative and associated relative word:

tam: **Książka leży tam, gdzie ją zostawiłem(am).**

tak, wtedy, tyle, to, ten (kto), tam, tyle.

10. Use perfective verbs:

take care of: **a. Nie da się tego załatwić.**
b. Przecież już załatwiłem(am).

do, fix, exchange, finish, eat, drink, read, clean, wash, install, understand, translate.

11. Compose a causative sentence using the connector **to** in combination with the indicated verb:

martwić: **To, że zaczynam łysieć, martwi mnie.**

niepokoić, denerwować, cieszyć, drażnić, *annoy,* **przeszkadzać** + D, **działać** + D **na nerwy** *get on one's nerves.*

12. Use **by** after the following verbs. The incorporated sentence should describe a hypothetical condition.

marzyć: **Marzę o tym, by stać się sławnym.**

zastanawiać się, myśleć, walczyć, dbać, bać się.

13. get dressed: **a. ubierz się!**
b. zaraz się ubiorę
c. już się ubieram.

comb hair, brush teeth, get undressed, put on makeup, bathe, take shower, change clothes, put on coat, take off shoes, lie down, stand up, sit down, wake up, get up, get a haircut, shave.

14. be sad: **Co ty dzisiaj jesteś taki smutny?**

be touchy, look sad, be angry, look bad, be sensitive (**przewrażliwiony**), look glum (**posępny, ponury**), be irritated (**rozdrażniony**).

15. **siekiera** *axe,* **broń** *weapon:* **można używać siekiery jako broni.**

butelka, wazon; dywan, koc; stół, biurko; gabinet, sypialnia; nóż, śrubokręt *screwdriver.* Make up at least three more pairs and compose the responses, according to the model.

16. In a), give the complement of the verb using **to**. Then, in b), compose a longer sentence using the verb phrase of a) as an introduction:

zgadzać się: **a. zgadzam się z tym**
b. zgadzam się z tym, że ona nie jest zbyt przyjemna.

martwić się, polegać, zależeć, interesować się, cieszyć się, wskazywać, upierać się, wynikać, zachwycać się, różnić się, odnosić się, dbać, złościć się, sprowadzać się, narzekać.

17. be late: **Nie chcę, żebyście się spóźnili.**

be upset, be worried, be afraid, become enraged, be excessively (**zbytnio**) glad, change plans, be sorry.

18. Compose sentences, using the connector **to** in combination with the conjunction **czy**:

zastanawiać się: **Zastanawiam się nad tym, czy zaprosić Martę do kina.**

myśleć, interesować się, polegać zależeć, chodzić o.

19. Use various pronominal complements:

bathe: **Poradziłem(am) mu, żeby się wykąpał.**

save, change your tie, use an eraser (**gumka**), wash your face, brush your teeth, take off that hat, put on this shirt.

20. Use the verb of intent in a brief sentence:

zamierzać: **W tym roku zamierzam spędzić wakacje we Francji.**

mieć zamiar, chcieć, będę, planować, mieć plany.

21. Complete the sentence, beginning with **co do**, in some logical way:

Marta: **Co do Marty, to wątpię, czy przyjmie moje zaproszenie.**

Zbyszek, ta książka, ta lekcja, ten referat, ten film, ten artykuł, twoje zdanie.

22. Write different sentences for the cue words of Exercise 21, using **jeśli chodzi o**, **co do**, or **odnośnie do**:

Marta:	**Jeśli chodzi o Martę (co do Marty), wiem, że chętnie podejmie gości o tej porze.**

24. Compose five-line conversations, beginning with the following lines:

a. Kup ten szlafrok.
b. Jak uważasz czy jest mi dobrze w tej bluzce?
c. Czy masz coś do czytania?
d. Co kupujesz?
e. Dziwię się twojemu przyjacielowi.

25. Write a four-line continuation for any two of the conversations in this lesson.

26. Explain the humor behind the cartoons in this lesson.

27. Make up at least five different sentences on the model:

moda:	**Znam się na modzie tak samo, jak ty.**

(You supply the cues.)

28. **Tłumaczenie**

a. Buy me a towel (**ręcznik**). What kind of towel? - It doesn't matter (**wszystko jedno**). Any kind. - What else do you want? - Nothing else.
b. I remember her from somewhere, but I can't remember from where.
c. Take as many chocolates (**czekoladki**) as you like. - Thanks, I don't eat chocolates.
d. I wasn't at home when (at the time when) he called.
e. I don't intend to buy just any old dress.
f. Whatever you do, and wherever you go, I will understand.

g. But really! You don't have to buy that sweater just because it's fashionable. You are going to look like an ostrich (**struś**) in it.
h. You can sit here and read for as long as you want.
i. That can't be done (use **nie da się**) any other way.
j. Let's eat somewhere else. In this restaurant it's too crowded.
k. Everyone else is ready but you. - But I still have to do my makeup.
l. Let's ask someone else where the trade bank (**bank handlowy**) is.
m. I save money on everything else, but not on food and clothing. - What else is there?
n. What do you need so much money for? - Not for anything special. I just like to have lots of money on me (**przy sobie**).
o. I know as much about art as you do. - Maybe, but that doesn't mean that you are able to explain this picture better than I can.
p. I can't eat as much as you. - You should be glad. But in any case, I can't eat as much I would like to either.
q. He somehow looks different today. - That's because he got a haircut.
r. I'd like a little of everything that's good.
s. We're going to Marta's name-day party tonight. - Have a good time. - Don't worry, we always have a good time.
t. Buy me some kind of notebook. - What kind? - The same kind that Andrzej bought. - I don't remember what kind that was.
u. I can't dance as well as you, but I can run a lot faster.
v. I'm leaving (**zostawiać**) my children everything but my mandolin (**mandolina**).
w. I know as much about music as you do, although that's not saying very much.
x. I don't earn (**zarabiać**) as much as I'd like. - I'd like to know who does.
y. I'm wondering whether to take off this sports coat (**marynarka**) and put on another. - Do whatever you want.
z. What else would you like to order besides trout (**pstrąg**)?
a. The fact that I don't like music doesn't mean that I don't want to go to the concert with you.
b. It is a fact (**fakt**) that I don't like you, but I am only one person. Maybe others like you.
c. I insist that Jozek bring his guitar. - I insist that he not bring it. (Note: use the conditional after "insist").
d. I'm surprised at your cat, that it's so fat (**gruby**). - There's nothing to be surprised at. The thing is he likes to eat.
e. We are interested in whether we will have enough time to change clothes before the performance. - You will, but you'll have to hurry.
f. Do you intend to wear that awful (**okropny**) tie? - Yes, why? - Because it's dirty. - It's not dirty, it simply looks that way. It has a dirty-looking pattern (**wzór**).

g. What do you need so much money for? - I don't know, I just like to have lots of money on me (**przy sobie**) so that I can spend it the more easily (**tym łatwiej**).

h. What do you need so many clothes for? You are always wearing something different.

i. I didn't know that you were such a spendthrift. - I'm not; I just like to spend money.

j. A stoic (**stoik**) is a person who is indifferent (**obojętny**) in the face of misfortune. - Well, at least we know you're not a stoic.

k. As far as your case (**sprawa**) is concerned, I recommend that you drop (**zrezygnować z** + G) it.

l. I worked for five years as a porter (**bagażowy**) and for three years as a thief (**złodziej**).

-GDZIE PANI KUPIŁA TAKIE ŚLICZNE BUCIKI ?!

Pewex
GOOD MORNING, PANI NOWAKOWA !

Pewex

POŻYCZ PARĘ DOLARÓW DO PIERWSZEGO

Q. Tekst do czytania

Zakupy

Ze względu na złą sytuację gospodarczą robienie zakupów w Polsce, szczególnie w ostatnich latach, nie jest sprawą łatwą. Kryzys ekonomiczny sprawił, że popyt znacznie przewyższa podaż, to znaczy, że kupujących jest więcej niż towarów w sklepach, przed którymi tworzą się długie tasiemcowe kolejki. W tej sytuacji robienie zakupów często przypomina polowanie. Kupujący nigdy nie ma pewności, czy uda mu się dostać poszukiwany towar, ale zdarza się, że zupełnie przypadkowo może nabyć inny atrakcyjny produkt. Niektórzy żartobliwie mówią, że stanie w kolejkach ma pewne zalety. Nie trzeba na przykład kupować gazet, bo o wszystkim można dowiedzieć się od pozostałych "kolejkowiczów". Jest to oczywiście próba dopatrywania się we wszystkim pozytywnych stron - w myśl popularnego porzekadła, że "nie ma tego złego, co by na dobre nie wyszło".

W Polsce jest kilka rodzajów sklepów. Najwięcej jest sklepów państwowych, które, niestety, ostatnio świecą pustkami. Dość dużo jest też sklepów spółdzielczych różnych branż, mniej natomiast prywatnych, które oferują przede wszystkim galanterię, obuwie, itd. Ostatnio, szczególnie w dużych miastach, pojawiło się sporo sklepów ajencyjnych, czyli wziętych przez ajentów w dzierżawę od państwa. Ceny w sklepach prywatnych i ajencyjnych są znacznie wyższe niż w sklepach państwowych.

Ważnymi ośrodkami handlowymi są rynki i bazary. W każdym mieście i miasteczku są targowiska na których rolnicy sprzedają swoje produkty, między innymi mięso, warzywa, owoce i nabiał. Ludzie chętnie robią zakupy na targu (czyli rynku), bo towary są tam świeże, a czasami można potargować się o cenę. Na bazarach handluje się nie tylko produktami żywnościowymi, ale praktycznie wszystkim, jednak ceny są tam na ogół wygórowane.

Turystów najczęściej interesują sklepy, w których można nabyć ciekawe pamiątki. Spośród wielu godne uwagi i polecenia są firmowe sklepy Centrali Przemysłu Ludowego i Artystycznego o nazwie "Cepelia". Można w nich kupić kilimy, ręcznie haftowane obrusy, kolorowe wycinanki, wyroby z drewna i skóry, ceramikę, biżuterię ze srebra i bursztynu i wiele, wiele innych bardzo oryginalnych przedmiotów, wykonanych na ogół przez ludowych artystów.

We wszystkich sklepach za zakupione towary płaci się wyłącznie polskimi pieniędzmi, tzn. złotymi (1/100 złotego to grosz). Wyjątek stanowią sklepy Pewexu, w których środkiem płatniczym mogą być wszystkie waluty wymienialne (tzw. twarda waluta; niestety, złotówka do niej nie należy). W sklepach Pewexu można nabyć wiele towarów produkowanych w krajach zachodnich po przystępnych, a czasem wręcz konkurencyjnych cenach.

Przebywając w Polsce trzeba pamiętać o tym, że zakupów nie należy odkładać na koniec tygodnia, gdyż w soboty, niedziele i inne święta tylko nieliczne sklepy i kioski są otwarte.

ajencyjny *(adj.) agency*
ajent *agent*
artystyczny *artistic*
atrakcyjny *attractive*
bazar *bazaar*
biżuteria *jewelry*
branża *branch (of store, economy)*
bursztyn *amber*
centrala *(noun) central*
ceramika *ceramics*
czyli *or, in other words*
dopatrzeć się dopatrywać się + G *see (behind), read into*
drewno *wood*
dzierżawa *management*
galanteria *haberdashery, fancy goods*
gdyż *since*
godny + G *worthy of*
haftować *embroider*
handlować + I *trade in*
kilim *tapestry*
kolejka *line, queue*
kolejkowicz *(slang) line-stander*
kolorowy *colorful*
konkurencyjny *competitive*
ludowy *(adj.) folk*
miasteczko *small town*
nabiał *milk and egg produce*
nazwa *name*
nieliczny *not many*
obrus *tablecloth*
obuwie *footwear*
odłożyć odkładać *put off*
oferować za- *offer*
ośrodek ośrodka *center (of commerce)*
owoc -a *fruit*
pamiątka *souvenir*
pewność *(f.) certainty, assurance*
podaż *(f.) supply*
polecić polecać + D *recommend*
polowanie *hunting*
popyt *demand*
porzekadło *saying*
poszukiwać + G *search for*
praktycznie *practically*
produkt *product, produce*
przemysł *industry*
przewyższyć przewyższać *exceed*
przypadkowy *accidental*
przystępny *accessible*
ręczny *(adj.) hand*
rolnik *farmer*
rynek rynku *market(place)*
sklep firmowy *factory outlet*
skóra *leather*
spośród + G *from among*
srebro *silver*
środek płatniczy *legal tender*
świecić pustką *be empty, bare*
święto *holiday*
targ *market*
targować po- się o + A haggle over
targowisko *open market*
tasiemcowy *interminable (from* **tasiemiec tasiemca** *tapeworm)*
towar *good, product*
turysta *tourist*
twardy *hard, solid*

w myśl + G *in the sense of*
waluta *currency*
warzywa *vegetables*
wręcz *downright*
wycinanka *paper-cut*
wygórowany *excessive, hiked-up*
wyjątek wyjątku *exception*
wymienialny *exchangeable*
wyrób wyrobu *(crafted) article*
żartobliwy *jocular*
żywnościowy *(adj.) food*

Pytania do tekstu

1. Czy sytuacja ekonomiczna w Polsce wywarła wpływ na handel?
2. Jakie są pozytywne i negatywne strony stania w kolejce?
3. Jakie są rodzaje sklepów w Polsce?
4. Co można dostać na bazarze?
5. Dlaczego ludzie chętnie robią zakupy na targu?
6. Gdzie można kupić ładne pamiątki?
7. Jaka moneta jest środkiem płatniczym w Polsce?
8. Co to jest Pewex? Twarda waluta?
9. Dlaczego będąc w Polsce nie należy odkładać zakupów na ostatnie dni tygodnia?

Pytania do rozmowy:

1. Porównaj sytuację handlową w Polsce i w USA.
2. Czy zgadzasz się z twierdzeniem, że stanie w kolejkach ma swoje dobre strony? Gdzie u nas trzeba najdłużej stać w kolejce?
3. Czy lubisz robić zakupy? Jakie? Gdzie? Ile czasu poświęcasz na to tygodniowo?
4. Czy kiedykolwiek pracowałeś(aś) w sklepie? Jeśli tak, to jaką funkcję pełniłeś(aś)? Czy odpowiada ci taka praca? Dlaczego?
5. Czy często chodzisz na bazar czy do sklepu z używanymi rzeczami? Jakie są rodzaje takich sklepów?
6. W jakich godzinach są różnego rodzaju sklepy otwarte w twoim mieście?

funkcja *function*
pełnić *fill*
używany *used*

Zwyczaje ludowe IV Kolędnicy

Między Bożym Narodzeniem i Nowym Rokiem chodzą po wsiach kolędnicy składając gospodarzom życzenia pomyślności, śpiewając kolędy oraz improwizując sceny o tematyce biblijnej, urozmaicone motywami polskiego folkloru. Przebrani za trzech króli, diabła z rogami, śmierć, chochoły, legendarnego turonia czy też inne postacie fantastyczne, kolędnicy noszą zawsze ze sobą ozdobioną gwiazdę na drążku i czasami szopkę. W zamian za życzenia i kolędy otrzymują od gospodarzy poczęstunek i trunki.

biblijny *biblical*
Boże Narodzenie *Christmas*
chochół chochoła *straw man*
diabeł diabła *devil*
drążek drążka *pole, rod, stick*
fantastyczny *fantastic*
gospodarz *householder*
improwizować *improvise*
kolęda *carol*
kolędnik *caroller*
król *king*
ozdobić ozdabiać *decorate*
poczęstunek poczęstunku *bite to eat*
pomyślność *(f.) success*
postać *(f.) figure, character*
przebrany za + A *dressed as,*
róg rogu *horn*
złożyć składać *(here:) offer*
szopka *creche, nativity scene*
śmierć *(f.) death*
tematyka *subject matter*
trunek trunku *drink*
turoń *turon (horned mythical animal)*
urozmaicony *enriched*
życzenie *(good) wish*

LEKCJA ÓSMA 8

Jelenia Góra

A. Korzonki I: To, co poprzednio

- Coś pani marnie dziś wygląda, pani Halinko.

- Oj, panie Janeczku, szkoda gadać! To znowu te moje korzonki.

- Znowu? W ubiegłym tygodniu też się pani na nie skarżyła. Była pani u lekarza?

- Pewnie, że byłam. Przepisał mi to samo lekarstwo, co poprzednio. Tylko, że ono nic nie pomaga.

- Serdecznie pani współczuję.

B. Korzonki II: Jak ręką odjął

- I co z korzonkami, pani Halinko? Jeszcze bolą?

- A jeszcze jak, panie Janeczku! Bolą jak cholera.

- A próbowała pani stosować maść tygrysią?

- Nie, nigdy o niej nie słyszałam. Co to takiego?

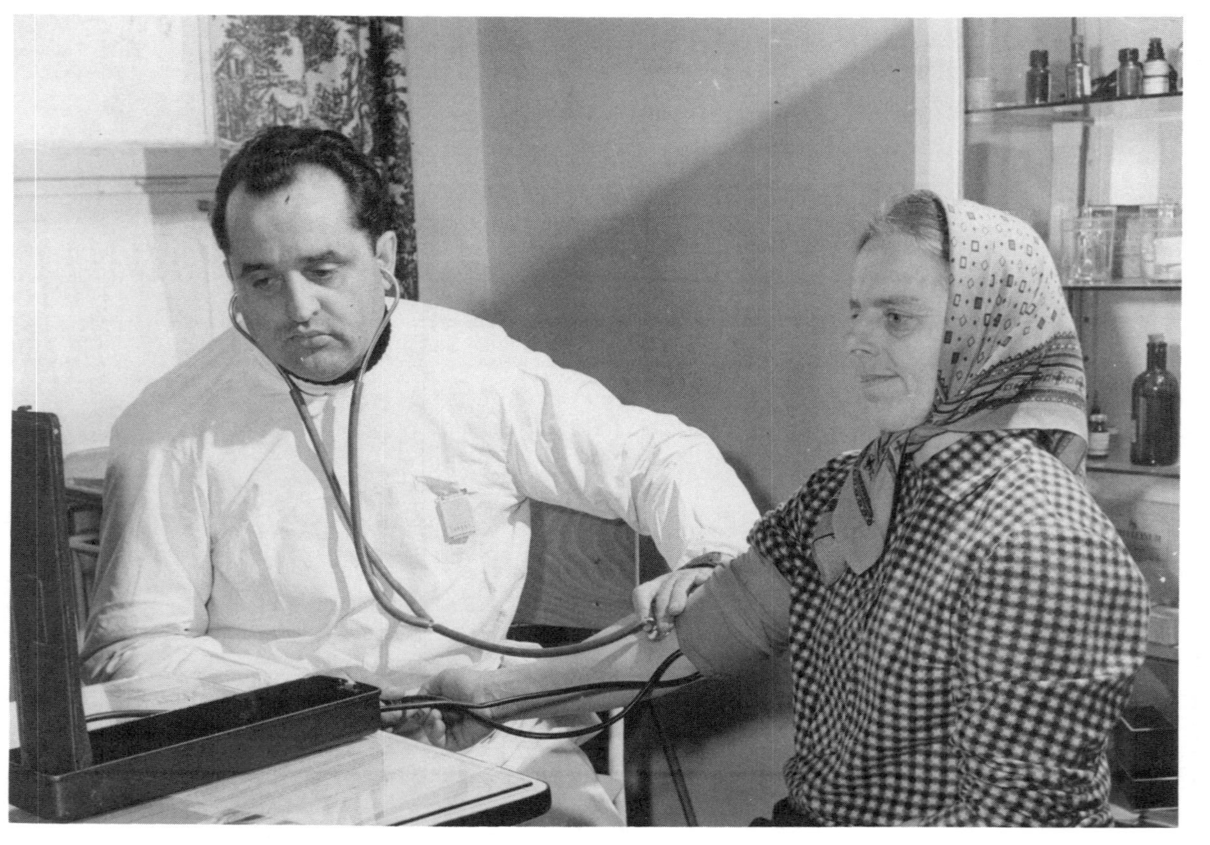

Wiejska Przychodnia

- To świetny lek. Zagraniczny. Dopiero od niedawna sprowadzają.

- Co pan powie? Naprawdę pomaga?

- Nic lepszego pani nie znajdzie. Wciera się tę maść w bolące miejsce i po paru godzinach ból jak ręką odjął.

- No cóż.mogę spróbować. A nuż pomoże...

C. Ból zęba I: Zwariowałeś

- Co ty tak jakoś nierówno wyglądasz?

- Jak to nierówno?

- No z jednej strony więcej ciebie niż z drugiej.

- Bo ząb mnie boli i trochę spuchłem(am).

- A byłeś(aś) u dentysty?

- Nie. Boję się.

- Chyba zwariowałeś(aś)! Chodzisz z bolącym zębem?

- Teraz mnie nie boli. Wziąłem(wzięłam) proszek.

D. Ból zęba II: Bal kostiumowy

- Słuchaj: nie wygłupiaj się z tym chorym zębem. Przecież wiesz, że proszek pomaga tylko na krótko.

- Wiem, potem wezmę następny.

- Przecież nie możesz brać tych proszków bez końca.

- Może ten ząb się rozmyśli i sam przestanie mnie boleć.

- Głupstwa opowiadasz! Sam z siebie nie przestanie. Musisz iść do dentysty i to zaraz, bo w końcu stracisz ten ząb.

- Ale dzisiaj nie mogę. Wieczorem idę na bal kostiumowy. Będę udawał(a) człowieka z bólem zęba.

E. Ledwo żyję

- Następny proszę.

- Dzień dobry, panie doktorze.

- O! To znowu pan(pani), panie Wesołowski(pani Wesołowska). Co panu(pani) dolega tym razem?

- Oj! Ledwo żyję. Głowa mi pęka, duszno mi, w krzyżu mnie łamie i w kolanie strzyka.

- Proszę się rozebrać. Zaraz pana(panią) zbadam. Proszę głęboko oddychać. A teraz przez chwilę nie oddychać. Teraz szeroko otworzyć usta i powiedzieć: aa!

- Aaaa!

Koniec 1:

- Panie Wesołowski!(Pani Wesołowska!) Nic panu(pani) nie jest! Jest pan zdrów(pani zdrowa) jak ryba.

- Ale wie pan, panie doktorze... ryby też czasem chorują.

Koniec 2:

- Panie Wesołowski!(Pani Wesołowska!) Co tydzień panu(pani) powtarzam to samo. Niech pan(pani) przestanie tak przejmować się swoim zdrowiem. Zobaczy pan(pani), dożyje pan(pani) setki.

- Lekarze zawsze tak mówią. A potem okazuje się, że ten całkiem zdrowy człowiek umiera.

F. Wszystko z umiarem

- Powinnam(powinienem) bardziej dbać o figurę, ale strasznie lubię słodycze, szczególnie czekoladę.

- Wydaje mi się, że wszystko można jeść, byle z umiarem.

- Właśnie o to chodzi, że nic nie umiem robić z umiarem, a jeść przede wszystkim.

- Powiedz mi, czego jeszcze nie potrafisz robić z umiarem?

- Może kiedyś się dowiesz, ale nie teraz.

G. Słowniczek

a nuż *what if?*
badać z- *examine*
bal kostiumowy *costume ball*
chorować *be sick*
dożyć + G *live to see*
jak cholera *(oath) like hell*
koniec końca *end;* **bez końca** *without end;* **w końcu** *in the end*
korzonek korzonka *joint;* **ból korzonków** *arthritic pain*
krzyż *cross, small of the back*
ledwo (or: **ledwie**) *barely*
łamać z- *break*
marny *wretched, poor, miserable*
maść *(f.) ointment, salve*
miejski *urban (adj. of* **miasto** *town)*
nierówny *uneven*
od niedawna *recently, since not long ago*
oddychać *breathe*
potrafić + infin. *manage*
powtórzyć powtarzać *repeat*
proszek proszku *powder, medicine*
przepisać przepisywać *prescribe*
rozmyślić się *(pf.) think better of*
skarżyć się na + A *complain about*
sprowadzić sprowadzać *import*
spuchnąć *(pf.) swell*
stosować *apply, use*
strzykać kogoś w + L *have shooting pains someplace*
świetny *fine, great, wonderful*
tracić s- *lose*
tygrysi *(adj.) tiger's* (from **tygrys** *tiger)*
udawać + A *(here:) pretend to be someone*
umiar *moderation, restraint*
umrzeć umierać *die*
wetrzeć wcierać w + A *rub in(to)*
wiejski *rural (*from **wieś** *village)*
współczuć + D *sympathize with*
zagraniczny *foreign, imported*
zwariować *(pf.) go crazy*

H. Uwagi

to samo, co poprzednio *the same as before*

jeszcze jak! *(excl.) and how!*

bolą jak cholera *they hurt like hell.* **"cholera"** *is a fairly strong word.*

co to takiego? *what sort of thing is that?*

co pan powie? *you don't say*

jak ręką odjął *as if by magic*

więcej ciebie *there's more of you (jocular)*

chyba zwariowałeś *you must be crazy*

nie wygłupiaj się *don't be a fool*

sam z siebie nie przestanie *it's not going to stop all by itself*

w krzyżu mnie łamie *my back is killing me*

dożyje pan setki *you'll live to be a hundred*

I. Czasowniki fazalne *phasal verbs*

By "phasal verbs" is meant a verb which refers to the beginning, continuation, or end of an action.

1. Verbs of beginning

a. **zacząć (zacznę), zaczynać** *begin, start.* This verb may occur:

i. with an Imperfective infinitive:

Kiedy wreszcie zaczniesz ubierać się? *When are you finally going to begin to get dressed?*

Ten film zaczyna mnie nudzić. *This film is beginning to bore me.*

ii. with the Accusative; the object in the Accusative may sometimes be left out:

Pośpiesz się, już zaczynają odczyty. *Hurry up - they're already beginning the readings.*

Jak już jesteście gotowi, to zaczniemy. *If you're already ready, then let's begin.*

iii. with **się** (intransitive uses)

Lekcja już się zaczyna. *The lesson is already beginning.*

Film zacznie się dopiero po kronice. *The movie will begin only after the newsreel.*

b. **począć poczę** *(pf.) begin, start.* This verb is often used as a literary substitute for **zacząć zaczynać.** In conversational Polish, its main use is in expressions of the sort **Co tu począć?** *What's to be done? What should we do?*

c. **rozpocząć (rozpocznę), rozpoczynać** *begin, start, initiate, inaugurate, commence.* This verb is usually used in reference to events of some importance. Both the use with the Accusative and with **się** are common:

Rozpoczynamy rok akademicki dopiero w październiku. *We start the academic year only in October.*

Igrzyska olimpijskie rozpoczynają się za miesiąc. *The Olympic Games begin in another month.*

2. Verbs of finishing

a. **kończyć , skończyć** *finish, end, conclude, complete,* This verb occurs in the following constructions:

i. with **z** + I in construction with verbal nouns:
Skończ wreszcie z paleniem. *Give up smoking at last.*

ii. with the Accusative (the Accusative object is sometimes omitted):
Skończę studia za rok. *I'll finish my studies in a year.*
Kończymy wykład z astronomii o pierwszej. *We finish our astronomy lecture at 1:00.*
Szkoda, że się spóźniłeś: już kończymy. *It's too bad you're late: we're already finishing up.*

iii. with **się** (in intransitive uses):
Świat się skończy za dwanaście minut. *The world is coming to an end in 12 minutes.*

b. **zakończyć** *(pf.) conclude, end, terminate.* This verb usually occurs:

i. with the Accusative (the Accusative object is sometimes omitted):
Zakończył życie na Cyprze. *He ended his days on Cyprus.*
Zakończmy to! *Let's finish it up!*

ii. with **się** (in intransitive uses):
Obrady zakończyły się pomyślnie. *The meetings came to a successful conclusion.*

c. **przestać (przestanę) przestawać (przestaję)** *stop, cease.* This verb occurs most often in combination with the Imperfective infinitive:
Staram się przestać palić . *I'm trying to stop smoking.*
Przestań mi przeszkadzać. *Stop bothering me.*
To przestaje mnie interesować. *That ceases to interest me.*
When negated, this verb is often used in the sense "continue": **On nie przestaje być moim przyjacielem.** *He continues to be my friend.*

d. Other verbs in the general semantic area of "stopping" include:
i. **zaprzestać zaprzestawać** + infin. *cease, give up on:*
Do końca życia nie zaprzestawał grać w karty. *To the end of his life he didn't give up playing cards.*

ii. **poprzestać poprzestawać na** + L *stop at something, confine oneself to:*
Poprzestaniemy na tym. *Let's let it go at that.*

iii. **zatrzymać (się)** **zatrzymywać (się)** *bring to a stop; with* **się** , *come to a stop, stay, lay over:*

Zatrzymał wóz i wyskoczył na drogę. *He stopped the car and leaped out onto the road.*
Gdzie się zatrzymamy na noc? *Where will we stay for the night?*

3. Verbs and expressions of continuing

The most direct translation of English 'continue' is **kontynuować**, which usually occurs with a direct object:
Kontynuujemy dyskusję na ten temat. *We are continuing discussions on that subject.*

In practice, the expression **nie przestać, nie przestawać** *not stop* is used more frequently as a verb expressing continuation:
On nie przestaje mi pomagać. *He continues to help me.*

Besides the above two verbs, the sense of "continue" tends to be rendered in Polish by various adverbs, most important of which are **nadal** *still,* **wciąż** *persistently,* **ciągle** *continually,* **zawsze** *always,* **jeszcze** *still, yet,* **stale** *constantly,* **w kółko** *over and over,* **cały czas** *all the time,* **bez przerwy** *without interruption,* **bez ustanku** *without cease,* **nieustannie** *incessantly,* and so on: cf.:
On jest wciąż zajęty tymi samymi problemami. *He is still occupied by the same problems.*
Czy on nadal pracuje w tym samym dziale? *Does he still work in that same section?*
Ona bez przerwy narzeka na swojego szefa. *She complains about her boss without stopping.*
Dlaczego jesteś cały czas zły na mnie? *Why are you always angry at me?*
On powtarza jedno i to samo w kółko. *He repeats the same thing over and over.*
Deszcz padał całą noc bez ustanku. *It rained all night without stopping.*

J. Expressions of Obligation

English "should," "ought," "must," "need to," and so on have the following rough equivalents in Polish:

musieć + infin. *must, ought to, have to:*
Muszę poprawić się. *I ought to mend my ways.*
Czy musisz cały czas narzekać na wszystko? *Do you have to always be complaining about everything?*

mieć + infin. *have to, be supposed to*

Dzisiaj mam być w domu wcześniej. *Today I have to be at home earlier.*

Czy mamy coś przynieść na dzisiejsze zebranie? *Do we have to bring anything to today's meeting?*

trzeba + infin. *be necessary*

Trzeba coś tu począć. *We ought to make some move.*

Trzeba tam zadzwonić, bo zaraz wyjdą. *We ought to call there, because they're about to leave.*

należy + infin. *one ought, should, be supposed*

Jak należy to rozumieć? *How is one to take that?*

Należy wytężać wszystkie siły. *One must marshall all one's strength.*

powinien + infin. *ought*

This half-verb, half-adjective takes the following endings:

Sg.	**powinienem**	**powinnam**	Pl.	**powinniśmy**	**powinnyśmy**
	powinieneś	**powinnaś**		**powinniście**	**powinnyście**
	powinien	**powinna**		**powinni**	**powinny.**

The past tense is formed by combining the above personal forms with the third-person forms **był, była, byli, były**:

Powinienem więcej pracować. *I ought to work more.*

Ona powinna była to zrobić wcześniej. *She ought to have done that earlier.*

Powinniście byli o tym pomyśleć. *You should have thought about that.*

K. Wyrażenia związane z powodem lub przyczyną. *Expressions connected with cause or reason.*

1. **dlaczego** *why* is the all-purpose word for asking about purpose and cause:

Dlaczego twoja przyjaciółka jest taka drażliwa? *Why is your friend so touchy?*

Dlaczego zepsułaś adapter? *Why did you ruin the record player?*

2. **czemu** *why* can be substituted for **dlaczego** in most informal contexts. It is most correctly used when asking about the internal, as opposed to the external, cause of a situation:

Czemu ci tak smutno? *Why are you so sad?*

3. **po co** *what for* inquires about the purpose of an act, often implying that the act was unnecessary. It is a close translation of the English "what for?":

Po co mi to mówisz, przecież wszystko rozumiem. *What are you telling me that for since I understand everything?*

4. **co** *what* is sometimes used in the meaning "why" in relaxed speech. It usually carries an accusatory tone:

Co ty dzisiaj jesteś taki szorstki? *What are you so snappy about today?*

5. **czego** used in the meaning "why" is slang and should be avoided:

Czego się tak na mnie gapisz? *What are you staring at me for?*

6. **dlatego, że** *for the reason that* is the formally most exact way to begin answers to questions posed with **dlaczego**:

- **Dlaczego nie dzwoniłeś?** *Why didn't you call?*
- **Dlatego, że nie mogłem znaleźć budki telefonicznej.** *Because I couldn't find a telephone booth.*

7. **bo** *for, since, because* is by far the most frequent choice for expressing "because" in informal speech:

Nie pisałem, bo nie miałem co pisać. *I didn't write because I didn't have anything to write.*

8. **ponieważ** *since* tends to sound bookish:

Rodzice zrezygnowali z podróży, ponieważ ich dziecko nagle zachorowało. *The parents gave up on the trip because their child suddenly fell ill.*

9. **skoro** *since, as long as* may be used when English "since" is more or less synonymous with "if":

Po co pytasz, skoro już wszystko wiesz? *Why do you ask since ("if") you already know everything?*

10. **powód powodu** *cause, reason* occurs in various phrases of cause:

z jakiego powodu? *for what reason?*
z tego powodu, że ... *for the reason that...*
bez powodu *without cause, for no reason.*

11. **przyczyna** *reason* occurs in the same constructions as **powód**, but these constructions are less often used:

z jakiej przyczyny? *for what reason*
z tej przyczyny, że... *for the reason that...*
bez przyczyny *without cause.*

Obraził się bez przyczyny. *He took offense without any reason.*
Nic się nie dzieje bez przyczyny. *Nothing happens without reason.*

More frequent is the use of **przyczyna** in the construction **być przyczyną czegoś** *be the reason for something*:

Co było przyczyną tego wypadku? *What was the reason for that accident?*
To było przyczyną nieporozumienia. *That was the reason for the misunderstanding.*

L. Polskie odpowiedniki angielskiego "the same"

Polish expresses "the same" with forms of **sam sama samo** in combination with various determining words and corresponding relating words:

ten sam (ta sama, to samo) + który *the same that/which*
taki sam (taka sama, takie samo) + jaki *the same sort as*
tak samo + jak *the same way that/as*
tyle samo + co *the same amount/number as*

and so on. *Cf.:*

Palę tyle samo, co ty. *I smoke just as much as you do.*
To nie jest ten sam człowiek, którego pamiętam. *That's not the same man that I remember.*
Rób tak samo, jak ja. *Do the same as I do.*
Kup mi taki sam zeszyt, jaki ty masz. *Buy me the same kind of notebook that you have.*

In oblique cases (i.e., cases other than Nominative and Accusative) constructions with **taki sam** are often followed by **co** in the function of conjunction, corresponding to English "as":

Jestem tego samego zdania, co ty. *I am of the same opinion as you.*
On chodził do tej samej szkoły, co ja. *He went to the same school as I.*

The English expression "it's all the same to me" has a Polish correspondent in **wszystko mi jedno**:

Wszystko mi jedno, czy podoba ci się moja nowa sukienka czy nie. *It's all the same to me whether you like my new dress or not.*

M. Wyrażenia ubolewania *expressions of regret*

The English expressions "to be sorry for/about," "it's too bad about," and so on, have several correspondents in Polish:

żałować + G *regret, be sorry*

Bardzo żałuję, że nie mogłem przyjść na twoje imieniny. *I'm very sorry that I wasn't able to come to your name-day party.*

współczuć + D *sympathize with*

Współczuję ci, że musisz tak ciężko pracować. *I am sorry about your having to work so hard.*

przykro + D *be painful, very sorry, regretful*

Bardzo mi przykro, ale nie mogę spełnić pana prośby. *I am very sorry, but I cannot fulfill your request.*

szkoda + G *too bad, a pity, a shame*

Nie kupuj tego grata; szkoda pieniędzy. *Don't buy that piece of junk; it's a waste of money.*

szkoda, że... *it's too bad that...*

Szkoda, że nie mam przy sobie pieniędzy. *It's too bad that I don't have any money on me.*

szkoda + infin. *it's useless to...*

Szkoda gadać. *It's useless to talk about it; it's a waste of words.*

żal + D + G *too bad about, sorry for/about*

Żal mi Zofii, że ma takiego męża. *I feel sorry for Zofia for having such a husband.*

ubolewać nad + I *regret, lament, express condolences*

Ona zawsze ubolewa nad cudzym nieszczęściem. *She always laments other people's misfortune.*

wyrazy serdecznego ubolewania *expressions of sincere regret/sympathy* (message in a sympathy card)

N. Dystrybutywne użycie przyimka "po". *The distributive use of the preposition* **po.**

Polish is sensitive to the distinction between

Dałem wszystkim jabłko. *I gave everyone the (same) apple.*

Dałem wszystkim po jabłku. *I gave everyone (his own) apple, an apple each.*

The preposition **po** is used to express the distributive meaning of English "each" in the second sentence above. With nouns and with the numeral **jeden**, the distributive **po** takes the Locative case; with numbers higher than 1, this particular use of **po** takes the Accusative case:

Dała wszystkim dzieciom po jednej czekoladce. *She gave all the children a chocolate each.*

Dała wszystkim dzieciom po dwie czekoladki. *She gave all the children two chocolates each.*

The distributive use of **po** is also to be observed in the expressions **po trochu** *a little (each)* (alternatively: **po trosze, po troszku**) and **pomału** *little by little*:

Proszę po trochu (po trosze, po troszku) wszystkiego. *I'd like a little of everything.*

Pomału zaczynam rozumieć. *Little by little I'm beginning to understand.*

O. **Ćwiczenia**

1. **otworzyć usta:** **a. otwórz usta**
b. otworzę usta
c. zaczynam otwierać usta.

przeczytać artykuł, wziąć proszek, spróbować ten lek, pomóc mu, ściąć sobie włosy, opowiedzieć ciekawą historię, rozebrać się, zrobić kolację, zadzwonić do domu.

2. **uśmiechnąć się:** **przestań się uśmiechać.**

zjeść, powiedzieć, powtórzyć tę samą anegdotę, ufarbować włosy, wziąć prysznic, ubrać się.

3. Use different verbs of beginning or ending (**zacząć-zaczynać, rozpocząć-rozpoczynać, kończyć-skończyć, kończyć-zakończyć, przestać-przestawać**). Use **się** where appropriate.

a. Dinner begins at 8:00.
b. The academic year begins only in October.
c. Let's stop talking and start working.
d. We'll finish this work before 1:00.
e. When you are ready you can begin.
f. When are you going to begin to dress better?
g. Stop bothering me.
h. The evening is just beginning.
i. The meeting suddenly came to an end.
j. When is he going to stop talking?
k. That subject is beginning to bore me.
l. He ended his life in poverty (**bieda**).
m. Quit singing; it bothers me in my work.

4. Compose short sentences using the adverbs.

nadal: czy nadal nosisz ten sam krawat?

ciągle, stale, wciąż, bez przerwy, cały czas, zawsze, nadal, w kółko, nieustannie, bez ustanku.

5. **musisz: powinieneś/powinnaś.**

musi, muszę, musimy, muszę, musicie; musiałem, musieliście, musiały, musiałaś, musiał, musiałyśmy, musieli, musiałam.

6. Translate, using expressions of obligation, including possible alternates. Use **musieć, mieć, powinien.**
   a. I ought to be in bed.
   b. You have to hurry.
   c. We ought to take along (**zabrać**) something to eat.
   d. You didn't have to change clothes.
   e. Must we always be late everywhere (**wszędzie**)?
   f. How long do we have to stay (**zostać**)?
   g. You are supposed to sit here and wait.
   h. You shouldn't always complain about everything.

7. Compose logical questions, based on the given phrase, following the general structure of the model:

pójść na zakupy: po co poszłaś(poszedłeś) na zakupy, jeśli/skoro nie miałaś(eś) zamiaru nic kupić?

otworzyć okno, przeczytać książkę, wziąć prysznic, kupić samochód, kupić psa, kupić adapter, zabrać parasol, ściąć sobie włosy, przebrać się, wstać, ogolić się.

8. Compose brief questions and answers, based on the given phrases. Use, in different sentences, **dlaczego, czemu, po co, z jakiego powodu, bo, ponieważ, skoro; dlatego, że; z tego powodu, że.**

pójść do dentysty: - Dlaczego poszłaś do dentysty?
- Bo bolał mnie ząb.

być u lekarza, spóźnić się, nie przestać palić, zatrzymać samochód, narzekać na wszystko, być cały czas zły, marnie wyglądać, nie pomyśleć o tym, nie zrobić tego wcześniej, zepsuć adapter.

9. **człowiek: to nie jest ten sam człowiek, którego pamiętam.**

kobieta, miasto, pies, film, Maria, Marian, wieś, obraz.

10. **rower:** **chcę mieć taki sam rower, jaki ma on.**

zegarek, lampa, pióro, sweter, koń, marynarka, adapter, dom, willa, dziecko, kot, koszula.

11. Use the phrase in some prepositional construction, followed by the conjunction **co**:

ten sam miesiąc: **urodziłem(am) się w tym samym miesiącu, co on.**

ten sam uniwersytet, to samo biuro, ta sama pora, ten sam sklep spożywczy, ten sam szpital, ta sama restauracja, ten sam film, ta sama kawiarnia, to samo zdanie.

12. Translate, choosing the correct form of "the same":
 a. You write in the same way that I do.
 b. I bought the same kind of sports coat (**marynarka**) that you did.
 c. We both smoke the same kind of cigarettes.
 d. Is that the same person with whom I saw you last week?
 e. It's 100 kilometers to Warsaw and the same to Poznan.
 f. It's all the same to me whether we go or stay.

13. **czekoladka:** **a. daj każdemu po czekoladce**
b. daj wszystkim po dwie czekoladki.

butelka wina, jabłko, papieros, książka, banan, orzech *(nut)*, **rodzynek** *(raisin)*, **baton** *(candy bar)*.

14. Translate the following English sentences, containing a verbal noun complement, as Polish complex sentences joined by **że**:
I'm surprised at your friend's being so stubborn:
Dziwię się twojemu przyjacielowi, że jest taki uparty.

a. I sympathize with your mother's being angry.
b. I feel sorry for your parents' having such a son.
c. It's too bad about your canary's (**kanarek**) dying.
d. I'm very sorry about not being able to go to the movies with you.
e. It's interesting about your son's getting a job as a reporter.
f. He took offense (**obrazić się**) at my telling him the truth (**prawda**).

15. Compose five-line conversations, beginning with the lines:
a. **Co z twoim chorym zębem?**
b. **Dość marnie wyglądasz dzisiaj.**
c. **Czy pan bierze jakieś lekarstwa?**
d. **Byłeś(byłaś) ostatnio u dentysty?**
e. **Słyszałem(am), że zdechł ci pies.**

16. Write four-line continuations to any four of the conversations in this lesson.

17. Explain the humor behind this lesson's cartoons.

18. Translate:
a. Do your teeth still hurt? - And how! They hurt like hell.
b. My dentist is a sadist (**sadysta**).
c. Have you ever tried to use (**stosować**) this medicine? - No. Does it help?
d. Does this cream (**maść**) really help? - You won't find anything better.
e. Have you been to the doctor lately? - No, why? Do I look so bad?
f. My doctor prescribed a very expensive imported (use **zagraniczny**) medicine.
g. I sincerely sympathize with your having to work today.
h. My head doesn't ache any longer; I took some medicine (use **proszek**).
i. You can't take this medicine without end.
j. Stop repeating everything that I say.
k. Why do you keep (use **nadal**) interrupting (**przerwać-przerywać**) me?
l. You ought to care more about your figure.
m. It seems to me that you will live to see a hundred.
n. Stop worrying so much about your figure. - If I don't worry about it, then who will?
o. That subject (**temat**) no longer interests me.
p. Let's continue this discussion later, after dinner.
q. What do we have to know for tomorrow's exam?
r. We are responsible for the same material (**materiał**) as last week.
s. It rained all yesterday without stopping.
t. Next time you ought to think about that.
u. Why are you so sad?
v. What did you do that for?
w. As long as (**skoro**) you are already here, you may stay (**zostać**).
x. What was the reason for your accident? - I didn't see the red light.
z. I can't eat as much as you.
a. It's all the same to me whether you smoke.
b. Don't worry about your health; it's a waste of time.
c. We bought three new ties each.

Wiejski ośrodek zdrowia

P. Ochrona zdrowia

Opieka lekarska w Polsce jest w zasadzie bezpłatna. Każdy obywatel pracujący w państwowym lub uspołecznionym zakładzie pracy jest automatycznie ubezpieczony i tym samym nie płaci za udzieloną pomoc ambulatoryjną, poradę lekarską czy pobyt w szpitalu. Ubezpieczenie to obejmuje również jego rodzinę, tzn. żonę (jeśli nie pracuje ona zawodowo) i dzieci. Z bezpłatnego leczenia korzysta też ucząca się i studiująca młodzież. Do niedawna odpłatność za opiekę lekarską obowiązywała rolników indywidualnych. Jednak od 1975 roku również ta, stosunkowo liczna grupa społeczna została objęta ogólnym systemem bezpłatnej opieki zdrowotnej. Właściciele prywatnych zakładów (rzemieślnicy, kupcy itp.) oraz zatrudnieni przez nich pracownicy mają prawo do bezpłatnego leczenia, jeżeli opłacają składki na ubezpieczenie społeczne.

W każdej dzielnicy miasta, a także dużej wsi znajduje się ośrodek zdrowia, zwany też przychodnią zdrowia. Najczęściej w takiej przychodni oprócz lekarza ogólnego przyjmuje lekarz pediatra, stomatolog i czasem ginekolog. W razie potrzeby pacjenci kierowani są do specjalistycznych poradni - chirurgicznych, ortopedycznych czy innych. Zwykle znajdują się one w większych miastach. Duże przedsiębiorstwa, takie jak kopalnie, cementownie, stocznie, posiadają własne, tzw. zakładowe ośrodki zdrowia. Przyjmują w nich lekarze ogólni i różni specjaliści, ale przede wszystkim lekarze ze specjalizacją w zakresie określonego typu chorób zawodowych. Również uczelnie mają oddzielne ośrodki zdrowia. Leczą się w nich studenci i wszyscy pracownicy.

Lekarze z wszystkich przychodni mogą wypisać pacjentowi zwolnienie lekarskie. Mogą też skierować go na leczenie szpitalne lub sanatoryjne albo wystąpić z wnioskiem do komisji lekarskiej o przyznanie renty chorobowej czy inwalidzkiej.

W nagłych przypadkach doraźną pomoc lekarską niesie pogotowie ratunkowe. W całej Polsce wzywa się je dzwoniąc pod numer 999. Lekarz z pogotowia może natychmiast skierować chorego do najbliższego szpitala, z którego - w razie potrzeby - przewozi się do specjalistycznej kliniki. Takie kliniki znajdują się w dużych miastach, w których istnieją Akademie Medyczne. Zatrudniają one specjalistów wysokiej klasy. Lekarze ci prowadzą badnia naukowe i udzielają pomocy w najbardziej skomplikowanych przypadkach.

Lekarze specjaliści mają w Polsce prawo do prywatnej praktyki. Mogą więc otwierać własne gabinety bądź pracować w spółdzielniach lekarskich. W niektórych miastach powstały nawet prywatne punkty pogotowia ratunkowego. Za prywatne leczenie płaci się stosunkowo drogo. Mimo to wielu ludzi uprawnionych do bezpłatnej opieki zdrowotnej leczy się prywatnie. Po prostu chorzy wolą sami wybrać sobie lekarza. Mają wówczas większe zaufanie i wierzą, że będą traktowani z należytą troskliwością. Poza tym prywatna pomoc jest na ogół szybsza i lepsza. W tej sytuacji zaistniała konieczność podjęcia prac nad reformą społecznej służby zdrowia. Przygotowywana obecnie reforma ma usprawnić funkcjonowanie całego systemu opieki zdrowotnej.

Do ogólnego systemu opieki zdrowotnej należą również apteki. Emeryci, renciści oraz pracownicy służby zdrowia otrzymują wszelkie leki wypisane przez lekarza na recepcie za darmo, a ubezpieczeni obywatele płacą 33 procent ceny. Za leki kupowane bez recepty płaci się 100 procent.

Społeczna służba zdrowia oraz medyczne szkoły - średnie i wyższe - podlegają Ministerstwu Zdrowia i Opieki Społecznej. Licea Medyczne przygotowują przede wszystkim dyplomowane pielęgniarki i położne, natomiast Akademie Medyczne - lekarzy. Studia na wydziale lekarskim trwają sześć lat. Absolwenci - po uzyskaniu dyplomu lekarza są zobowiązani podnosić swoje kwalifikacje. Mogą zdobywać I i II stopień specjalizacji lub stopnie naukowe.

- Jestem szalenie zapracowany: od 8 do 13 w klinice, od 12 do 15 w spółdzielni, od 14 do 18 w przychodni...

Ochrona zdrowia - słowniczek

absolwent *graduate*
akademia *academy, school of higher learning*
ambulatoryjny *ambulatory, out-patient*
automatyczny *automatic*
bezpłatny *free*
cementownia *cement factory*
chirurgiczny *surgical*
choroba *disease*
chorobowy *(adj.) sick*
chory *(here:) sick person*
do niedawna *up until recently*
doraźny *(adj.) emergency*
dyplom *diploma*
dyplomowana pielęgniarka *registered nurse*
ginekolog *gynecologist*
indywidualny *individual, private*
inwalidzki *disabled*
istnieć *exist;* **za-** *come into existence*
itp. (i tym podobne) *and so on, and so forth, and such like*
kierować s- do + G or **na** + A *direct, refer to*
klinika *clinic*
komisja *commission*
konieczność *(f.) necessity*
kopalnia *mine*
kupiec *merchant*
kwalifikacja *qualification*
leczenie *treatment*
lek *medicine, drug*
lekarski *doctor's, medical*
lekarz ogólny *general practitioner*
liceum *lyceum, secondary school*
medyczny *medical*
ministerstwo *ministry*
nagły przypadek *emergency*
należyty *proper, due*
naukowy *scientific*
obowiązywać *obligate*
obywatel *citizen*
ochrona *protection;* **ochrona zdrowia** *health care*
oddzielny *separate*
odpłatność *(f.) reimbursement*
opieka *care*
ortopedyczny *orthopedic*
ośrodek zdrowia *health center*
pacjent *patient*
pediatra *pediatrist*
pobyt *stay*
pogotowie ratunkowe *ambulance*
położna *(like adj.) midwife*
pomoc *(f.) help*
porada *(professional) advice*
poradnia *dispensary*
prywatna praktyka *private practice*
przychodnia *clinic*
przyznać przyznawać *accord, grant*
punkt *point (here: shop, agency)*
ratunkowy *rescue*
recepta *prescription*
reforma *reform*
renta *pension*
rzemieślnik *craftsman*
sanatoryjny *(adj.) sanatorium*
składka *contribution*
służba zdrowia *health service*
specjalistyczny *(adj.) specialist*
specjalizacja *specialty*
społeczny *social*
stocznia *shipyard*
stomatolog *dentist*
szalony *(*adv. **szalenie***) crazy*
szpital -a *hospital*
troskliwość *(f.) care, concern*
tym samym *by the same token*
ubezpieczenie *insurance*
ubezpieczony *insured*
uczelnia *school*
udzielić udzielać + G *provide, give*

uspołeczniony *socialized* (as opposed to **prywatny** *private)*
usprawnić usprawniać *make efficient, rationalize, streamline*
wydział *department*
wypisać wypisywać *prescribe*
wystąpić z wnioskiem *issue a recommendation*
za darmo *for free*
zakład pracy *place of work*
zakładowy *(adj.) factory*
zapracowany *overworked*
zasada *principle;* **w zasadzie** *in principle*
zaufanie *trust*
zawodowy *professional*
zdrowotny *(adj.) health*
zobowiązany *obliged*
zwany + I *called*
zwolnienie *release (from work)*

Pytania do tekstu

1. Kto w Polsce jest uprawniony do bezpłatnego leczenia?
2. Gdzie znajdują się ośrodki zdrowia?
3. Jacy lekarze najczęściej przyjmują w ośrodkach zdrowia?
4. Gdzie znajdują się przychodnie specjalistyczne?
5. Kto kieruje pacjenta na leczenie szpitalne lub sanatoryjne?
6. Pod jaki numer dzwoni się, by wezwać pogotowie ratunkowe?
7. W jakich miastach znajdują się kliniki i kto w nich pracuje?
8. Dlaczego wielu ludzi w Polsce leczy się prywatnie?
9. Jaki system opłat za leki obowiązuje w Polsce?
10. Co wiesz o polskim szkolnictwie medycznym?

Pytania do rozmowy

1. Czy w Stanach Zjednoczonych opieka lekarska jest bezpłatna? Jakie różne systemy opieki zdrowotnej istnieją? Kto jest uprawniony korzystać z tych systemów?
2. Jak wygląda sprawa ubezpieczenia społecznego w Stanach Zjednoczonych?
3. Czy odpłatność za leki jest porównalna w Polsce i w USA?
4. Na czym polegają zasadnicze różnice między systemem opieki społecznej w Polsce i w USA?
5. Czy uważasz, że lecznictwo bezpłatne może mieć swoje słabe strony? Uzasadnij swój punkt widzenia.
6. Czy leczysz się prywatnie czy w klinice? Dlaczego?
7. Czy na ogół system zdrowotny w Stanach Zjednoczonych działa sprawnie czy nie? Uzasadnij swoje zdanie.

porównywalny *comparable*
szkolnictwo *schooling, school system*

LEKCJA 9
DZIEWIĄTA

Łódź

A. Kolacja

- Czy zrobić kolację?

- Tak, prędzej czy później trzeba coś zjeść.

- A co chcesz?

- Wszystko jedno, byle nie śledzia w oleju. Nie znoszę śledzi w oleju, a jemy je prawie codziennie.

- Czy może być śledź w sosie pomidorowym?

- Naprawdę nie ma czegoś innego?

- Jest też wędzony. Mamy imponujący zapas śledzi w różnych postaciach, a poza tym prawie nic.

- Wiesz co? To już raczej wolę głodować.

Podwieczorek

B. Śniadanie

- Jak wolisz jajko - na miękko czy na twardo?

- Wszystko jedno, byle na gorąco. Co jeszcze będzie na śniadanie?

- Nic. Jeśli chcesz, możesz zrobić sobie grzanki.

- Czy zostało od wczoraj jakieś ciasto?

- Tak, są napoleonki i jabłecznik, który przyniosła Marta.

- To dobrze, jajko i ciastka mi wystarczą na razie.

C. Obiad

- Myślę, że wyskoczę po zakupy. Mam ochotę ugotować jakiś obiad.

- Wspaniały pomysł. Tylko zapomniałeś(aś), że dzisiaj jest niedziela i wszystkie sklepy są zamknięte.

- Musi gdzieś być przynajmniej jeden sklep czynny.

- Możesz jedynie pojechać do samu przy Grochowej lub na targ.

- Wiesz co? Już przeszła mi ochota na gotowanie. Chodźmy lepiej do jakiejś dobrej restauracji. Tak będzie o wiele prościej.

D. Dołożyć ci?

- Dołożyć ci klopsika?

- Dziękuję, już nie mogę.

- Ale to ostatni. Nie ma sensu przechowywać jednego.

- No to odłóż. Może zjem później. Albo lepiej daj go psu.

- Nie, pies go nie zje. On wyjątkowo nie lubi moich klopsików.

E. W miarę dobrze

- Dobrze gotujesz?

- Nie wiem, jakoś nikt nie narzeka. Dlaczego pytasz?

- Bo mam wrażenie, że nie specjalnie lubisz gotować.

- To prawda, ale nie mam wyboru, więc staram się to robić w miarę dobrze.

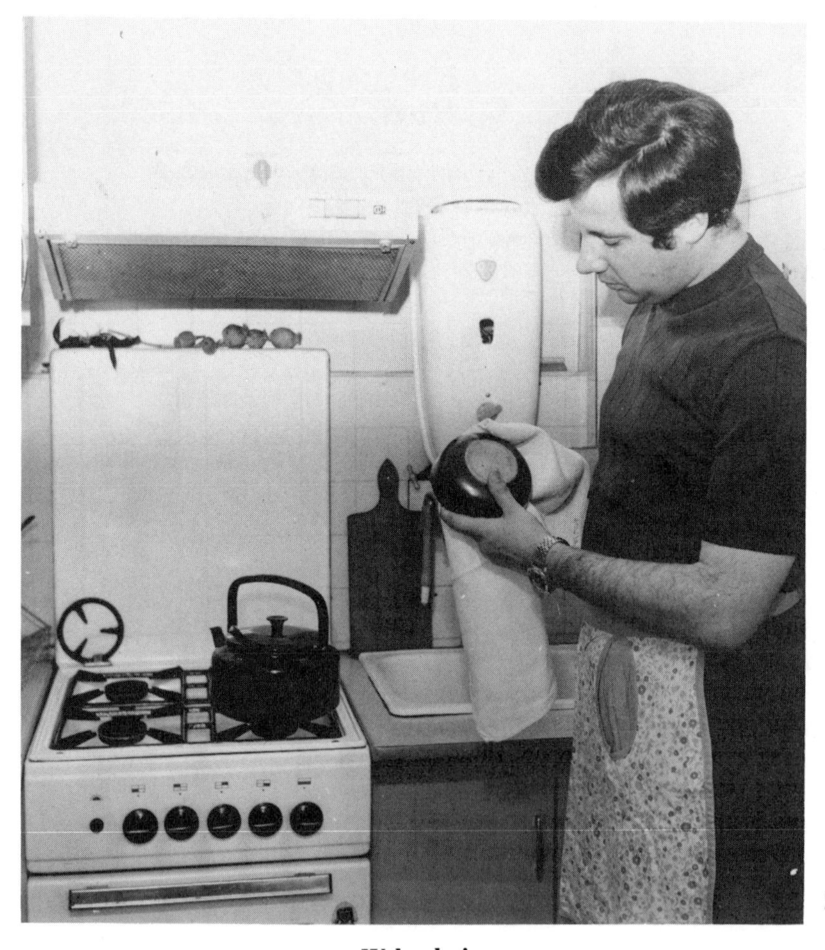

W kuchni

F. Zupa jarzynowa

- Co gotujesz?

- Zupę jarzynową.

- Z jakich jarzyn, jeśli to nie tajemnica?

- Włożyłem(am) groszek, marchewkę, seler, kartofle, pietruszkę i trochę cebuli.

- A czym przyprawiasz?

- Solą, pieprzem, czosnkiem, tymiankiem, bazylią. A właściwie czym popadnie, zależnie od tego, co mam na półce.

G. Cóż w tym dziwnego?

- Czy mógłbym(mogłabym) prosić o sól?

- Tak, proszę, ale wszystko jest już posolone.

- Wszystko oprócz sałaty.

- Chyba nie solisz sałaty?

- Owszem, solę. Cóż w tym dziwnego?

- Gdybym miała boczek usmażyłabym jajecznicę. Ale skąd wezmę świeże jajka?

H. Słowniczek

bazylia *basil*
boczek boczka *bacon*
cebula *onion*
ciasto *cake*
czosnek czosnku *garlic*
czynny *active, open (of store)*
dołożyć dokładać *give another of*
gotować u- *cook, fix*
groszek groszku *peas*
grzanki *(pl.) toast*
imponujący *impressive*
jabłecznik -a *apple strudel*
jajecznica *scrambled eggs*
jarzynowy *(adj.) vegetable*
kartofel kartofla *potato*
klopsik -a *dumpling*
marchewka *carrot*
miara *measure;* **w miarę** *to an extent*
miękki *soft;* **jajko na miękko** *soft-boiled egg*
napoleonka *cream-puff*
ochota na + A *desire for*
odłożyć odkładać *(here:) put aside*
pietruszka *parsley*
podwieczorek podwieczorka *"tea" (late afternoon or early evening snack)*
postać *(f.) form, shape*
prędko *quickly; comp.* **prędzej**
przechować przechowywać *preserve, keep*
przyprawić przyprawiać *season*
sałata *lettuce*
sam (short for **sklep samoobsługowy**) *supermarket*
seler *celery*
smażyć u- *fry*
solić po- *(v.) salt*
sos *sauce*
śledź *herring*
tajemnica *secret*
tymianek tymianku *thyme*
wędzony *smoked*
wspaniały *marvelous, excellent*
wyskoczyć po + A *(pf.; here:) hop out for*
zamknięty *closed*
zapas *supply*
zostać *(pf.; here:) be left*
zupa *soup*

I. Uwagi

prędzej czy później *sooner or later.*

byle nie śledzia w oleju *as long as it's not herring in oil.*

na miękko *soft,* **na twardo** *hard,* **na gorąco** *hot,* **na zimno** *cold;* ways of serving food are expressed with **na** plus the adverbial form of the adjective

klopsika *the facultative animate Accusative ending of* **klopsik** *dumpling.*

owszem *why yes*

już nie mogę *I can't any more.* This is a common way of declining additional food at table.

J. Znaczenie aspektu dokonanego
The meaning of the Perfective aspect

For an introduction to the meaning of the Perfective aspect forms of the verb, it is instructive to look first at the meaning of Determinate and Indeterminate verbs of motion. It will be recalled that Determinate verbs express goal-directed action in progress at a given point in time, while Indeterminate verbs express characteristic or habitual activity, which by nature cannot be associated with a given point in time:

Teraz idę do sklepu. *I'm going to the store now (at a given point in time) (Det.).*
Często chodzę do teatru. *I often go to the theater (at no particular points or at various points in time) (Indet.).*

Most activity verbs - not only verbs of motion - have the potential for referring to either on-going, "determinate" action or to characteristic, "indeterminate" action. For example, the sentence

Teraz piszę listy. *I'm writing a letter now.*

expresses an on-going, goal directed ("determinate") activity in the same way as does **Teraz idę do sklepu** above. By the same token,

Często piszę listy. *I often write letters.*

can be seen to express a characteristic, or indeterminate activity in the same way as does **Często chodzę do teatru.**

The meaning of the Perfective aspect form of the verb is based on the notion of determinacy, that is, action proceeding toward a goal. It is determinate, goal-directed activity that can most easily be perfectivized. The Perfective form of the verb expresses the logical result of determinate action. The logical culmination of writing letters, for example, is for the letters to be written, to be finished and ready to send. If such is the case then one would use the Perfective aspect to describe the situation. It is in order to focus attention on such logical results that one chooses the Perfective aspect form, cf.

Napisałem ten list. *I wrote that letter; I finished writing it; it's ready to send.*
Napiszę ten list. *I'll write that letter; I'll finish writing it; it'll be ready to send.*

For another example, take the sentences

Chłopiec szedł do sklepu. *The boy was walking into the store. (Imperf. and Det.)*
Chłopiec wszedł do sklepu. *The boy entered the store. (Perf.)*

The first sentence expresses a developing situation, a situation in flux; the boy is neither entirely outside or inside the store. The second sentence presents a situation that has already developed: the boy was outside, now he is in the store: what now? Perfective actions interrupt old situations and create new ones. The cartoon below, although in English, is based on one's innate sense for the perfectivity of a series of discrete (i.e., separate) acts, each cancelling out the former:

Essential to understanding aspectual meaning is the notion of a hypothetical point along the axis of time. Whereas determinate action makes implicit reference to a point at which the action is going on, and indeterminate action makes no reference to any specific time points, perfective action makes reference to a specific point by which an action has been (or will have been) fulfilled or accomplished, and after which a new state will ensue. It is for this reason that the English sentence "Have you ever read that book?" will be translated into Polish using the Imperfective, not Perfective aspect:

Czy kiedykolwiek czytałeś tę książkę?

The questions asks whether the book has been read at any time (at any of various times), not at some specific time. On the other hand, the English sentence "I have just read that book" will be translated using the Perfective aspect:

Dopiero co przeczytałem tę książkę.

This sentence makes implicit reference to a point at which the reading of the book was completed, inauguarating the new state, of being ready to do something else.

K. Aspekt czasownikowy a znaczenie czasownika
Verbal aspect and the meaning of the verb

When discussing the meaning of the aspect forms it is useful to keep in mind the type of verb with which one is dealing. Ideally, the Perfective aspect goes together with a verb that expresses goal-directed activity. The Perfective form expressing that the goal has been, or will be, reached. With other types of verbs, the Perfective aspect form may aquire slightly different shades of meaning. Below are discussed the most important semantic classes of verbs and how these classes interact with the Perfective aspect.

1. State Verbs

Verbs expressing states are by nature involuntary in meaning and so cannot be goal-directed. Perfective verbs formed from state verbs will usually refer either to the onset or logical conclusion of the state:

lubić *like*	*pf.* **polubić** *come to like*
rozumieć *understand*	*pf.* **zrozumieć** *grasp*
chcieć *want*	*pf.* **zechcieć** *conceive a desire*
żyć *live*	*pf.* **przeżyć** *live through, survive.*

2. Nondirected Activity Verbs

Verbs referring to typically nondirected actions often form Perfectives referring to the beginning of an action (usually formed with **za-**) or to a brief, well delimited period of action (formed with **po-**):

leżeć *lie*	*pf.* **poleżeć** *lie a while*
śpiewać *sing*	*pf.* **zaśpiewać** *start to sing*
śmiać się *laugh*	*pf.* **zaśmiać się** *break out laughing*
pracować *work*	*pf.* **popracować** *work a bit.*

3. Directed Activity Verbs

As noted, verbs referring to typically goal-directed activities form prefixed Perfectives in the same meaning, except that the Perfective form stresses that the action has been successfully completed. It is with reference to such verbs that one often speaks of "empty" perfectivizing prefixes; *cf.*

robić *do, make*	*pf.* **zrobić** *accomplish*
pisać *write*	*pf.* **napisać** *write, get written*
czytać *read*	*pf.* **przeczytać** *read through.*

4. Result Verbs

Verbs referring to actions whose performance more or less automatically implies a result are predominantly formed from verbs of the preceding three types by adding prefixes which narrow or, sometimes, completely change the base verb's meaning. In such cases, the base verb and the prefixed verb in the new meaning no longer form an aspectual pair. Instead, the prefixed Perfective in the new meaning will derive a corresponding prefixed Imperfective by suffixation. Prefixed Perfective-Imperfective pairs tend to form "pure" aspectual pairs; that is, there is usually no appreciable difference in meaning between the Perfective and Imperfective form. One could say that the Perfective form of a natural result verb has no special meaning; it merely refers to a single, simple performance of the naturally resultative act; *cf.*

zamówić *order*	*impf.* **zamawiać**
obciąć *clip*	*impf.* **obcinać**
zapisać *note down*	*impf.* **zapisywać**
otworzyć *open*	*impf.* **otwierać**
przekonać *persuade*	*impf.* **przekonywać**

and so on.

5. Instantaneous Verbs

Verbs referring to actions that either occur instantaneously or are single executions of a typically repetitive action, often form Perfectives in **-nąć**:

uśmiechnąć się *smile*	*impf.* **uśmiechać się**
stuknąć *knock*	*impf.* **stukać**
wybuchnąć *explode*	*impf.* **wybuchać.**

The above remarks do not exhaust the possible relationships, either formal or semantic, between the Perfective and Imperfective aspects and semantic classes of verbs, but they do cover the basic territory of this complex question. For more on Perfective-Imperfective derivation, consult the Grammatical Appendix, Section VI.

L. Wybór form aspektowych w czasie przeszłym
The choice of aspect in the past tense

A few verbs do not form Perfectives, for example, **mieć** *have,* **należeć** *belong,* **wymagać** *demand,* **przesadzać** *exaggerate,* **narzekać** *complain,* **musieć** *must,* **działać** *operate,* **zależeć** *depend,* **bać się** *be afraid,* and so on. Most verbs, however, show in the past or future tense a choice between the Perfective or the Imperfective form. Most frequent in practice is the choice between the aspect forms in the past tense. In general, it is useful to think of the Imperfective form as the choice of default: one chooses the Imperfective unless there is a good reason for choosing the Perfective. Other than this guideline, the following remarks will be of help in determining whether to use the Perfective or the Imperfective in the past tense.

1. The Imperfective Past

The Imperfective form is used in the past tense to express:

a. action in progress at a particular time:

Co robiłeś wczoraj o dwunastej? *What were you doing yesterday at 12:00?*
Kiedy zadzwoniłeś, czytałem gazetę. *When you called I was reading the newspaper.*

b. overlapping, more-or-less congruent activities:

Siedziałem w fotelu, czytałem gazetę i czekałem na telefon. *I sat in an armchair, read a newspaper and waited for a phone call.*

c. habitual or characteristic activity:

Kiedy byłem młodszy, wstawałem o szóstej. *When I was younger, I would get up at 6 o'clock.*
Często odwiedzałam ciocię. *I visited my aunt often.*

d. attenuated, diffuse, nondirected activity:

Cały dzień leżałem na plaży i opalałem się. *I lay on the beach the whole day and sunned myself.*

e. general factual questions:

Czytałeś tę książkę? *Have you ever read this book?*
Zwiedzałeś kiedyś Warszawę? *Have you ever visited Warsaw?*

f. blanket denials:

Nigdy nie czytałem tej książki. *I have never read that book.*
Nie zwiedzałem Warszawy. *I have not visited Warsaw.*

g. negative states:

Przez cały rok nie oglądałem telewizji. *I didn't watch television for the entire year.*

The Imperfective aspect also has a number of "counter-marked" functions in the past tense, i.e., functions that arise in specific denial of the Perfective meaning; see below, 3.

2. The Perfective Past

The Perfective form of the verb is used in the past tense to express:

a. the simple performance of a result verb:

Kupiłem nowy płaszcz. *I bought a new coat.*
Włożyła sweter. *She put on her sweater.*
Do pralni wszedł klient. *Into the laundry walked a customer.*

b. single involuntary or automatic responses:

Wzruszyła ramionami. *She shrugged her shoulders.*
Młody człowiek zdziwił się. *The young man was surprised.*
Ekspedientka wybuchnęła śmiechem. *The saleslady burst out laughing.*

c. single accidents:

Zgubiłem portfel. *I lost my wallet.*
Złamałem sobie palec. *I broke my finger.*

d. any of a series of distinct, nonoverlapping events, following one upon the other:

Podszedł do automatu, podniósł słuchawkę, usłyszał sygnał, wrzucił monetę i wykręcił numer. *He went up to the booth, lifted the receiver, heard the signal, inserted the coin, and dialed the number.*

e. an action that interrupts another, Imperfective action:

Czytałem gazetę, kiedy nagle usłyszałem krzyk. *I was reading the paper when I suddenly heard a shout.*

f. achievements, that is, the eventual successful attainment of goal-directed activity:

Wreszcie przeczytałem twój artykuł. *I finally read your article.*
W końcu nauczyłem się pływać. *In the end I learned how to swim.*

g. a repeated action that is summed up or quantified:

Napisałem trzy listy. *I wrote three letters.*
Zagraliśmy dwie partie. *We played two games.*

h. the onset of a non-goal activity or of a state, or the delimited duration of an action or state:

Poczytałem trochę przed pójściem spać. *I read a little before going to bed.*
Polubiliśmy się natychmiast. *We immediately got to like one another.*

i. specific questions, that is, questions that assume old information, that ask for some kind of update:

Przeczytałeś mój artykuł? *Did you read my article yet? (i.e., as I asked, or as you said you would).*
Odkręciłeś gaz? *Did you turn on the gas? (i.e., were you the one that turned on the gas?; implies that the gas is on).*

j. specific denials

Nie, nie odkręciłem gazu. *No, I didn't turn on the gas (i.e., it wasn't I that did it).*
Ja nie wziąłem twojej torebki. *I didn't take your handbag (implies that the handbag is gone, but it wasn't I that took it).*

3. Countermarked Imperfectives

If a verb is a result verb, and if the action is single and complete, one expects the Perfective aspect:

Zamknąłem okno. *I closed the window.*
Wziąłem twoją książkę. *I took your book.*
Otworzyłem drzwi. *I opened the door.*
Kupiłem nowy samochód. *I bought a new car.*

However, the Imperfective form may be used in opposition to the Perfective, even though the verb is a result verb, and even though the action is single and complete, in special circumstances:

a. when the expected result is lacking:

Wyważyłem drzwi. *I broke down the door (successfully) (Perf.).*

Wyważałem drzwi. *I tried to break down the door; I broke down the door unsuccessfully (Imperf.)*

b. when the result has been attained but then nullified by subsequent action:

Wziąłem twoją książkę. *I took your book (and presumably still have it) (Perf.).*

Brałem twoją książkę. *I took your book (but I don't have it any longer; I returned it) (Imperf.).*

c. when the action, though resultative, is protracted and attention is directed to the action itself, and not to the result:

Jak spędziłeś wakacje? *How did you spend your vacation? (asks for a short, simple answer: fine, so-so, etc.) (Perf.).*

Jak spędzałeś wakacje? *How did you spend your vacation? (i.e., what different things did you do?) (Imperf.).*

Otworzyłem drzwi. *I opened the door (Perf.).*

Powoli otwierałem drzwi. *I slowly opened the door (Imperf.).*

As such countermarked uses show, the choice of the aspect form is not always governed by objective criteria. Often the speaker is at liberty to choose one form or the other, depending on the emphasis he wishes to convey.

M. Uwagi o użyciu form aspektowych w czasie przyszłym, w bezokoliczniku, i w trybie rozkazującym *notes on the use of aspect forms in the future tense, the infinitive, and the imperative*

By and large, the considerations discussed above concerning the choice of aspect forms in the past tense hold for the other forms of the verb as well. The following notes concern additional factors influencing the aspect choice in the future tense, the infinitive, and the imperative.

1. Future Tense

The English future-tense expression using "going to" usually corresponds in Polish to the Imperfective future using **będę**. The expression is usually Imperfective because such expressions refer most often to an intention to do something at some indefinite future time or to an attenuated inception of the action:

Będziesz wreszcie mówić prawdę czy nie? *Are you going finally tell the truth or not?*

Jak tylko wyjdziesz, będę sprzątała. *I'm going to straighten up as soon as you leave.*

2. Infinitive

a. The Imperfective form is often used to refer to the inception of an action, where the Perfective would sound too abrupt and would unnecessarily place emphasis on the end result:

Pora wstawać. *It's time to get up, to be getting up.*

b. The Imperfective infinitive is required after phasal verbs (see Lesson VIII), that is, verbs referring to the beginning, continuation, or the end of action:

Staram się przestać palić. *I'm trying to stop smoking.*

Zaczynasz łysieć. *You're beginning to grow bald.*

3. Imperative

a. Positive commands generally occur in the Perfective; negative commands usually occur in Imperfective:

Zamknij drzwi, jest przeciąg. *Shut the door; there's a draft.*

Nie zamykaj drzwi: jest duszno. *Don't shut the door: it's stuffy.*

Zaświeć, nie wygłupiaj się! *Turn the light on, don't fool around.*

b. Positive commands may be placed in the Imperfective:

i. when repeating a command already given in the Perfective, or when issuing an abrupt, rude command:

Bierz parasol, mówię ci! *Take the umbrella, I'm telling you!*
Zwiewaj! *Beat it!*

ii. when issuing a friendly invitation to an action:

Siadaj i opowiadaj, co słychać u ciebie. *Have a seat and tell me what's new with you.*
Wchodź, wchodź już czekamy! *Come on in, come on in, we're already waiting.*

c. Negative commands are placed in the Perfective when the command is equivalent to a specific warning of an imminent peril:

Tylko nie przekręć kontaktu, bo cię prąd porazi! *Don't turn on the switch, or you'll get a shock!*
Uważaj, nie poślizgnij się! *Watch out, don't slip!*

N. Konstrukcje typu "machać ręką"

Verbs designating a motion transferred to a part of the body generally take Instrumental complements:

rzucić (rzucać) okiem *cast an eye*
mrugnąć (mrugać) okiem *wink en eye*
kiwnąć (kiwać) głową *nod one's head*
skinąć głową *incline one's head (pf.)*
trząść (potrząsnąć) głową *shake one's head*
wzruszyć (wzruszać) ramionami *shrug one's shoulders*
machnąć (machać) ręką *wave one's hand*
kręcić (pokręcić) głową *turn one's head*
and so on.

O. Wyrażenia oparte na słowo "sprawa" *expression based on the word* sprawa

A number of common expressions make use of the word **sprawa** *affair, business, concern, case*

mieć sprawę do kogoś *have some business with someone*
Mam ważną sprawę do pana ministra. *I have some important business with the minister.*

sprawa czegoś *a matter of something*

To jest sprawa życia i śmierci. *That's a matter of life and death.*

To będzie sprawa paru tygodni. *That'll be a matter of a couple of weeks.*

w jakiejś sprawie *on some matter, on some business*

Jadę do Krakowa w sprawie służbowej. *I'm going to Cracow on a business matter.*

moja sprawa *my business*

To jest tylko moja sprawa. *That is only my concern.*

na dobrą sprawę *to be sure, as a matter of fact, strictly speaking*

Na dobrą sprawę nie znam go osobiście, ale myślę, że mogę go polecić. *As a matter of fact, I don't know him personally, but I think that I can recommend him.*

zdać-zdawać sobie sprawę z czegoś *realize something*

Nie zdawałem sobie sprawy z tego, jak trudna jest geografia. *I didn't realize how difficult geography was.*

P. Lektura uzupełniająca

Bogdan Brzeziński

Idealna pralnia

Do pralni wszedł klient, młody, sympatyczny brunet.

- Dzień dobry! - powiedział uprzejmie i podał ekspedience kwit.- Czy są wreszcie moje spodnie?

Ekspedientka rzuciła okiem na kwitek i niespodziewanie dała pozytywną odpowiedź.

- Są.

- No nareszcie! - zawołał młody człowiek i zatarł ręce. - Trzy miesiące łażę i łażę w sprawie tych spodni!

Ekspedientka wzruszyła ramionami i rzekła tonem obrażonej monarchini:

- Trzy miesiące...wielka rzecz! Tu jedna doktorowa dwa lata chodzi po swój kostium - i nic. Przez ten czas zdążyła się rozwieść i znowu wyjść za mąż...

- Ładne porządki.

- Dlaczego? Cóż to - nie wolno wyjść za mąż?

- Mówię o pralni. Dwa lata! Skandal!

- Eee, przesada. Po prostu ruch w interesie.

Wygrzegała spodnie spod sterty zakurzonych ineksprymabli i podając młodemu człowiekowi zgnieciony łach, powiedziała:

- Proszę, pańskie spodnie.

Sympatyczny brunet zdziwił się ogromnie.

- Moje spodnie!?...Przecież to jakieś szare portki! Moje były kremowe, tenisowe. No, a poza tym te wyglądają, jakby je kto psu z gardła wyciągnął, a tamte były nowe -tyle, że z plamą.

- Nie ma mowy o pomyłce: pańskie spodnie! - rzekła ekspedientka z mocą.

- Nie wezmę! Tamte były nowe.

- Były czy nie były - nie bawmy się we wspomnienia! Numer się zgadza, to są pańskie spodnie! A że trochę zmieniły kolor, to dlatego, że zostały uprane...Niech pan bierze swoje spodnie.

- To nie są moje spodnie! - krzyknął klient z rozpaczą.

- Taak? Zaraz się przekonamy! W którym miejscu miały plamę?

- Miały tłustą plamę na lewej nogawce, na kolanie...

Ekspedientka błyskawicznie obejrzała zakwestionowane spodnie i zawołała z triumfem:

- Proszę, oto pańska plama. Tu, na lewej nogawce! No, i może jeszcze teraz pan powie, że to nie pańskie spodnie, co?!

Idealna pralnia - słowniczek

błyskawiczny *lightning-fast*
brunet *brunette*
doktorowa *doctor's wife*
gardło *throat*
inekspyrmable *undergarments (jocular)*
kolano *knee*
kostium *(masc.) suit*
kremowy *cream-colored*
krzyknąć -krzyczeć *cry, shout*
kwit *receipt*
łach *rag*
łazić *(indet.) crawl*
moc *(f.) might;* **z mocą** *firmly*
monarchini *(f.) monarch*
nie ma mowy o + L *there's no question of*
niespodziewany *unexpected*
nogawka *trouser leg*
obrazić obrażać *offend*
plama *spot*
portki *trousers*
prać u- *launder*
pralnia *laundry*
przekonać się przekonywać się o + L *find out for oneself about*
rozpacz *(f.) despair*
rozwieść się rozwodzić się *get divorced*
rzucić okiem *cast an eye*
skandal *scandal*
sterta *pile*
sympatyczny *nice, sympathetic*
tenisowy *(adj.) tennis*
tłusty *(adj.) fat, grease*
triumf *triumph*
tyle, że... *except that*
wołać za- *cry out*
wspomnienie *recollection, remembrance*
wyciągnąć wyciągać *pull out*
wygrzebać *(pf.) dig out*
wzruszyć ramionami *(pf.) shrug one's shoulders*
zakurzony *dusty*
zakwestionować *(adj.) in question*
zatrzeć zacierać ręce *rub one's hands*
zgnieść *(pf.) crumple*

Pytania:

1. Opisz wygląd klienta z opowiadania.
2. Dlaczego klient jednocześnie zdziwił się i ucieszył?
3. Jak długo czekał na wypranie swoich spodni?
4. Jak długo czeka na wypranie swoich spodni jedna pani?
5. Co doktorowa zdążyła zrobić w tym czasie? Dlaczego użycie tytułu doktorowa przez ekspedientkę jest zabawne?
6. Co ekspedientka podała klientowi?
7. Jak wyglądają spodnie klienta przed i po praniu?
8. Jak ekspedientka udowodniła klientowi, że to, co mu podała, to były jego spodnie?
9. Jak ty byś się zachował(a) na miejscu klienta?
10. Co zrobi klient następnym razem, kiedy pobrudzi spodnie?

Q. Ćwiczenia

1. make supper: **czy zrobić kolację?**

get on the bus, ask for an autograph, reserve a place, turn left, phone home, buy that blouse, turn off the gas, insert the coin, arrive early, bring something to drink, pour some tea, wash the dishes, change the oil filter, invite your sister to dinner, change clothes, help that man, eat breakfast, add another dumpling, salt the salad.

2. find out about that: **a. trzeba się o to dowiedzieć**
b. już się o to dowiaduję

help that woman, take care of one's figure, repeat the lesson, take back that book, take a shower, find another reason, ask that person, leave the building, turn on the gas, finish eating, lift the receiver, phone home, put on a warm sweater, pour out that coffee, make up one's mind, give this consideration (**zastanowić się nad** + I), try, fix the iron, begin to behave (**zachować się zachowywać się**) better.

3. put on that coat: **a. możesz włożyć ten płaszcz**
b. włóż ten płaszcz!
c. nie wkładaj tego płaszcza!

buy that wine, rent the apartment, call after nine o'clock, forget about dinner, occupy that seat, get out of the train, be late, comb one's hair, wait for me, escape, invite your mother, get up, shoot (**strzelić za-**), stop shooting, cook supper, lose time, rub this salve into (one's) skin.

4. Supply logical complements; in b), the complement should be either quantified or definite,

pisać: **a. wczoraj cały dzień pisałem listy**
b. wczoraj napisałem trzy listy

robić, grać, czytać, pić, czekać, gotować, szukać, myć, uczyć się, śpiewać, piec.

5. Choose between Perfective and Imperfective, depending on whether the verbal action most naturally portrays a result or an activity:

wrote letters:	**pisałem(am) listy**
bought a new coat:	**kupiłem (kupiłam) nowy płaszcz.**

change the oil filter, repaired the car, corrected exams, ironed shirts, got a letter, wrote letters, lay in bed, prepared lessons, studied all day, visited (my) aunt, smoked a whole pack of cigarettes, got up at 6:00, played the guitar, watched television, ruined a new suit, ordered coffee with milk, read four chapters (**rozdział**), read magazines, ate five fish, washed all the windows, took care of an important matter, baked a cake, ate and drank and sang all night, learned a new song, corrected examinations, corrected all the examinations.

6. Follow the general structural model, changing adverbs and complements as necessary:

otrzymać list:	**a. przez trzy tygodnie nie otrzymywałem(am) listu**
	b. wreszcie otrzymałem(am) list.

golić się, wziąć prysznic, kąpać się, czesać się, oglądać telewizję, prasować koszulę, myć szyby, wstać z łóżka, palić papierosy.

7. sing	**a. chcę śpiewać**
	b. chcę trochę pośpiewać

lie, dance, play, read, drink, wait, work, study.

8. Use an appropriate adverb with both Perfective and Imperfective forms of the expression; if necessary, adverbs may be repeated.

dial a number:	**a. powoli wykręcał(a) numer**
	b. błyskawicznie wykręcił(a) numer

enter the room, come to the conclusion, change a shirt, close a book, put on clean trousers, prepare the lesson, turn on the water, press the blouse, leave the room, park the car, bake a cake.

9. **instalować:** **a. kiedy zadzwoniłeś(aś), instalowałem(am) lampę.**
b. zanim zadzwoniłeś(aś), zainstalowałem(am) lampę.

naprawić, zakręcić, poprawić, czytać, zmienić, wymienić, golić się, jeść, komponować, pisać, piec.

10. Put the verb in the Perfective or Imperfective, depending on whether the action seems to be consecutive or overlapping.

poprawić sprawdziany, wyjść po piwo: poprawiłem(am) sprawdziany i wyszedłem(wyszłam) po piwo
czekać na Ewę, nucić piosenkę: czekałem(am) na Ewę i nuciłem(am) piosenkę.

leżeć na tapczanie, oglądać program w telewizji; włożyć sweter, śpiewać piosenkę; pić piwo, czytać gazetę; znaleźć portfel, włożyć go do kieszeni; prasować koszulę, słuchać radia; prasować koszulę, włożyć ją ; usiąść, włączyć telewizor; malować twarz, rozmawiać przez telefon; wejść do pokoju, słyszeć krzyk; robić zadanie, położyć się; wstać z krzesła, wyjść z pokoju; wzruszyć ramionami, śmiać się; budzić się, czesać się; usiąść, zamówić obiad; czytać artykuł, telefonować do Marty; podejść do okna, zamknąć je; robić makijaż, przeglądać się w lustrze.

11. **poprawić sprawdziany, wyjść po piwo: poprawiwszy sprawdziany, wyszedłem(wyszłam) po piwo**
czekać na Martę, nucić piosenkę: czekając na Martę nuciłem(am) piosenkę

Use the vocabulary of exercise 10.

12. **poprawić sprawdziany, wyjść po piwo: po poprawieniu sprawdzianów, wyszedłem(wyszłam) po piwo.**

Use the appropriate vocabulary of Exercise 10.

13. *Supply an appropriate noun complement:*

machnąć: machnął(machnęła) ręką.

rzucić, kiwnąć, wzruszyć, pokręcić, potrząsnąć, mrugać.

14. *Review of Locative case; Use various prepositions:*

miesiąc: w miesiącu.

rok, dzień, pralnia, monarchini, plama, numer, miejsce, lokal, mąż, ekspedientka, kostium, odpowiedź, czas, gardło, kolor, znajomość, pomoc, praca, wspomnienie.

15. Review of Genitive plural; use different quantifiers:

miesiąc: pięć miesięcy.

rok, dzień, pralnia, plama, numer, miejsce, mąż, lokal, ekspedientka, kostium, szczegół, spodnie, rzecz.

16. *Review of passive participles:*

zgubił portfel: portfel został zgubiony przez niego.

zepsuliśmy adapter, zamówiła kolację, napisałeś artykuł, wykręciłem numer, wymieniłeś filtr olejowy, wynajeliśmy mieszkanie, poprawił zeszyty, zauważyłaś pomyłkę, zrobił zadanie, zainstalowaliście telefon, skomponowałaś piosenkę, opracowaliśmy rolę, przyjęła pomoc, pani zarezerwowała pokój.

17. *Translate, using an expression with* **sprawa***:*

a. I am calling concerning my trousers.
b. What kind of business do you have with Mr. Kowalczyk?
c. He is in Warsaw on an important business matter.
d. I didn't realize that that was your boss (**szef**).
e. It's not your business what I have in my briefcase.
f. To be sure, not everyone is able to spend (**wydać wydawać**) that much on a door.
g. Can you give me advice about my court case?
h. This is a matter of great importance (**waga**).

18. *Write five-line conversations, beginning with the lines:*
   a. Czy są wreszcie moje spodnie?
   b. Powinien pan pójść do sanatorium.
   c. Dobrze gotujesz?
   d. Muszę zrobić porządek.
   e. Co gotujesz?
   f. Jak wolisz jajko?

19. *Locate all past tense, infinitive, and imperative verb forms in the sketch* **Idealna pralnia** *and explain why the form is in the given aspect, Imperfective or Perfective*

Pralnia

R. Tekst do czytania

Kuchnia polska

Tradycja gotowania i spożywania posiłków w domu jest oczywiście żywa w Polsce, przy czym Polki nadal uważają, że do serca mężczyzny najprostsza droga wiedzie przez żołądek. Obcokrajowcy czasami uważają, że kuchnia polska jest dość tłusta. Dużo potraw przygotowuje się na smalcu lub margarynie, rzadko na oliwie, a Polacy przedkładają mięso wieprzowe nad wołowinę czy baraninę. Najpopularniejszym bodaj daniem w Polsce jest kotlet schabowy panierowany, zazwyczaj podawany z gotowanymi ziemniakami (całymi lub tłuczonymi) i smażoną kapustą (zimą) lub zieloną sałatą ze śmietaną (latem).

Podstawowymi posiłkami są śniadanie, obiad i kolacja. W przeciwieństwie do Amerykanów, Polacy spożywają główny posiłek, tzn. obiad, między godziną drugą i czwartą po południu. Śniadanie składa się z gorącej herbaty (pitej najczęściej w szklankach, a nie w filiżankach czy kubkach, jak to ma miejsce w Ameryce) lub kawy zbożowej z mlekiem, chleba lub bułek z masłem, oraz białego sera, dżemu, miodu, lub jajecznicy, czy też gotowanych jaj. W niektórych domach, a również w popularnych i tanich barach mlecznych, można zjeść na śniadanie gorącą zupę mleczną - mleko z ryżem, płatkami owsianymi lub kluseczkami. W odróżnieniu od Amerykanów, Polacy rzadziej spożywają na śniadanie grzanki i płatki kukurydziane z zimnym mlekiem.

Obiad zazwyczaj składa się z dwu lub trzech dań: zupy (prawie zawsze przyrządzanej w domu, a nie z puszki), drugiego dania i deseru. Na drugie danie podaje się zwykle mięso (smażone, pieczone lub duszone) z ziemniakami, kaszą gryczaną lub, rzadziej, z frytkami lub ryżem. W zależności od rodzaju mięsa i sposobu w jaki zostało przyrządzone, podaje się też jarzyny świeże, np. zieloną sałatę, pomidory z cebulą, ogórki w śmietanie (tzw. mizerię) lub, co jest najczęściej praktykowane, jarzyny gotowane - marchewkę, buraczki czerwone, kalafior, fasolkę w strąkach. Polacy na ogół jedzą mniej warzyw niż Amerykanie, a niektóre warzywa popularne w Stanach Zjednoczonych, np. broccoli, egg plant, zucchini czy celery, są w Polsce prawie nie znane.

Polacy prawie nigdy nie piją mleka, wody z lodem lub zimnej herbaty do obiadu, ale często podaje się kompot z owocami (wywar z owoców świeżych lub suszonych), który większość gospodyń przyrządza domowym sposobem, choć kompoty można też kupić w sklepach spożywczych. Z okazji różnych uroczystości, np. imieniny, ślub, chrzest itd., obiad może być bardziej

Kuchnia polska

wystawny. Wtedy, przed podaniem zupy podaje się, dla zaostrzenia apetytu, zimne przekąski z pieczywem (szynkę, wędliny, śledź w oliwie lub w śmietanie, tatar, rybę w galarecie, drób), a do tego wódkę czystą i zimne napoje. W niektórych domach do głównego dania mięsnego podaje się wina wytrawne (białe lub czerwone) lub wódkę. Z reguły taki uroczysty obiad kończy się podaniem domowej roboty ciasta lub tortu z czarną kawą lub herbatą.

Ostatnim posiłkiem dnia jest kolacja spożywana między siódmą i dziewiątą godziną wieczorem. Kolacja może być poprzedzona tzw. podwieczorkiem około godziny szóstej, składającym się zazwyczaj z herbaty i ciast. W większości domów w Polsce kolację spożywa się na zimno albo w postaci kanapek albo w postaci różnych wędlin, drobiu, czy ryb ułożonych na półmisku ozdobionym liśćmi sałaty, pomidorami i zieloną pietruszką, ogórkami czy też rzodkiewką. Do kolacji pije się herbatę, a wędliny doprawia się do smaku musztardą lub majonezem, rzadziej sosem tatarskim i ketchupem. Często podaje się też czerwone buraczki utarte z chrzanem na zimno i grzyby marynowane. Można powiedzieć, że polska kolacja, szczególnie w wersji kanapkowej, tak pod względem ilości jak i rodzaju spożywanych potraw, przypomina amerykański **"lunch"**, oczywiście z wyjątkiem pory dnia, w której jest spożywana.

apetyt *appetite*
baranina *mutton*
bodaj *probably*
bułka *bun, roll*
buraczek buraczka *beet*
chrzest *christening*
danie *dish*
deser *dessert*
doprawić doprawiać *season*
dostrzeć dostrzegać *observe*
drób drobiu *fowl*
duszony *stewed*
fasolka *bean(s)*
frytka *French-fried potato*
galareta *jellied consommé*
gospodyni *housewife*
grzyb -a *mushroom*
kalafior -a *cauliflower*
kanapkowy *(adj.) sandwich*
kasza gryczana *buckwheat groats, Bulgar wheat*
kawa zbożowa *cereal coffee beverage*
kluseczka *noodle*
kompot *compote, stewed fruit*
kotlet schabowy *veal cutlet*
kuchnia *(here:) cuisine, cooking*
liść Ipl. **liśćmi** *leaf*
margaryna *margarine*
marynować *marinate*
mięsny *(adj.) meat*
mizeria *cucumbers in cream*
mleczny *(adj.) milk*
napój napoje *drink, beverage*
narodowy *national*
ogórek ogórka *cucumber*
oliwa *(vegetable, olive) oil*
ostrzyć za- *sharpen*
ozdobić ozdabiać *decorate*
panierowany *breaded*
pieczony *baked*
pieczywo *bread or rolls*
podać podawać *serve*
podstawowy *basic, elementary*
poprzedzić *(pf.) precede*

posiłek posiłku *meal*
potrawa *dish*
półmisek półmiska *dish*
praktykować *practice*
przedkładać nad + A *prefer over*
przekąska *snack, hors d'oeuvres*
przyrządzić przyrządzać *prepare, fix*
puszka *can*
ryż *rice*
rzodkiewka *radish*
serce *heart*
składać się z + G *consist of*
smalec smalcu *lard*
smażony *fried*
spożyć spożywać *consume*
strąk -a *pod*
suszyć *dry*
ślub *wedding*
śmietana *thick or sour cream*
tak.. jak i... *both... as well as...*
tatar *steak tatare*
tłuczony *mashed*
tłusty *fatty*
trzeć u- *grate*
układać ułożyć *place*
ulubiony *favorite*
uroczystość *(f.) celebration*
uroczysty *festive*
warzywa *(pl.) greens*
wersja *version*
wędlina *pork cold cuts*
wieprzowy *(adj.) pork*
wołowina *beef*
wystawny *sumptuous*
wytrawny *dry (wine)*
wywar *brew*
z okazji + G *on the occasion of*
zazwyczaj *usually*
zbożowy *(adj.) grain*
ziemniak -a *potato*
żołądek żołądka *stomach*
żywy *alive*

Pytania do tekstu

1. Jakie danie jest najpopularniejsze w Polsce?
2. Jak nazywają się podstawowe posiłki i o jakich porach są spożywane?
3. Co zazwyczaj Polacy jedzą na śniadanie?
4. Co to są bary mleczne?
5. Z czego składa się obiad?
6. Jakie jarzyny podaje się do obiadu i jak są one przyrządzane?
7. Co Polacy jedzą na kolację?
8. Co to jest kompot? kanapka? podwieczorek? drugie śniadanie?
9. Czym doprawia się wędliny?
10. Jakie napoje podaje się w Polsce i kiedy?
11. Co to jest "**tatar**"?

Pytania do rozmowy

1. Jakie różnice dostrzegasz między podaniem posiłków w Stanach Zjednoczonych a w Polsce?
2. Co zwykle jesz na śniadanie?
3. Jaka jest twoja ulubiona potrawa?
4. Czy umiesz dobrze gotować? Kto w twojej rodzinie gotuje?

5. Co sądzisz o powiedzeniu, że najprostsza droga do serca mężczyzny wiedzie przez żołądek?
6. Jaka według ciebie jest najpopularniejsza amerykańska potrawa?
7. Którą kuchnię narodową uważasz za najlepszą?
8. Co Amerykanie najczęściej piją do obiadu?
9. Jakie znasz polskie potrawy nie wymienione w tekście?
10. Jakie są różne sposoby przyrządzania kury?

LEKCJA DZIESIĄTA 10

Lublin

A. Cisza przed burzą

- Zanosi się na burzę.

- Rzeczywiście, w ciągu paru minut kompletnie się zachmurzyło.

- Ale wiatr całkiem zamarł.

- To tylko cisza przed burzą. Niedługo będzie lało jak z cebra. Lepiej schowajmy się w tej bramie.

- Nie, wolę wracać do domu, nawet jeśli miał(a)bym zmoknąć.

- Chodźmy więc szybciej! Może jeszcze zdążymy.

Słoneczny dzień

B. Słoneczna natura

- Widzisz? Mówiłem(am) ci, żebyś wziął(wzięła) na wszelki wypadek parasol. Popatrz tylko: kapelusz zupełnie na nic.

- Nie przesadzaj. Nic się kapeluszowi nie stanie. Doskonale jednak ten deszczyk zrobił. Upał był nie do wytrzymania.

- Ciekaw(a) jestem, jak my teraz się do domu dostaniemy w takiej ulewie?

- Dostaniemy się, nie bój się. Zaraz wszystko przejdzie. Tymczasem przyjemnie jest tu stać w tej bramie i patrzeć na błyskawice.

- Dlaczego zawsze musisz się dopatrywać pozytywnej strony wszystkiego?

- To jest po prostu moja słoneczna natura.

C. Nie chwal dnia

- Agata jest bardzo uczynna.

- Jaka Agata? Moja synowa?

- No. Obiecała pomóc mi jutro w tapetowaniu kuchni.

- Ona rzeczywiście stara się być uczynna, ale nie chwal dnia przed zachodem słońca.

- Co chcesz przez to powiedzieć? Wydaje mi się, że krzywo na nią patrzysz, bo to twoja synowa.

- Zobaczymy, co powiesz jutro, po wytapetowaniu kuchni.

Deszczyk

D. Nigdy nic nie wiadomo

- Idź już, bo się spóźnisz. Weź parasol.

- A po co? Przecież nie pada.

- Teraz nie, ale potem będzie.

- Skąd wiesz?

- Bo słuchałem(am) prognozy pogody. Zapowiadali upał.

- To po co mi parasol?

- Z pogodą jest zawsze odwrotnie, niż zapowiadają. Weź też szalik i rękawiczki.

- No nie! Chyba nie sądzisz, że w maju zacznie padać śnieg!

- Z pogodą nigdy nic nie wiadomo.

E. Szwagier

- Ładna dziś pogoda, co?

- Owszem, niebrzydka.

- Niebrzydka?! Jak na tę porę roku, to wręcz wspaniała. W ubiegłym roku w kwietniu cały czas był śnieg. A mróz to był taki, że samochody do jezdni przymarzały.

- Aha.

- Ale za to lato mieliśmy udane. Było słonecznie, ale nie za gorąco. I opady były w sam raz.

- No może tylko wiatry czasem były zbyt silne. Mojemu szwagrowi to aż dach z garażu zerwało.

- Hm.

F. Bez większych zmian

- To co? Jedziemy jutro nad jezioro?

- Wiesz, pogoda jest jakaś niepewna. Posłuchajmy może prognozy, a potem zdecydujemy.

(Spiker(ka) w radiu/telewizji:)

"W najbliższych dniach Polska pozostanie w zasięgu ciepłego frontu wyżowego. Na jutro przewiduje się niewielkie zachmurzenia z możliwością burz i przelotnych opadów w godzinach popołudniowych. Temperatura maksymalna bez większych zmian: od 18 stopni na północy do 25 na południu i w centrum kraju. Wiatry słabe i umiarkowane - zachodnie."

- Ojej! Zapowiadają burze i opady!

- Przecież mówili, że przelotne.

- Zawsze tak mówią, a potem cały dzień nic tylko leje i leje.

- Ale za to po deszczu ryby dobrze biorą. Weźmy wędki, może coś złapiemy. Na kolację będzie jak znalazł.

G. Słowniczek

błyskawica *lightning (flash)*
brama *gateway, entryway*
burza *storm*
całkiem *completely*
cebro *bucket*
chmurzyć się za- *cloud over*
chwalić po- *praise*
cisza *silence, quiet*
dach *roof*
deszczyk *shower*
dostać się do + G *(pf.) get somewhere*
front wyżowy *high front*
garaż *garage*
krzywy *crooked;* **krzywo patrzeć** *look askance*
lać *pour; rain (heavily)*
maksymalny *(here:) high (temperature)*
moknąć z- *get wet, soaked*
możliwość *(f.) possibility*
natura *nature*
nie do wytrzymania *unbearable*
niebrzydki *not bad (weather)*
obiecać obiecywać *promise*
odwrotny *opposite, the other way around*
opady *(pl.,* **-ów**) *rainfall, precipitation*
padać *fall, rain*
parasol -a *umbrella*
pozostać pozostawać *remain*
prognoza pogody *weather report*
przelotny *passing, transitory*
przewidzieć przewidywać *foresee*
przymarznąć przymarzać do + G *freeze to*
rękawiczka *glove*
schować się *(pf.) take cover*
słoneczny *sunny* (from **słońce** *sun)*
słońce *sun*
synowa *daughter-in-law*
szalik *scarf*
szwagier szwagra *brother-in-law*
śnieg *snow*
tapetować wy- *(verb) wallpaper*
tymczasowy *in the meantime, meanwhile*
uczynny *helpful*
udany *successful*
ulewa *downpour*
umiarkowany *moderate*
upał *heat(wave)*
w sam raz *just right*
wędka *fishing rod*
wiadomo *be known*
za to *on the other hand*
zachmurzenie *cloudiness*
zamrzeć zamierać *die down*
zanosić się na + A. **zanosi się na burzę** *it looks like a storm*
zapowiedzieć zapowiadać *announce, forecast*
zasięg *range*
zerwać zrywać z + G *tear off*

H. Uwagi

kapelusz zupełnie na nic *my hat's completely ruined*

ten deszczyk doskonale (nam) zrobił *that shower did (us) good*

nie chwal dnia przed zachodem słońca *don't praise the day before the sun sets (a proverb)*

po co mi parasol? *what do I need an umbrella for?*

z pogodą nigdy nic nie wiadomo *one never knows about the weather*

a mróz to był taki... Note the colloquial interjection of **to** in the narration, more or less equivalent to English "there" or "you know". Another example occurs in **Mojemu szwagrowi to aż dach z garażu zerwało.** *My brother-in-law, you know, actually got the roof blown off his garage.*

mojemu szwagrowi dach z garażu zerwało *my brother-in-law got the roof blown off his garage.* Actions of the elements are often put in the neuter singular, as in this sentence.

cały dzień tylko leje i leje *all day it just rains and rains*

ryby dobrze biorą *it's good fishing*

jak znalazł *just the thing.*

I. Czasowniki "wygłądać, wydawać się, zdawać się, czuć się" *verbs of seeming, feeling, appearing*

1. **wyglądać** *look, appear*

a. **wyglądać** + adverbial form of adjective. The construction with the adverbial form of the adjective is by far the most common:
Bardzo zabawnie wyglądasz dzisiaj. *You look very funny today.*
Twój brat wygląda starzej, niż przypuszczałem. *Your brother looks older than I expected.*

b. **wyglądać na** + Accusative of adjective. The construction with **na** + Acc. is fairly common, especially when the adjective is a participle, or when the adjective names a trait:
Twoja siostra wygląda na zadowoloną. *Your sister looks satisfied.*
Ten stół wygląda na dość stary. *That table looks quite old.*
Wyglądasz dziś na bardzo zajętego. *You look very busy today.*

c. **wyglądać na** + Accusative of noun. When the complement of this verb is a noun, the most common construction is with **na** + Acc.:
Ten pies wygląda na setera. *The dog looks like a setter.*
Ten chłopiec wygląda na sportowca. *That boy looks like an athlete.*

d. **wyglądać jak** + Nominative. The construction with **jak** may be used as a substitute for any of the above constructions; however, it is not particularly common:

Ten stół wygląda jak bardzo stary. *That table looks very old.*
Ten pies wygląda jak seter. *That dog looks like a setter.*

e. **wyglądać na to, że...** When the complement of this verb is a sentence, the appropriate construction is with **na to, że...**:

Wygląda na to, że Andrzej zapomniał o tym zebraniu. *It looks like Andrzej forgot about this meeting.*
Wygląda na to, że będę musiał zrobić to sam. *It looks like I'll have to do that myself.*

f. **wyglądać na deszcz, śnieg,** *etc.* The construction with **na** + Acc. occurs fairly often with weather-nouns:

Wygląda na burzę. *It looks like a storm.*
Wygląda na pogodny dzień. *It looks like a nice day.*

The expression **zanosi się na** + Acc. is also used in this meaning: **Zanosi się na burzę.** *It looks like a storm brewing.*

2. **wydawać się** *seem, appear*

a. **wydawać się być** + adjective in either Nominative or Instrumental:

Ta studentka wydaje się być bardzo zdolna/zdolną. *That student seems to be very talented.*

b. **wydawać się** + Nominative of adjective:

Wszyscy studenci wydają się zdolni. *All the students seem talented.*

c. **wydawałoby się, że ...** This verb often occurs in the conditional mood introducing subordinate clauses:

Wydawałoby się, że wszystkie sklepy są już zamknięte. *It would appear that all the stores are already closed.*

d. **wydawać się** versus **zdawać się.** The verbs **wydawać się** and **zdawać się** are close in meaning and occur in approximately the same constructions. In general, **wydawać się** refers to objectively verifiable appearances, while **zdawać się** tends to be used in reference to subjective appearances. For this reason, **zdawać się** tends to occur more often with the Dative case of pronouns:

Ta góra jest wyższa, niż się wydaje. *That mountain is higher than it seems.*
Ta góra okazała się wyższa, niż mi się zdawało. *That mountain turned out to be higher than I thought.*

3. **czuć się** *feel*

a. **czuć się** + adverbial form of adjective. With most adjectives, the preferred construction after **czuć się** is for the adjective to appear in the adverbial form:

Czuję się dobrze (doskonale, świetnie, źle, okropnie, paskudnie...). *I feel fine (wonderful, great, bad, terrible, miserable,...).*

b. **czuć się** + Nominative of adjective. With participles and adjectives naming traits, the adjective may appear in the Nominative following **czuć się:**

Czuję się zadowolony. *I feel satisfied.*

Czuję się silny, jak byk. *I feel strong as a bull.*

It is often difficult to choose between the adverbial form and the Nominative case of the adjective. Sometimes either choice is possible, with a slight difference in meaning:

Czuję się tu obcy/obco. *I feel strange here.*

The choice of the adjective here implies that the strangeness exists objectively. Using the adverb suggests that the strangeness is a matter of subjective impression.

c. **czuć się** + Instrumental of adjective or noun. Constructions with the Instrumental after **czuć się** are not particularly common:

Czuję się wielkim artystą. *I feel (like I'm) a great artist.*

Czuję się winnym wobec ciebie. *I feel guilty in front of you.*

d. **czuć się jak** + phrase of comparison:

Czuję się tu jak u siebie w domu. *I feel here just like at home.*

e. **czuć, że...** In the meaning "think, sense," this verb occurs without **się:**

Czuję, że mnie nie rozumiesz. *I feel that you don't understand me.*

J. Stopnie pokrewieństwa *family relations*

The traditional system of family names is rather more elaborate in Polish than in English. The Polish relational system distinguishes, for example, between relations on one's mother's and on one's father's side of the family. To be sure, these distinctions are slowly dying out, particularly in the city. Relation-names exhibit a large number of affectionate forms, of which only the most common are given below.

1. Direct-line relations
    syn (synek, syneczek, synuś) *son*
    córka (córeczka, córunia) *daughter*
    ojciec (tata, tatuś, ojczulek) *father*
    matka (mama, mamusia, mamunia, matula) *mother*
    babcia (babunia, babuleńka) *grandmother*
    dziadek (dziadzio, dziadziunio, dziadziuś) *grandfather*
    pradziadek *great-grandfather*
    prababka *great-grandmother.*

Note: **babcia,** originally an affectionate form of **babka**, has almost completely replaced **babka** in normal reference to one's grandmother.

2. Collateral relations
    brat (braciszek) *brother*
    siostra (siostrzyczka) *sister*
    stryj (stryjek) *paternal uncle* (more often referred to simply as **wuj, wujek**)
    stryjenka *paternal aunt* (more often referred to as **ciocia**)
    stryjeczny brat *paternal male cousin* (more often, **kuzyn**)
    stryjeczna siostra *paternal female cousin* (more often, **kuzynka**)
    wujeczny brat *maternal male cousin* (more often, **cioteczny brat, kuzyn**)
    wujeczna siostra *maternal female cousin* (more often, **cioteczna siostra, kuzynka**)
    kuzyn, kuzynka *cousin* (used instead of the traditional **stryjeczny/ wujeczny/ cioteczny brat** and **stryjeczna/ wujeczna/ cioteczna siostra**)
    bratanek *fraternal male nephew; brother's son*
    bratanica *fraternal female nephew; brother's daughter*
    siostrzeniec *sororal male nephew; sister's son*
    siostrzenica *sororal female nephew; sister's daughter*
    rodzeństwo *one's brothers and sisters, siblings*
    stryjostwo *(masc. pers.) paternal uncle and aunt*
    wujostwo *(masc. pers.) maternal uncle and aunt.*

3. Relations by marriage
    mąż (mężuś, mężulek) *husband*
    żona (żonka, żoneczka, żonuchna, żonusia) *wife*
    małżeństwo *(masc. pers.) husband and wife*
    teść *father-in-law*
    teściowa *mother-in-law*
    zięć *son-in-law*
    synowa *daughter-in-law*
    szwagier *brother-in-law*
    szwagierka *sister-in-law.*

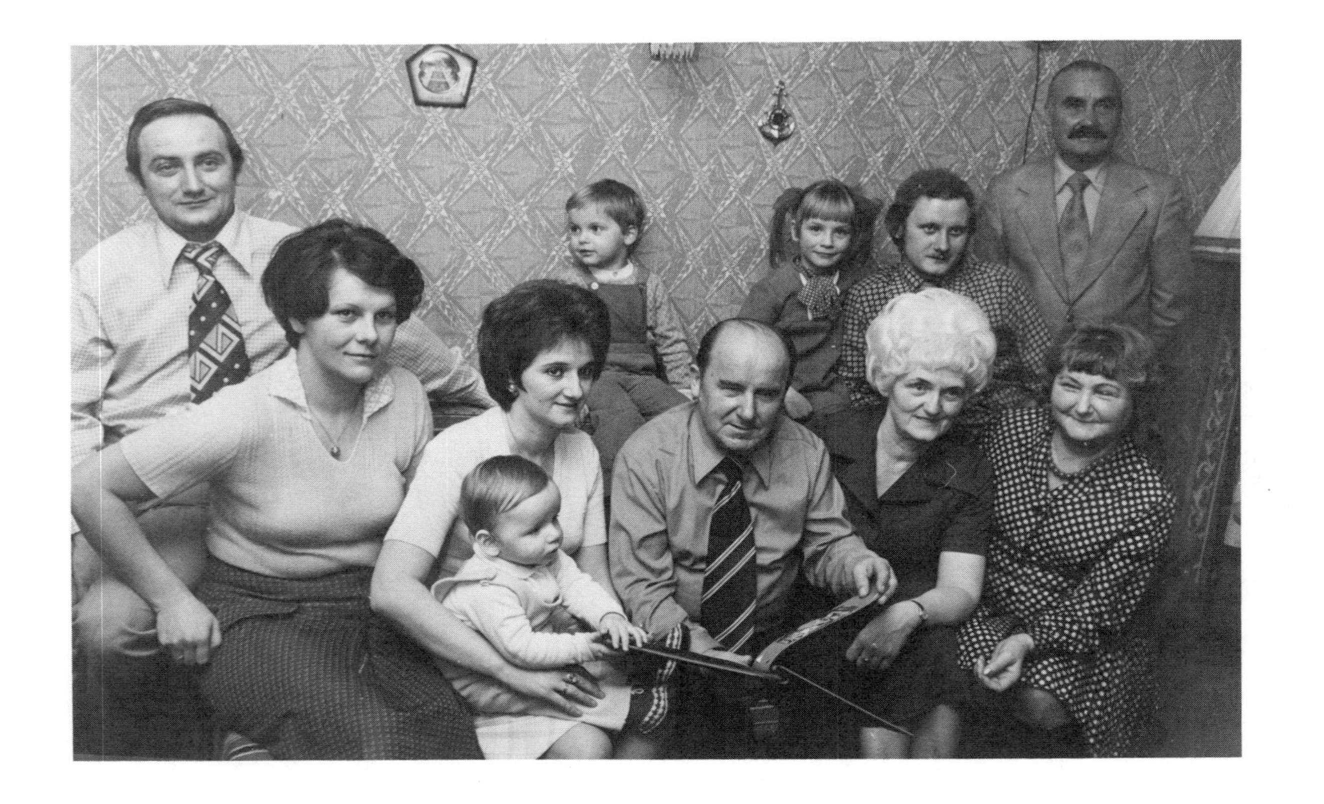

Rodzina

Note: Polish, as English, lacks a specific way of distinguishing brothers- and sisters-in-law on one's own side of the family from brothers- and sisters-in-law on one's husband's or wife's side of the family.

4. Step-relations
   ojczym *step-father*
   macocha *step-mother*
   pasierb *step-son*
   pasierbica *step-daughter*
   przyrodni brat *half-brother*
   przyrodnia siostra *half-sister.*

5. Orphan

The word for "orphan" is **sierota,** which takes feminine endings but takes either masculine or feminine agreement, depending on the referent. The plural can be **sieroci** *(masc. pers., i.e., male or male and female)* or **sieroty** *(female or pejorative masc. pers.).*

K. Polskie imiona i ich formy zdrobnienia *Polish first names and their diminutives*

1. Because Poles are usually named after a patron saint on the Christian calendar, the variety of first names in common use is perhaps not as large as in some other countries. In Poland, as elsewhere, certain first names are, at any given time, either coming into or going out of fashion. Most first names have a diminutive, or affectionate form, used more or less automatically among close acquaintances. Poles adhere to the formal form of first names among acquaintances when the diminutive sounds to them unserious or childish. For example, probably most **Marias** use **Maria** instead of any of this name's various diminutives; and most **Adams** go by **Adam** instead of the somewhat childish-sounding **Adaś.** Many first names have both an acceptable "adult" form as well as various "child's" forms; for example, **Krzysztof** (formal), **Krzysiek** (usual adult diminutive), **Krzyś** (child's diminutive).

Some first names can form an augmentative, or "coarse" form, used occasionally among family members or close friends alternately as a form of endearment, sarcasm, or chastisement. Such, for example, is relationship of **Irka** to **Irena** or of **Rychu** to **Ryszard.**

A number of male first names form optional diminutives in **-o**, for example, **Henio, Józio, Stasio,** and so on (from **Henryk, Józef, Stanisław**). Such names are declined like any soft-stem personal noun, for example, N **Henio** GA **Henia** D **Heniowi** I **Heniem** LV **Heniu**. Male names in **-o** are used mainly with children; used with adults, they often have a countrified or provincial flavor.

The formation of diminutives from formal first names is unpredictable and must be learned name by name. The most productive suffixes used in forming first-name diminutives are **-k-a** for females and **-ek** for males, cf. **Dorota**, dim. **Dorotka**; **Jan,** dim. **Janek**. Before diminutive suffixes are attached to a stem, the name is often shortened by "truncating" (lopping off) the stem at a convenient place. Often a new stem consonant (most frequently, **ń** or **ś**) will replace the original stem consonant, *cf.* **Grzegorz**, dim. **Grzesiek**; **Elżbieta**, dim. **Ela** or **Elżunia**.

2. **Najpopularniejsze imiona w Polsce** *the most popular Polish first names*

imiona męskie	**imiona żeńskie**
Adam (Adaś)	**Agata (Agatka)**
Aleksander (Olek, Alek)	**Agnieszka**
Antoni (Antek, Antoś)	**Alicja (Ala)**
Andrzej (Andrzejek, Jędrek)	**Alina (Ala)**
Artur (Artek)	**Aleksandra (Ola)**
Bartosz (Bartek)	**Anna (Ania, Anka)**
Bogdan (Boguś)	**Barbara (Basia, Baśka)**
Bogusław (Boguś)	**Beata (Beatka)**
Bolesław (Bolek)	**Bożena (Bożenka)**
Bronisław (Bronek)	**Bogumiła (Bogusia)**
Cezary (Czarek)	**Danuta (Danka, Danusia)**
Czesław (Czesiek, Czesio)	**Dorota (Dorotka)**
Daniel	**Ewa (Ewka)**
Dariusz (Darek)	**Elżbieta (Ela, Elka, Elżunia)**
Dominik	**Grażyna (Grażynka)**
Edward (Edek, Edzio)	**Hanna (Hania, Hanka)**
Eugeniusz (Gienek, Gienio)	**Halina (Halinka)**
Franciszek (Franek)	**Helena (Helenka, Hela)**
Grzegorz (Grzesiek, Grześ, Grzesio)	**Henryka (Henia)**
Henryk (Heniek, Henio)	**Irena (Irenka, Irka)**
Ireneusz (Irek)	**Iwona (Iwonka)**
Jakub (Jacek, Jacuś, Kuba)	**Izabela (Iza)**
Jan (Janek, Jaś, Jasio)	**Jadwiga (Jadzia)**

Janusz
Jarosław (Jarek)
Jerzy (Jurek)
Józef (Józek, Józio)
Kazimierz (Kazik, Kazio)
Karol
Krzysztof (Krzysiek, Krzyś)
Lech (Leszek)
Leon
Łukasz (Łukaszek)
Mateusz
Maciej (Maciek, Maciuś)
Marek (Mareczek)
Marian (Maryś)
Mariusz (Mariuszek)
Michał (Michałek, Michaś)
Mieczysław (Mietek)
Mirosław (Mirek)
Piotr (Piotrek, Piotruś)
Paweł (Pawełek)
Rafał (Rafałek)
Roman (Romek)
Ryszard (Rysiek, Rychu)
Stanisław (Staszek, Stasiek, Staś, Stasio, Stachu)
Sławomir (Sławek)
Stefan (Stefek)
Tadeusz (Tadek, Tadzio)
Tomasz (Tomek)
Waldemar (Waldek)
Władysław (Władek, Władzio)
Wiesław (Wiesiek, Wiesio)
Włodzimierz (Włodek, Włodzio)
Wacław (Wacek)
Wiktor (Witek)
Witold (Witek)
Wojciech (Wojtuś)
Zbigniew (Zbyszek)
Zdzisław (Zdzisiek)
Zygmunt

Janina (Janka, Jasia)
Joanna (Joasia, Asia)
Jolanta (Jola, Jolka)
Katarzyna (Kasia, Kaśka)
Krystyna (Krysia, Kryśka)
Karolina (Karolinka)
Lidia (Lidka)
Magdalena (Magda)
Małgorzata (Małgosia)
Maria (Marysia, Maryla)
Marta (Martusia)
Marzena (Marzenka)
Mirosława (Mirka)
Monika
Olga (Ola, Olka)
Renata (Renia)
Róża (Różyczka)
Stanisława (Stasia)
Teresa (Tereska)
Urszula (Ula, Ulka, Urszulka)
Wanda (Wandzia)
Wiesława (Wiesia)
Zofia (Zosia, Zośka)

Note: Male names ending in **-y**, *e.g.* **Cezary, Jerzy,** take adjective endings: NV **Jerzy** GA **Jerzego** D **Jerzemu** IL **Jerzym**; and so on.

L. **Użycie wołacza w połączeniu z imieniem** *the use of the Vocative case with first names*

The use of the Vocative form of a first name is obligatory in direct address when used in combination with the titles **pan, pani**:

Dzień dobry, pani Katarzyno(panie Arturze)!

Aside from the above use, the Vocative case is usually used only in combination with diminutives (a fact which is suggestive of the affectionate quality of the Vocative):

Zosiu! Janku!

The use of the Vocative case of a formal first name sounds stilted:

Mario! Dawno cię nie widziałem! *Maria! It's been such a long time! (stilted).*

The titles **pan, pani** may combine not only with the formal name but with diminutives as well:

Pani Marysiu!
Panie Janku!

The combination of **pan, pani** with a second-degree diminutive (for example, **panie Janeczku!**) sounds mannered, but it may be heard often enough, for example, in places of work.

M. Panna *miss, unmarried woman*

The title **panna** *miss* has for most intents and purposes gone out of existence except in the speech of the oldest generation. Other than this, its use is mainly jocular. As a noun, **panna** can be contrasted with **mężatka** *married woman,* although even here its use is old-fashioned:

Czy ona jest mężatką?
Nie, jest jeszcze panną.

Other than above, this word occurs in the phrases **stara panna** *old maid,* **panna młoda** *bride* (alongside **pan młody** *bridegroom*) and in not many other places.

N. Idiomy oparte na wyrazie "ręka" *idioms based on the word* ręka *hand*

na własną rękę *on one's own account or responsibility.* **Nie wiem, czy lubisz Jurka, ale zaprosiłem go na nasze przyjęcie na własną rękę.** *I don't know whether you like Jurek, but I invited him to our party on my own responsibility.*

pod ręką *close at hand.* **Pracuję zawsze ze słownikiem pod ręką.** *I always work with a dictionary close at hand.*

pod rękę *arm in arm.* **Nieznajomy i pani Basia szli ulicą pod rękę.** *The stranger and Miss Basia walked along the street arm in arm.*

od ręki *right away, without waiting.* **On załatwi ci tę sprawę od ręki.** *He'll take care of that matter for you right away.*

z pierwszej ręki *at first hand.* **Mam te wiadomości z pierwszej ręki.** *I have this news at first hand.*

z drugiej ręki *at second hand.* **Kupiłem ten płaszcz z drugiej ręki, ale wygląda zupełnie jak nowy.** *I bought this coat second hand, but it looks completely new.*

ręka w rękę *hand in hand, hand in glove.* **Oni działają ręka w rękę.** *They work hand in glove.*

być komuś na rękę *be convenient for someone; suit.* **Jego propozycja akurat nie była mi na rękę.** *His proposal was precisely not to my liking.*

z pustymi rękami *empty-handed.* **Nie można pójść na imieniny z pustymi rękami.** *One can't go to a name-day party empty-handed.*

gołymi rękami *bare-handed.* **Jeśli musimy, będziemy się bronić gołymi rękami.** *We will defend ourselves with our bare hands if we have to.*

własnymi rękami *with one's own hands.* **Zbudowałem ten domek własnymi rękami.** *I built this house with my own hands.*

machać (machnąć) ręką na coś *treat with contempt, as not worth one's bother.* **On odnosi się do wszystkiego bardzo cynicznie; na wszystko z góry macha ręką.** *He treats everything very cynically; he writes everything off in advance.*

umyć (umywać) ręce od + G *wash one's hands of something; disclaim responsibility for.* **Jeśli nie pójdziesz z tym zębem natychmiast do dentysty, to umyję ręce od całej sprawy.** *If you don't go right away to the dentist's with that tooth, I wash my hands of the whole affair.*

stać z założonymi rękami *stand idly by.* **Wszyscy stali z założonymi rękami; nikt nie spieszył się z pomocą.** *Everyone stood around helplessly; no one hurried to help.*

mieć wolną rękę *have a free hand, carte blanche.* also **dać (dawać) komuś wolną rękę** *give someone a free hand.* **Dam ci wolną rękę w załatwieniu tej sprawy.** *I'll give you a free hand in taking care of this matter.*

mieć związane ręce *have one's hands tied (figuratively).* **Chciałbym ci pomóc, ale mam związane ręce.** *I'd like to help you, but my hands are tied.*

jak ręką odjął *as if by enchantment.* **Ból mi przeszedł jak ręką odjął.** *The pain stopped as if by magic.*

ręka rękę myje *one hand washes the other; you scratch my back and I'll scratch yours.*

O. Konstrukcja "trudno" (łatwo) o + A

The English expression "X is hard (easy) to come by" has a correspondent in Polish expressions
trudno (jest) o + A *it's difficult to get*
łatwo (jest) o + A *it's easy to get:*

Łatwo jest o dobry materiał; trudniej o ładne guziki. *It's easy to find good material; it's harder to find good-looking buttons.*
Nietrudno o wypadek. *It's easy to have an accident.*

PERŁY SĄ, GORZEJ
O WIEPRZE...

perła *pearl*
wieprz *swine, hog*

P. Wyrazy "wiadomo, słychać, widać"

The expressions **wiadomo** *to be known,* **słychać** *to hear, to be heard,* **widać** *to be seen* take no endings; they are used exclusively in impersonal expressions. The past tense of such expressions is formed by adding **było**; the future by adding **będzie**:

Słychać było turkot kół. *The clatter of wheels could be heard.*
Nic nie widać w całej okolicy. *There's nothing to be seen in the entire district.*
Nic mi nie wiadomo o tym. *Nothing is known to me about that.*

Rzeszów

Q. Ćwiczenia

1. **minuta:** **a. w ciągu minuty**
b. w ciągu paru minut.

miesiąc, rok, godzina, tydzień, sekunda.

2. rain: **a. będzie deszcz**
b. zapowiadają deszcz.

clouds, storm, snow, downpour, lightning, frost, quiet, heatwave, showers, sun.

3. weak winds: **słabe wiatry.**

good weather, wonderful weather, ugly weather, strong winds, light rains, heavy rains, heavy clouds (**chmura**), intermittent showers, biting (**siarczysty**) frosts, sunny weather, moderate temperatures.

4. west: **a. wiatry z zachodu**
b. zachodnie wiatry.

south, north, east, south-east, north-west, south-west, north-east.

5. winter: **zimowa pogoda.**

fall, spring, summer; January, February, March, August, November, May, June, September, April, October, July, December; cloudy, horrendous, awful, ugly, terrible, miserable, rainy, frosty, uncertain, good, marvelous, wonderful, changeable, beautiful.

6. Use different ages:

szwagier: **a. mojemu szwagrowi trzydzieści dwa lata**
b. mojej szwagierce dwadzieścia pięć lat.

wuj, kuzyn, bratanek, pradziadek, syn, siostrzeniec, stryj, mąż, zięć, teść, ojczym, przyrodni brat, pasierb, ojciec, dziadek.

7. Supply complements:

wziąć: **mówię, żebyś wziął(wzięła) parasol.**

zdjąć, włożyć, nie zapomnieć, włączyć, zakręcić, słuchać, nie chwalić.

8. Briefly describe the weather during the given month:

październik: **w październiku pogoda może być zmienna, raz ciepło, raz zimno; często deszcz pada przez cały miesiąc.**

styczeń, marzec, lipiec, wrzesień, listopad, sierpień, czerwiec, maj, kwiecień, grudzień.

9. Fill in the promised action, using **pomóc w** + L:

ona, ja: **obiecała mi pomóc w tapetowaniu kuchni.**

oni, one; wy, my; pan, ona; państwo, on; ty, ja.

10. rain: **a. przed deszczem**
b. po deszczu.

storm, frosts, showers, heat wave downpour, snow.

11. umbrella: **a. weź parasol**
b. po co mi parasol?
c. nie bierz parasola.

gloves, socks, shoes, scarf, coat, hat, sweater.

12. hat: **nic się kapeluszowi nie stanie.**

shoes, coat, sweater, gloves, car, house, garage, watch, child, umbrella.

13. 18-25 **od osiemnastu do dwudziestu pięciu stopni.**

13-27; 11-21; 10-17; 19-30; 7-14; 4-33.

14. rain: **wygląda na deszcz (zanosi się na deszcz).**

storm, snow, heatwave, bad weather, downpour.

15. merry: **a. wyglądasz wesoło**
b. weselej wyglądasz dzisiaj niż wczoraj.

sad, old, young, lazy, pretty, beautiful, bad, good, awful.

16. old dog: **a. ten pies wygląda jak stary**
b. ten pies wygląda na bardzo starego
c. ten pies wydaje się być dość stary (starym).

fat cat, old chair, young horse, satisfied cow, hard-working woman, satisfied customer, expensive apartment, fast car, slow train, hungry wolf, polite child, tired man.

17. Find at least six possible adverbial complements for **czuję się**:

czuję się doskonale.

18. **Anna:** **Ania; Aniu!**

Jerzy, Maria, Olga, Maciej, Teresa, Adam, Małgorzata, Alina, Jadwiga, Józef, Grzegorz, Wiesław, Zofia, Stanisława, Tadeusz.

19. Translate, using expressions with **ręka**:
   a. That's a simple matter; I'm sure they'll take care of it right away.
   b. I usually work in the library, where I have all the necessary books close at hand.
   c. You won't believe (**uwierzyć w** + A) this, but I heard this story at first hand.
   d. Did you kill that bear (**niedźwiedź**) with your bare hands?

e. They didn't have my size (**numer**) in the shoe store, so I had to come home empty-handed.
f. Don't just stand there; do something!
g. Forget about that matter; you've got enough to worry about without that.
h. I have a free hand; I can take care of this matter as I like.
i. I signed that paper on my own responsibility.
j. He never does anything unless it suits him.
k. They walked along arm in arm, just like old friends.
l. I buy all of my clothes second hand. - It looks like it.

20. Translate:
a. A good suit is hard to come by. - You can say that about a lot of things.
b. It's easy to get good shoes in this country, but they are expensive.
c. It's hard to get sandals (**sandały**) in the winter, because it's not the right season (**sezon**), and it's not easy in the summer either, because they're all sold out.
d. In the distance (**dal**) could be heard music and the trampling (**tupot**) of feet.
e. Nothing could be seen or heard anywhere.
f. As is known, squirrels (**wiewiórka**) like nuts (**orzech**).
g. Your sister looks prettier than I remember.
h. That man looks tired.
i. That dog looks like a German Shepherd.
j. Those gloves look expensive.
k. It looks like rain or snow.
l. It looks like the mailman forgot about our house today.
m. It looks like your hat got ruined.
n. It would appear that you've had enough to drink. - No, not at all.
o. I feel awful today. - You look awful too. You should lie down.
p. I always felt that I was your friend.
q. I feel sick as a dog.
r. I feel that you are angry with me.
s. Maybe we'll make it home before it begins to rain.
t. They are predicting showers in the afternoon.
u. Fish bite well after a rain.
v. Come on, or we'll be late.
w. Agata promised to help me clean the floor and arrange (**urządzić**) the apartment.
x. I told you to take an umbrella. Now look at your dress; it's completely ruined.
y. If you get sick (**zachorować**), I wash my hands of the whole matter.
z. Let's take shelter under this tree.

21. Make five-line conversations on the basis of the following first lines:

a. - **Zanosi się na burzę.**

b. - **Mówiłem ci, żebyś wzięła parasol.**

c. - **Czy masz krewnych w Polsce?**

d. - **Ładną dziś mamy pogodę, co?**

e. - **Jaka będzie jutro pogoda?**

22. Copy out the relation-names in Section J. above. Wherever possible, fill in after the relation the name of a person in your family who bears that relation to you.

Deszczyk

R. Tekst do czytania

Geografia i klimat Polski

Polska jest krajem środkowoeuropejskim, leżącym w dorzeczu Wisły i Odry. Zajmuje ona obszar prawie 313 tysięcy kilometrów kwadratowych. Na wschodzie i częściowo północy graniczy ze Związkiem Radzieckim (ZSRR), na południu - z Czechosłowacją (CSRS), a na zachodzie z Niemiecką Republiką Demokratyczną (NDR). Na północy polską granicę tworzy Morze Bałtyckie.

Krajobraz Polski, mimo zdecydowanej przewagi nizin, jest urozmaicony. Charakteryzuje go pasowy układ naturalnych krain geograficznych i bogate ukształtowanie pomorskich nizin. Sam brzeg morza jest przeważnie piaszczysty, z szerokimi plażami i wydmami. Rozległy obszar na północy kraju zajmują pojezierza - Pomorskie, Mazurskie i Wielkopolskie. Przedstawiają one typowy krajobraz polodowcowy z tysiącami jezior malowniczo usytuowanych wśród wzgórz i lasów. Jest to region szczególnie chętnie odwiedzany latem przez miłośników sportów wodnych i wypoczynku na łonie natury. Szeroki pas nizin środkowej Polski - między Odrą i Bugiem - jest obszarem tradycyjnie rolniczym. W tej też części kraju zachowały się największe kompleksy leśne - wśród nich Puszcza Białowieska, gdzie znajduje się jedyny w Europie rezerwat bizonów europejskich, nazywanych żubrami. Kolejny pas - wyżynny - obejmuje stary masyw Gór Swiętokrzyskich, rolniczą Wyżynę Lubelską oraz malownicze pasmo Jury Krakowskiej. Dalej na południe wznoszą się góry - Sudety (należące do najstarszych masywów górskich Europy) oraz Karpaty. Wśród pasm górskich zaliczanych do Karpat wyróżnia się masyw o charakterze niemal alpejskim noszący nazwę Tatrów. Pasma średniej wysokości nazywają się Beskidy, a ich wschodnia część - Bieszczady.

Polska leży w strefie klimatu przejściowego między klimatem oceanicznym Europy Zachodniej a kontynentalnym wschodniej części kontynentu, co wpływa na dużą zmienność pogody. Wprawdzie w kalendarzu wyraźnie zaznaczone są cztery pory roku: wiosna, lato, jesień i zima, Polacy wyróżniają jeszcze przedwiośnie, a jesień dzielą na dwie fazy - tak zwaną "złotą polską jesień" i jesienną szarugę nazywaną często przedzimiem. Kalendarzowa zima trwa blisko trzy miesiące - od grudnia do końca lutego. Najczęściej nie jest bardzo mroźna, ale obfituje w opady śnieżne, szczególnie na wschodzie kraju i w górach. Wiosna jest zwykle słoneczna i ciepła, jednak nawet w połowie maja może nastąpić nawrót kilkudniowych przymrozków. Lato trawające od czerwca do sierpnia bywa zwykle upalne z temperaturą powyżej 30 stopni Celcjusza, ale może też być dżdżyste i chłodne. We wrześniu rozpoczyna się jesień, szczególnie piękna w polskich borach i lasach.

W Tatrach

Zmienność pogody, czasami z dnia na dzień, dla wielu może być uciążliwa. Ciągle się słyszy w Polsce np. narzekanie na stan ciśnienia atmosferycznego jako powód bólów głowy. Jednak dla tych, którzy nie lubią monotonii, klimat polski ma nieodparty urok.

Geografia i klimat Polski - Słowniczek

alpejski *Alpine*
Beskidy G **-ów** *Beskid mountains*
białowieski *(adj.) Bialowieza*
Bieszczady G **Bieszczad** *Bieszczad mountains*
bizon *bison*
blisko *nearly*
bór boru *woods*
Celcjusz *Celcius*
charakteryzować *characterize*
chłodny *chilly*
ciągnąć się *stretch (intrans.)*
ciśnienie atmosferyczne *atmospheric pressure*
częściowy *partial*
dorzecze *river basin*
dżdżysty *rainy*
geograficzny *geographical*
granica *border, boundary*
graniczyć z + I *border on*
jedyny *(adj.) only*
jura *Jura (Jurassic rock system)*
kalendarz *calendar*
kalendarzowy *(adj.) calendar*
Karpaty G **Karpat** *Carpathian mountains*
kolejny *next (in line)*
kompleks *complex*
kontynent *continent*
kontynentalny *continental*
kraina *region, land*
krajobraz *landscape*
kwadratowy *(adj.) square*
leśny *(adj.) forest* (from **las**)
lubelski *(adj.) Lublin*
łono natury *lap of nature*
malowniczy *picturesque*
masyw *massif*
mazurski *Mazurian*
miłośnik *admirer, afficiando*
monotonia *monotony*
mroźny *frosty, cold*
nadmorski *(adj.) seaside*
narzekanie *complaining, complaint*
nawrót *return, turning back*
niemal *practically*
nieodparty *irresistible*
nizina *lowland*
obejmować *encompass*
obszar *territory*
oceaniczny *oceanic*
pas *strip*
pasmo *(mountain) range*
pasmowy układ *belt system*
piaszczysty *sandy*
pojezierze *lake district*
polodowcowy *post-glacial*
pomorski *Pomeranian*
powierzchnia *surface*
powyżej *above, higher than*
przedstawić przedstawiać *present*
przedwiośnie *pre-spring*
przedzimie *pre-winter*
przejściowy *transitional*
przewaga *(here:) predominance*
przymrozki G **-ów** *ground frost*
puszcza *wilderness*
rezerwat *reservation, preserve*
rolniczy *agricultural*
rozległy *expansive, vast*

sport wodny *water sport*
strefa *zone*
Sudety G **Sudetów** *Sudeten mountains*
sytuować u- *situate, locate*
szaruga *bad weather*
szeroki *wide, broad*
śnieżny *(adj.) snow* (from **śnieg**)
średni *(adj.) medium*
środkowy *central*
świętokrzyski *(adj.) Holy-Cross*
Tatry G **Tatr** *Tatra mountains*
tworzyć *create; (here:) form*
typowy *typical*
uciążliwy *burdensome*
ukształtowanie *formation*
upalny *hot (weather)*
urozmaicony *variegated*
w połowie + G *in the middle of*
wielkopolski *great (central) Polish*
wpływać na + A *influence*
wprawdzie *to be sure*
wydma *dune*
wyróżnić się wyróżniać się *be distinguished*
wysokość *(height)*
wyżyna *upland*
wyżynny *(adj.) upland*
wzdłuż + G *along*
wzgórze *upland, hill*
wznosić się *(intrans.) rise*
zachować zachowywać *preserve*
zaliczyć zaliczać *number among*
zaznaczyć zaznaczać *indicate*
złoty *gold, golden*
zmienność *changeability*
żubr *European bison*

Niedzielny spacer zimą

Pytania do tekstu:

1. Z jakimi krajami Polska graniczy?
2. Czy krajobraz Polski jest urozmaicony? Dlaczego?
3. Jak wygląda wybrzeże Bałtyku?
4. Gdzie najchętniej przebywają latem miłośnicy sportów wodnych?
5. Gdzie znajduje się rezerwat żubrów?
6. Jakie masywy górskie występują w Polsce?
7. W jakiej strefie klimatycznej leży Polska?
8. Jakie w Polsce wyróżnia się pory roku?
9. Co wiesz o pogodzie w Polsce?
10. Jak wygląda typowa zima? Lato?
11. Dlaczego zmienność pogody może być dla wielu uciążliwa?

Tematy do rozmowy:

1. Istnieje w innych krajach przekonanie, że Amerykanie i Anglicy ciągle rozmawiają o pogodzie. Czy takie przekonanie jest uzasadnione? Dlaczego tak uważasz?

2. Czy uważasz, że zmienność ciśnienia barometrycznego może być powodem bólów głowy? Jakie jeszcze wpływy na zdrowie czy samopoczucie może wywierać pogoda?

3. Jaki jest amerykański odpowiednik tej pory roku nazywanej w Polsce "złotą jesienią"? Czy jest amerykański odpowiednik polskiego przedwiośnia? przedzimia?

barometryczny *barometric*
odpowiednik *correspondent*
samopoczucie *frame of mind*
wpływ *influence*
wywrzeć wywierać *exert*

Toruń

LEKCJA JEDENASTA 11

Konin

A. Tego typu sytuacja

- Słuchaj! Mirek nas zaprosił do siebie dziś wieczorem. Będzie próba jego marihuany.

- Jakiej marihuany?

- No wiesz, tej roślinki, którą tak starannie pielęgnuje w oknie cały rok.

- Nie wiedziałem(am), co to było, ale i tak, raczej wolę unikać tego typu sytuacji.

- Jakiego tam typu sytuacji, do licha? Nic ci się nie stanie. Przecież wszystkiego w życiu trzeba spróbować choć raz, nie uważasz?

- Właśnie, że nie uważam.

Na zajęciach

B. Piszę pracę I: Nie zawracaj mi głowy

- Wiesz co słyszałem(am) dziś na uczelni?

- Nie zawracaj mi głowy, dobrze? Piszę pracę i stanowczo mi nie wychodzi.

- U kogo piszesz tę pracę?

- U pana docenta Zimnego, a bo co?

- Bo akurat słyszałem(am), że pan docent miał wypadek i leży w szpitalu. Wszystkie jego zajęcia na jutro odwołano.

- Ach, to doskonale!

C. Piszę pracę II: Siły nadprzyrodzone

- To okropne tak się cieszyć z cudzego nieszczęścia.

- Zapewne masz rację, ale ten wypadek jest mi bardzo na rękę. Cały dzień byłem(am) dziwnie zablokowany(a). W żaden sposób nie mogłem(am) się pozbierać do pisania tej pracy.

- Widocznie miałeś(aś) przeczucie.

- Wcale nie wykluczam takiej możliwości. Jestem raczej skłonny(a) wierzyć w siły nadprzyrodzone.

D. Oblałem

- Jak ci idzie na egzaminach?

- Nieźle. Już je zdawałem(am) i zaliczyłem(am) wszystko z wyjątkiem filozofii. Idiota(idiotka) mnie oblał(a).

- Ojej. Teraz będziesz musiał(a) powtórzyć cały rok.

- Nie sądzę. Prowadzący(a) powiedział(a), że da mi poprawkę w następnym tygodniu. Jak zdam poprawkę, to wszystko będzie w porządku.

E. Wieczny optymista

- Ile masz egzaminów w tej sesji?

- Cztery: z gramatyki, literatury Oświecenia, historii Polski oraz łaciny. Okropnie się denerwuję, czy uda mi się je wszystkie pozdawać.

- Spokojna głowa, wszystkiemu się powolusku zaradzi. Grunt to nie popadać w skrajność i panować nad nerwami.

- Prawdziwy z ciebie przykład wiecznego optymisty. Ale chyba jednak może masz rację - nie należy się przedwcześnie załamywać.

F. Niepoprawny idealista

- Jakie wybierasz seminarium?

- Z literatury amerykańskiej, a ty?

- Z metodyki. Facet, który to prowadzi, nie jest zbyt wymagający.

- No wiesz, tym się głównie kierujesz? Czy tak naprawdę interesuje cię metodyka?

- Myślę, że na tyle, że napiszę pracę bez większych trudności. Na literaturze natomiast trzeba czytać tomy.

- Ale za to jakie to ciekawe i jak bardzo rozwija umysł.

- Oj, ty Zbychu, jesteś taki niepoprawny idealista!

- WYSTĄPI TERAZ DOKTOR REHABILITOWANY...

G. Matura

- O cześć Kazik(Kasia), nie widzieliśmy się całe wieki. Jak ci idzie w szkole?

- Właśnie zdaję maturę. Wczoraj był pisemny z polskiego, a dziś z matmy.

- Jak ci poszło?

- W sumie nieźle, ale i też kułem(am) całymi dniami.

- Czy oprócz tych dwóch musisz zdawać jeszcze z jakiegoś przedmiotu?

- Tak, ustny z biologii, którą wybrałem(am) sobie jako zajęcia fakultatywne. Rzecz w tym, że będę się chciał(a) potem dostać na medycynę.

- A więc, życzę ci powodzenia czy, jak mówią studenci, połamania karku!

H. Słowniczek

cudzy *another*
do licha *(curse) confound it*
dostać się na + A *(pf.) get into (a school)*
egzamin *examination*
facet *guy*
fakultatywny *optional.* **zajęcia fakultatywne** *elective*
grunt *the main thing*
idealista *(mp.) idealist*
kierować się + I *go by*
kuć *(slang) cram*
łacina *Latin*
marihuana *marihuana*
matma *(slang) math*
matura *high school diploma*
medycyna *(study of) medicine*
metodyka *pedagogy (teaching)*
nadprzyrodzony *supernatural*
nerw *nerve*
niepoprawny *incorrigible*
nieszczęście *misfortune*
oblać oblewać *flunk*
odwołać odwoływać *call off*
optymista *(mp.) optimist*
Oświecenie *Enlightenment*
panować za- nad + I *get control over*
pielęgnować *take care of, tend*
pisemny *written (examination)*
popaść popadać w + A *fall into*
poprawka *make-up exam*
porządek porządku *order.* **wszystko w porządku** *all's in order*
powodzenie *good luck, success*
powolutku, powolusku *little by little*
prawdziwy *geniune*
prowadzący(a) *(here:) instructor (at university)*
prowadzić *conduct, lead, teach*
próba *trial, test*
przeczucie *intimation, foreknowledge*
przedwczesny *premature*
roślina *plant; dim.* **roślinka**
seminarium *(n.) seminar, course of specialization*
sesja *session*
siła *force, strength, power*
skłonny *inclined*
skrajność *(f.) extremity*
spokojny *peaceful, calm*
stanowczo *decidedly*
szczęście *(here:) good luck, fortune*
tom *volume*
umysł *mind*
uniknąć unikać + G *avoid*
ustny *oral (examination)*
w sumie *on the whole*
wieczny *eternal*
wiek *age, century*
wierzyć w + A *believe in*
wyjść wychodzić *(here:) come out (right)*
zablokowany *blocked*
zaliczyć zaliczać *pass, get credit for*
załamać się załamywać się *break down*
załamać się załamywać się *break down*
zaradzić zaradzać + D *get a grip on, manage*
zawracać. nie zawracaj mi głowy *don't distract me*
zdać *pass* **zdawać** *take (examination)*
życzyć + G *wish*

I. Uwagi

roślinka *little plant:* pejorative use of a diminutive formation.

a bo co? *so what?, what's it to you?*

piszę pracę u pana docenta Zimnego *I'm writing a paper for Prof. Zimny.*

Byłem zablokowany *I had a (mental) block*

Jak ci idzie na egzaminach? *How are you doing on your exams?*

zaliczyć *pass, get credit for.* Polish students have a grade booklet, in which all courses for each year are listed, together with the grades, each initialed by the appropriate instructor. **Zaliczenie** refers to whether an instructor has "signed off" on a course or not

powtórzyć rok *repeat the year.* The course of study in any academic major is rigidly prescribed. In theory, failing any single course can result in a student's having to repeat the entire year. In practice, most students are given the chance to pass courses by make-up examination, usually given during the summer.

oblać *flunk.* This verb may be used with either a person or a school subject as object, *i.e.,* either **Idiota mnie oblał.** *The idiot flunked me.* or **Oblałem wszystkie przedmioty.** *I flunked all subjects.*

pozdawać *pass (each and every one).* See Section N below for the distributive use of the prefix **po-.**

spokojna głowa *keep calm, don't get flustered*

na tyle, że... *to extent that*

właśnie zdaję maturę *I'm taking my high school comprehensives right now*

bez większych trudności *without major difficulty*

połamania karku! *break your neck! (***życzę** + G is implied).

J. Wykrzykniki po polsku *Polish exclamations*

ach! *ahh! (rapture).* **Ach jaki piękny widok!** *Oh, what a beautiful sight!*

aha! *aha! (realization).* **Aha, to tak się sprawy mają!** *Oh, so that's how things are?*

au! (also: **ua! uau!**) *ouch! (pain).* **Au jak okropnie boli!** *Oh, how it hurts!*

ech! *aw! (disgust).* **Ech, to akurat jest wyssane z palca.** *Aw, that's completely made up!*

ha! *humph! (sarcasm).* **Ha, a nie mówiłem?** *Humph, didn't I tell you so?*

halo! *hey (you)!* **Halo, gdzie pan idzie?** *Hey, where do you think you're going?*

hej! *hey! (call for attention).* **Hej, czy mógłby mi pan pomóc?** *Hey there, could you help me?*

hopla! *upsie-daisie.* **Hopla, teraz skoczymy przez ognisko.** *Up we go! Now let's jump over the campfire!*

hop hop! *yoo-hoo! (calling at a distance).* **Hop hop! Poczekajcie chwilkę!** *Hey up there! Wait a minute!*

oh! *oh! (surprise, amazement).* **Oh, ty tutaj** *Oh, are you here?*

oho! *ahh! (discovery).* **Oho, ktoś już się zorientował!** *Oho! someone finally figured it out!*

oj! *oh my! (unpleasant surprise, pain).* **Oj, przestań, to boli!** *Oh stop, that hurts!*

ojej! *oh dear, whoops.* **Ojej, mówisz, że ciocia miała ponowny atak?** *Oh dear, you say that auntie had another attack?*

(p)fe! (or: **tfu!**) *phooey! ugh! yuk! (distaste).* **Pfe, cóż to za maniery!** *Ugh, what sort of manners are those?!* **Tfu, tfu, tfu, żeby nie zapeszyć!** *Spit three times to avoid the evil eye.*

(p)fu!, fuj! *ugh! (disgust).* **(P)fu, jak tu cuchnie!** *Ugh, how it stinks here!*

phi *pshaw! aw! (indifference).* **Phi, może sobie gadać, co zechce.** *Aw, let him say what he wants.*

uf! *whew! (difficulty).* **Uf, ale ciężka ta paczka.** *My, but that package is heavy.*

y...*uh...(hesitation).* **Y...trudno mi dokładnie powiedzieć.** *Uhh...it's difficult for me to say exactly.*

Note on the hesitation vowel **y** *uh.* When stalling for time or for the correct word, Poles sometimes emit a vowel of rather indefinite quality, rather like a slightly nasalized **y**. The English hesitation vowel, usually written "uh," is definitely NOT appropriate in Polish, partly because it is apt to be mistaken for the word **a** *and/but.* In general, Poles make much less use of the stall vowel than do Americans.

- JAK TEN CZAS LECI, WOJTUŚ KACZMARKÓW JUŻ W KOLEJCE STOI

K. jak = kiedy, jeśli, skoro

In informal speech, Poles often use **jak** *as, how* in the sense of **kiedy** *when,* **jeśli** *if,* or **skoro** *since, as long as:*

Jak go zobaczysz, to powiedz mu, żeby wpadł do mnie dziś wieczorem. *If you see him, tell him to drop by on me this evening.*

Jak masz na to ochotę, możemy pójść na ten film. *If you feel like it, we can go to that film.*

Jak zdam egzamin, to da mi zaliczenie. *If I pass the exam, he'll give me a pass.*

L. no = tak

Usually, **no** translates the English interjection "well": **No, to chodźmy!** *Well then, let's go!* **No, czego się spodziewałaś** *Well, what did you expect?* **No** is also used as an informal version of **tak** as an expression of consent, agreement, confirmation. This use is roughly comparable to English "yeah," "yep," except that **no** carries rather more meaning, implying that the question is so obvious that it could have been left unasked.

- **Czy jesteś gotowy do wyjścia?** — **No.**
Are you ready to leave? — *Yeah (what do you think?)*

- **Ten obraz jest ładny, nie?** — **No.**
That picture is pretty, isn't it? — *Yeah (it sure is).*

- **Krysia, słyszysz mnie?** — **No, słyszę.**
Chris, do you hear me? — *Yeah, I hear you.*

Because **no** in the function of **tak** is apt to be taken as impolite in formal conversation, its use is well avoided by the learner of Polish.

M. Użycie dopełniacza przed rzeczownikiem *preposed Genitives*

By and large, qualifying phrases in the Genitive case are placed AFTER the noun being qualified: **siostra Basi** *Basia's sister,* **butelka maślanki** *bottle of buttermilk.* Preposed Genitive phrases are often encountered in the case of Genitives of personal possession. The effect is to stress the possessor slightly. Preposed Genitives are rarely used in initial sentence position:

Nikt nie nosi takich sukienek, nawet Basi siostra. *No one wears dresses like that, not even Basia's sister.*
Wszystko byłoby w porządku tylko, że Jurka żona znowu spodziewa się dziecka. *Everything would be all right, except that Jurek's wife is once again expecting a baby.*

Certain, more-or-less fixed Genitive phrases almost always occur before the noun; most common are typing phrases such as **tego typu** *of that type,* **wszystkiego rodzaju** *of all sorts,* **pierwszej jakości** *top quality,* and so on, *cf.*

Sprzedają tam wszelkiego rodzaju sprzęt. *They sell all sorts of equipment there.*
Wolę tego typu herbatę. *I prefer that type of tea.*

Note that in the corresponding English expressions it is the second noun phrase, not the first, that appears in the possessive: **różnego rodzaju pociągi** *"trains of various sort," i.e., various sorts of trains.*

N. po- jako przedrostek dystrybutywny *the prefix* po- *in its distributive use*

The verbal prefix **po-** can be used to express the meaning "each and every one". When used in this sense, the prefix **po-** is attached to the Imperfective member of the aspect pair, including prefixed Imperfectives. The resulting verb is Perfective:

Wszystkie sklepy są pozamykane. *Each and every store is closed.*
Nie wiem, czy uda mi się wszystkie egzaminy pozdawać. *I don't know whether I'll be able to pass every single one of my exams.*

O. Funkcje przyimka "po" *functions of the preposition* po

The preposition **po** has a number of different functions, not even mentioning the use of **po-** as a perfectivizing and distributivizing prefix (above, N.).

1. **po** + L
   a. *after* — **po koncercie** *after the concert,* **po przerwie** *after a break,* **po śniadaniu** *after breakfast,* **po pierwszej** *after one o'clock,* **po wyjściu** *after leaving.*

b. *by, along a route*	**po schodach** *by the stairs,* **po drabinie** *by the ladder,* **po drodze do domu** *along the way home.*
c. *over an area*	**po całym świecie** *the whole world over,* **po całej Europie** *all over Europe.*
d. *on, along a part of the body*	**głaskać kogoś po włosach** *stroke someone's hair,* **całować po rękach** *kiss someone on the hands.*
e. *by (a sign of)*	**poznać kogoś po głosie** *recognize someone by their voice,* **widać po twarzy** *one can tell by the face.*
f. *over (to one side)*	**po jednej i drugiej stronie** *on one side and the other.*
g. *in (the center)*	**pośrodku pokoju** *in the middle of the room.*
h. *by (twos, threes)*	**liczyć po dwóch** *count by twos.*
i. *apiece (with singular nouns)*	**po jednym jabłku** *an apple apiece.*
j. *for (periods of time)*	**po całych dniach** *for days on end.*
k. *at (a price)*	**po przystępnych cenach** *at affordable prices.*

2. **po** + A

a. *after, for (to get)*	**wyjść po zakupy** *to go shopping,* **zajść po przyjaciela** *to drop by for a friend.*
b. *up to, as far as*	**po uszy** *up to one's ears,* **po kolana** *up to one's knees.*
c. in the expression:	**po co?** *what for.*

3. **po** + Dative of adjective "in the manner of". This construction is limited to a few common expressions such as:

po staremu *same as before* | **po domowemu** *home-style*
po złotemu *(cost of) a zloty each* | **po jednemu** *one by one.*

4. **po** + adverb in **-u.**

a. *in the manner of (*especially with adjectives in **-ski):**

po polsku *in Polish* | **po przyjacielsku** *in a friendly way*
po chłopsku *peasant style.*

b. little at a time (and various other idiomatic meanings). This construction occurs with various adjectives, but particularly with adjectival diminutives:

po mału *little by little* | **po prostu** *simply*
po malutku *little by little* | **po trochu** *a little each*
po cichutku *quietly, on the sly* | **po ciemku** *in the dark*
powolutku *very slowly.*

P. namówić, zachęcić przekonać, zmusić *verbs of persuasion and coercion*

The following verbs, in the general semantic area of persuasion, have similar syntactic characteristics in that they take an Accusative object and an additional prepositional complement. As an alternative to the prepositional complement, these verbs may be followed by a conditional phrase using **żeby**, as long as the object of the main verb and the subject of the subordinate sentence are the same:

namówić namawiać kogoś do + verbal noun in G *induce, encourage, urge, persuade*
Namawiał nas do opuszczenia sali. *He urged us to leave the hall.*
Namawiał nas, żebyśmy opuścili salę. *He urged that we leave the hall.*

przekonać przekonywać kogoś o + L *convince, persuade.*
Przekonałem go o słuszności mojego stanowiska. *I persuaded him of the correctness of my position.*
Przekonywałem go, żeby nie popadał w rozpacz. *I persuaded him not to despair.*

zachęcić zachęcać kogoś do + verbal noun in G *urge, incite, exort, encourage*
Zachęcali nas do zwiedzenia starego zamku. *They encouraged us to visit the old castle.*
Zachęcali nas, żebyśmy zwiedzili stary zamek. *They urged that we visit the old castle.*

zmusić zmuszać kogoś do + verbal noun in G *force, coerce, make*
Zmuszono nas do opuszczenia budynku. *We were forced to leave the building.*
Zmuszono mnie, żebym objął to stanowisko. *I was forced into accepting the position.*

The verbs **namawiać, zachęcać,** and **przekonywać** are sometimes used to introduce either direct or reported speech:

Jurek namawiał mnie, żebym nie poszedł do szkoły. *Jurek tried to persuade me not to go to school.*
- Nie idź do szkoły - namawiał mnie Jurek. *"Don't go to school," Jurek tried to persuade me.*

All the above verbs may exhibit a countermarked Imperfective use in the meaning "try to," "do unsuccessfully". The reader must pay close attention to the aspect of the verb in order to catch the intended meaning:

Zachęcił nas, byśmy wzięli udział w zawodach. *He (successfully) urged us to take part in the competition (hence we did) - (pf.).*
Zachęcał nas, byśmy wzięli udział w zawodach. *He encouraged us to take part in the competition (but whether we did is not stated) - (impf.).*

Przekonał mnie o słuszności swojego punktu widzenia. *He persuaded me of the correctness of his point of view.*
Przekonywał mnie o słuszności swojego punktu widzenia. *He tried to persuade me of the correctness of his point of view.*

The verbs **namówić** and **przekonać** occur in the construction **dać się namówić/przekonać** *allow oneself to be persuaded/convinced, to give in:*
W końcu dałam się namówić i poszłam z nim do kina. *In the end I gave in and went with him to the movies.*

Q. Tytuły typu "pan docent, pani profesor"

University titles such as **magister** *master,* **doktor** *doctor,* **docent** *docent (associate professor),* and **profesor** are in common use in and out of Polish institutions of higher learning. These titles are usually preceded by either **pan** or **pani.** When used of women, academic titles do not take case endings:

Studiuję biologię u pana docenta Borowskiego. *I'm taking biology with Assoc. Prof. Borowski.*
Jestem umówiony z panią profesor Sopcińską. *I have an appointment with Professor Sopcinska.*

R. Pewne uwagi o nazwiskach. *certain notes on last names*

1. Last names of the type **Buszko, Bugała**

Last names ending in **-o** or **-a** take feminine endings, whether in reference to a man or a woman. The plural will be in **-owie**:

N	**pan**	**Buszko**	**pani**	**Buszko**	**państwo**	**Buszkowie**
G	**pana**	**Buszki**	**pani**	**Buszki**	**państwa**	**Buszków**
D	**panu**	**Buszce**	**pani**	**Buszce**	**państwu**	**Buszkom**
A	**pana**	**Buszkę**	**panią**	**Buszkę**	**państwa**	**Buszków**
I	**panem**	**Buszką**	**panią**	**Buszką**	**państwem**	**Buszkami**
L	**panu**	**Buszce**	**pani**	**Buszce**	**państwu**	**Buszkach**
V	**panie**	**Buszko**	**pani**	**Buszko**	**państwo**	**Buszkowie.**

The Dative and Locative cases are sometimes not declined. It is becoming more and more acceptable to decline male last names in **-o** according to masculine declension: NV **Buszko** GA **Buszka** D **Buszkowi** I **Buszkiem** LV **Buszku**.

2. Female last names in **-owa, -ówna.**

Last names ending in consonants once formed female variants in **-owa** *Mrs.* and **-ówna** *Miss.* These suffixes may still occasionally be encountered, but for the most part they have gone out of use. Female last names in **-owa** and **-ówna** traditionally take adjectival endings but with a Vocative in **-o:**

N **pani Nowakowa** GDL **pani Nowakowej** AI **panią Nowakową** V **pani Nowakowo.**

Alternatively, these names may follow a regular feminine noun declension. The suffixes **-owa** and **-ówna** may occasionally be found attached to titles such as **doktor, generał,** and so on, in the meaning "doctor's wife/daughter," "general's wife/daughter," and so on.

3. The ending **-owie** attached to first names

In informal speech, the masculine personal plural ending **-owie** may be attached to a man's first name in reference to the man and his wife: **Andrzejowie** *Andrzej and wife.*

4. Any correspondent to the English expression Mr. and Mrs. John Smith is so uncommon in Polish as to be virtually unknown. Both man and woman are identified by first name: **Państwo Jan i Maria Kowalscy.**

S. Wyrażenia oparte na słowie "głowa" *expressions based on the word* **głowa** *'head'*

A large number of expressions are based on the word **głowa** *head,* among which the following are commonly encountered:

spokojna głowa! *don't worry, keep calm.* **Spokojna głowa, nie denerwuj się.** *Keep calm, don't get upset.*

mieć mocną głowę *have a strong head, i.e., a good tolerance of alcohol.* **Ona ma mocniejszą głowę niż większość mężczyzn.** *She can hold more than most men.*

nie zawracać komuś głowy *not to disturb, distract, bother someone.* **Nie zawracaj mi głowy twoimi sprawami.** *Don't bother me with your affairs.*

przyjść komuś do głowy *occur to someone.* **Staram się wymyśleć dobry tytuł, ale nic nie przychodzi mi do głowy.** *I'm trying to think up a good title, but nothing comes to mind.*

wylecieć z głowy *fly out of one's mind.* **Jego imię akurat wyleciało mi z głowy.** *His name has just flown out of my mind.*

mieć coś z głowy *be finished with, have out of the way.* **Jutro będę miał wszystkie egzaminy z głowy.** *Tomorrow I'll have all my examinations out of the way.*

spaść na głowę *befall.* **Wciąż jakieś nowe nieszczęścia spadają jej na głowę.** *There's always some new misfortune befalling her.*

na czyjejś głowie *on someone's head (responsibility).* **Pozwolę na eksperyment, ale jeśli coś się stanie, to będzie na twojej głowie.** *I'll give my permission for the experiment, but if something happens, it will be on your head.*

odpowiadać głową *answer with one's head, vouch for.* **Odpowiadam za jego bezpieczeństwo głową.** *I'd answer for his safety with my own head.*

stracić głowę *lose one's head, panic.* **Kiedy zobaczyłem dym, straciłem głowę i wezwałem straż przeciwpożarową.** *When I saw the smoke I lost my head and called the fire station.*

to się w głowie nie mieści *that's beyond one's comprehension.* **On mówił mi tyle bzdur, że to się w głowie nie mieści.** *He spoke more nonsense than one can possibly remember.*

mieć głowę do czegoś *have a head (talent) for something.* **Moja córka ma głowę do matematyki.** *My daughter has a good head for mathematics.*

wisieć nad głową *hang over one's head, be impending.* **Termin ukończenia projektu wisi mi nad głową.** *I have the project deadline hanging over my head.*

wbić komuś do głowy *beat into someone's head.* **Ile razy muszę wbijać ci do głowy, żebyś wreszcie pojął?** *How many times do I have to beat it into your head for you to understand?*

głowa mi pęka *my head is splitting.* **Głowa mi pęka po tej muzyce.** *My head is splitting from that music.*

ból głowy *headache.* **tabletki od bólu głowy** *headache tablets.*

kręci się komuś w głowie *be dizzy, have one's head spinning.* **Mam temperaturę i kręci mi się w głowie.** *I have a temperature and I feel dizzy.*

kręcić (potrząsnąć) głową *shake one's head (in negation).*

kiwać (kiwnąć, skinąć) głową *nod one's head (in affirmation, consent).*

Wykładowca w instytucie hodowli roślin

T. Ćwiczenia

1. Translate the phrase; then use it in a sentence:

that type of situation: **a. tego typu sytuacja.**
b. wolę uniknąć tego typu sytuacji.

every kind of store, all sorts of things, various kinds of equipment (**sprzęt**), that sort of cheese, another type of store, different sorts of answers, high-class restaurant, first-quality wine.

2. Use the pronoun in the model. Then give a brief answer, different in each case:

on: **a. jak mu poszło na egzaminach?**
b. nieźle.

ona, my, ja, ty, pan, wy.

3. Form a question; then answer:

denerwuję się **a. czym się denerwujesz?**
b. denerwuję się, czy uda mi się pozdawać wszystkie egzaminy.

boję się, cieszę się, martwię się, wątpię, niepokoję się, dziwię się, zastanawiam się.

4. mathematics: a. **jutro zdaję ustny z matematyki**
b. wczoraj oblałem matematykę.

biology, history, philosophy, Polish, Russian, English grammar, American literature, pedagogy, Latin, literature of the Enlightenment, math.

5. Use **z** + G:

mathematics exam: **egzamin z matematyki.**

history professor, biology oral, physics class, written exam in Spanish, literature of the Enlightenment, Latin instructor, Polish teacher (**lektor**), pedagogy seminar, philosophy lecture.

6. Give three possible alternatives to the item in parentheses:
   a. **Jestem skłonny wierzyć w (siły nadprzyrodzone).**
   b. **Prawdziwy z ciebie przykład (wiecznego optymisty).**
   c. **Facet nie jest zbyt (wymagający).**
   d. **Interesuję się wszystkimi przedmiotami oprócz (matematyki).**
   e. **Życzę ci (powodzenia).**
   f. **Nie należy przedwcześnie (załamywać się).**
   g. **Właśnie (zdaję maturę).**
   h. **W żaden sposób nie mogłem (napisać tej pracy).**
   i. **Martwię się o (stopnie).**

7. **mogę skończyć:** **będę mógł(mogła) skończyć.**

chcę dostać się na medycynę, muszę powtórzyć cały rok, mam zdawać wszystkie egzaminy, możemy wybrać przedmiot fakultatywny, musimy panować nad nerwami, wolimy zostać w domu, mam zaczekać trzy godziny, musisz kuć całymi godzinami, chcesz spróbować tej marihuany, wolisz uniknąć tego typu sytuacji.

8. **pan docent Wolak:** **mam spotkanie u pana docenta Wolaka.**

pani docent Wolak, pani docent Budzińska, pan rektor Wolski, pani doktor Nowakowa, pani dziekan Tomko, pan profesor Bugała, pani profesor Wilczkówna.

9. Give the appropriate exclamation:

jak gorąco!: **uf!**

podarłem *(tore)* **spodnie; skaleczyłem się** *(hurt self)* **o igłę** *(needle);* **głupstwa opowiadasz; coś tu śmierdzi; wspaniale; już wróciłaś?.**

10. Complete in some logical way:

2 przedmioty: **oprócz tych dwóch przedmiotów, biorę jeszcze chemię.**

3 pacjenci, 4 egzaminy, 5 idioci, 12 roślinek, 30 krów.

11. Complete, using a relative clause with **który**:

roślinka: **czy pamiętasz tę roślinkę, którą Wiktor cały rok hodował w oknie?**

profesor, idiota, egzamin, facet, pielęgniarka, zajęcia.

12. Translate, using expressions with **głowa**:

a. My head is splitting. Do you have anything for a headache?
b. I have my last examination out of the way.
c. Something will occur to me in a minute.
d. Keep calm; don't lose your head!
e. I have a good head for geography but not for history.
f. I don't have a good tolerance for alcohol.
g. I have three examinations and two papers hanging over my head.
h. Don't bug me: I'm trying to study.
i. The title (**tytuł**) of that song escapes me.
j. He is such an idiot that it's impossible to imagine.

13. Complete the conversation (four or five more lines):

a. Jakie jeszcze masz egzaminy?
b. Akurat słyszałem(am), że nasz profesor z historii miał atak serca.
c. Chcesz spróbować mojej marihuany?
d. Czy wierzysz w siły nadprzyrodzone?
e. Prawdopodobnie obleję ten egzamin.

14. Translate the sentences, based on the expressions in the conversations to this lesson:

a. Mirek has been cultivating marihuana in the window of his room in the dormitory (**akademik**).
b. One should try everything at least once.
c. My history professor had an accident this morning and will be in the hospital until at least next Thursday.
d. Have his classes been cancelled? - As far as I know, they have not been cancelled.
e. Who are you writing that paper for? - My professor of German literature.

f. One should not rejoice at the misfortune of others.
g. I don't exclude the possibility that I will pass my history exam. After all, I've been cramming for weeks on end.
h. How did you do on your biology oral? - I blew it.
i. I passed all my exams with the exception of math, in which I will have to take a make-up in two weeks.
j. I chose pedagogy for my specialization, although the entire subject bores me terribly.
k. Literature develops one's mind. - Well then that's just what you need.
l. How are you doing in school? - On the whole, not bad.
m. I am taking physics as an elective. - You are a good example of an incorrigible masochist (**masochista**).
n. Who is your instructor in English lit.? - Associate Professor Przywarska.
o. Ouch! That hurts.
p. Whoops, I've spilled (**wylać**) your coffee.
q. Whew, it's stuffy today.
r. There's no sense in your falling from one extreme into another.
s. One can't always go by what is easiest.
t. I can see by your face that you don't believe me.
u. I'm telling you this in a friendly manner.
v. I convinced him that he wasn't right and that he should apologize.
w. I'd like to encourage you to see (**obejrzeć**) as much of this town as possible.
x. Your arguments (**argumenty**) are not very convincing. - That's because you don't understand them.
y. They tried to force us to leave the hotel.

15. **m.in:** **między innymi.**

itd., itp., tj., tzn., np., tzw.

16. Use the phrase with **po** in a short sentence:

po mieście: **szukałem(am) cię po całym mieście.**

po głowie, po sukni, po całym kontynencie, po schodach, po obiedzie, po środku, po lewej stronie, po całych nocach, po twarzy, po czekoladce, po trzech.

17. przekonał, wróciliśmy: a. przekonał nas, żebyśmy wrócili
b. przekonaliśmy go, żeby wrócił.

zachęcała, kupili te kwiaty; zmusili, zdawałem(am) ten egzamin przedwcześnie; namówili, zabrałem(am) aparat *camera*; **przekonałyśmy, nie ukarała** *punish* **dziecko zbyt surowo; zachęcała, objąłem to stanowisko.**

18. moje stanowisko jest słuszne (słuszność): przekonałem(am) go o słuszności mojego stanowiska.

nowe podejście *approach* **jest potrzebne (potrzeba); powinien zwrócić te pieniądze (konieczność); nie ma sensu brać parasol (niesensowność); złoty prawdopodobnie spadnie (spadek); taka zabawa jest niebezpieczna (niebezpieczeństwo).**

U. Tekst do czytania

Szkolnictwo w Polsce

Szkolnictwo w Polsce ma charakter powszechny i obejmuje zasadniczo trzy poziomy nauczania: podstawowy - obowiązujący, średni i wyższy. Dzieci rozpoczynają naukę w wieku lat siedmiu, jakkolwiek od kilku już lat istnieją tzw. zerówki - kombinacja przedszkola i szkoły - gdzie dzieci, które wcześniej nie uczęszczały do przedszkola przyzwyczajają się do sytuacji w klasie, m.in. obcowania z rówieśnikami, ucząc się przy tym trochę liczyć, rysować, śpiewać oraz poznają litery. W szkole podstawowej są klasy młodsze - od 1 do 4 - oraz starsze - od 5 do 8. W starszych klasach występują wszystkie podstawowe przedmioty - język polski, matematyka, historia, geografia, język rosyjski, itd. Ostatnio próbuje się wprowadzać w klasach najstarszych język angielski i inne języki zachodnie.

Po ukończeniu ósmej klasy młodzież zdaje egzaminy do różnych szkół średnich, takich jak licea: ogólnokształcące, medyczne, muzyczne, ekonomiczne, plastyczne - technika: mechaniczne, samochodowe, leśne, rolnicze oraz trzyletnie szkoły przysposabiające do zawodu. Nauka w liceum ogólnokształcącym trwa 4 lata, w innego typu liceach i technikach - 5 i kończy się maturą. Uczniowie zdają egzaminy pisemne i ustne z języka polskiego i matematyki oraz z wybranego przedmiotu specjalistycznego, po czym uzyskują świadectwo dojrzałości, które uprawnia ich do wstępu na studia wyższe.

Istnieje wielka liczba różnych szkół wyższych. Do najpopularniejszych należą akademie medyczne, politechnika, wyższa szkoła rolnicza, uniwersytet i różne wyższe szkoły artystyczne. Kandydaci do tych szkół zdają - zazwyczaj w lipcu - egzaminy wstępne, które traktują jako przełomowe momenty w życiu. Nie jest łatwo dostać się na wybrany kierunek. Najczęściej miejsc jest znacznie mniej niż chętnych, wytwarza się atmosfera ostrej konkurencji i stresu, której wielu nie potrafi sprostać.

Edukacja w Polsce jest bezpłatna. Każdy ma szansę uzyskać wykształcenie i znakomita większość młodzieży korzysta z tego przywileju. Studia trwają 4, 4 1/2, 5 lub 6 lat w zależności od typu uczelni. Rok akademicki, rozpoczynający się w październiku i kończący w czerwcu, dzieli się na dwa semestry - zimowy i letni - po których następują sesje egzaminacyjne. Przejście na wyższy semestr uwarunkowane jest powodzeniem na egzaminach. Dla pechowców przy pierwszym podejściu istnieją jeszcze poprawki. Po trzecim roku studenci wybierają dwuletnie seminarium specjalistyczne, przygotowujące ich do pracy magisterskiej.

W Polsce, w odróżnieniu od Ameryki, nie istnieje BA; najniższy stopień naukowy to magister (MA, MSc), który uzyskuje się po napisaniu pracy magisterskiej i złożeniu egzaminu końcowego.

Osoby studiujące, pochodzące z rodzin niezamożnych otrzymują od państwa pomoc finansową w postaci stypendiów, wysokość których uzależniona jest od zarobków rodziców. Mogą one również ubiegać się o miejsce w domu akademickim i wyżywienie w stołówce akademickiej, które są dość tanie.

Struktura uczelni przedstawia się następująco: na najniższym szczeblu znajdują się katedry, zakłady i instytuty, które razem tworzą wydział. W ramach uczelni istnieje wiele różnych wydziałów, np. filologiczny, mat-fiz-chem, prawa, ekonomiczny, biologiczny, itd. Na czele każdego wydziału stoi dziekan, a ponad nim rektor. Na szczeblu wydziału występują także rady wydziału decydujące o sprawach swoich studentów i pracowników. Rektorowi w sprawowaniu swojej funkcji pomaga senat złożony proporcjonalnie z przedstawicieli pracowników naukowych różnych stopni, pracowników administracyjnych oraz studentów.

Najmłodsi pracownicy naukowi to asystenci, którzy uczą różnych przedmiotów, prowadzą badania i jednocześnie przygotowują prace doktorskie. Następnie są adjunkci (PhD) oraz docenci. Ci ostatni uzyskują stopnie po napisaniu prac habilitacyjnych, a przyznaje je Ministerstwo Szkolnictwa Wyższego i Techniki, któremu podlegają wszystkie uczelnie w Polsce z wyjątkiem Katolickiego Uniwersytetu Lubelskiego i Akademii Teologii Katolickiej w Warszawie. Nad szkołami pozostałych niższych szczebli nadzór sprawuje Ministerstwo Oświaty.

Życie studenckie toczy się w klasach, na korytarzach, w klubach studenckich, akademickich oraz w domach prywatnych. Młodzi ludzie chętnie spotykają się, żeby porozmawiać, wypić, potańczyć, pójść razem na przedstawienie grupy rockowej czy ciekawego filmu. Uczelnia stwarza im możliwość wyjazdu na obozy, wczasy czy biwaki. Istnieją liczne teatry studenckie, kabarety, grupy muzyczne. Tak więc student nigdy nie narzeka, że nie ma co zrobić z czasem. Odwrotnie, jest go zawsze za mało.

Częstochowa

Szkolnictwo w Polsce - słowniczek

adiunkt *assistant professor*
akademik -a *dorm*
asystent *teaching assistant*
badania *(pl.; here) lab*
biwaki -ów *camping*
decydować z- o + L *determine, decide*
docent *associate professor*
dojrzałość *(f.) maturity*
doktorski *doctoral*
dom akademicki *(or:* **akademik -a***) dormitory*
dziekan *dean*
dzielić się na + A *divide into*
edukacja *education*
egzaminacyjny *(adj.) examination*
filologiczny *philological (language and literature)*
finansowy *financial*
habilitacja *tenure*
habilitacyjny *(adj.) tenure*
instytut *institute*
jakkolwiek *although*
kabaret *cabaret*
kandydat *candidate*
katedra *(academic) chair*
katolicki *Catholic*
klasa *class, classroom*
kombinacja *combination*
konkurencja *competition*
końcowy *final*
korytarz *corridor*
litera *letter*
lubelski *(adj.) Lublin*
m.in. "między innymi" *among other things*
magister *master (academic degree)*
magisterski *master's*
mechaniczny *mechanical*
na czele + G *at the head of*
nadzór nadzoru *supervision*
następująco *(or:* **jak następuje***) as follows*
nauczanie *instruction*
nauka *study*
naukowy *academic*
niezamożny *destitute*
obcować z + I *get along with*
obóz obozu *(summer, scout, etc.) camp*
odwrotnie *on the contrary*
ogólnokształcący *(adj.) liberal arts*
organ *organ (of government)*
ostatni *(here:) latter*
oświata *education*
pechowiec pechowca *(noun) unfortunate*
plastyczny *(adj.) fine arts*
pochodzić z + G *come from*
podejście *approach, try*
podlegać + D *be subordinate to*
politechnika *engineering school*
powodzenie *success*
poziom *level*
proporcjonalny *proportional*
przedstawiciel *representative*
przejście *passage, passing*
przełomowy *decisive, critical*
przysposobić przysposabiać *train, qualify*
przywilej *privilege*
przyznać przyznawać *grant, accord*
przyzwyczaić się przyzwyczajać się do + G *get accustomed to*
rada *council*
rama *frame(work)*
rektor *rector (university president)*
rockowy "rokowy" *(adj.) rock (music)*
rówieśnik *age-mate*
rysować *draw*
rząd rządu *government*
senat *senate*
sprawować *exercise (authority)*
sprostać + D *match, deal with*
stopień naukowy *academic degree*
stres *stress*

struktura *structure*
stypendium *scholarship, stipend*
szansa *chance*
szczebel szczebla *rung, rank*
szkolnictwo *educational system*
średni *(here:) secondary*
świadectwo *certificate*
technika *technology*
technikum *technical high school*
teologia *theology*
toczyć się *(here:) transpire, take place*
traktować *treat*
tworzyć *(here:) comprise*
ubiegać się o + A *try for*
uczęszczać do + G *attend*
warunkować u- *condition*
wczasy wczasów *(holiday) resort*
wstęp *entry, admission*
wstępny *(adj.) admission, entry*
wydział *college (part of university)*
wykonawczy *executive*
wysokość *(f.; here:) amount*
wytworzyć wytwarzać *produce*
zakład *(here:) academic department*
zerówka *(here:) zero grade, kindergarten*
złożony z + G *comprised of*
złożyć składać *(here:) submit*
znakomity *eminent; (here:) preponderant*

Pytania:

1. W jakim wieku dzieci rozpoczynają naukę w Polsce?
2. Co to są zerówki i do czego są podobne w Ameryce?
3. Ile lat trwa nauka w szkole podstawowej? Czy jest obowiązkowa? Jak wygląda analogiczna sytuacja u nas?
4. Do jakich szkół udaje się młodzież po ukończeniu szkoły podstawowej?
5. Co to jest matura i do czego uprawnia?
6. Jakie są najpopularniejsze szkoły wyższe?
7. Czy łatwo dostać się na studia?
8. Czy każdy ma w Polsce szansę zdobycia wykształcenia? Na co mogą liczyć studenci z niezamożnych rodzin?
9. Jak dzieli się rok akademicki i od czego uzależnione jest przejście na wyższy semestr?
10. Jakie istnieją stopnie naukowe? Czym różnią się od tych w Ameryce?
11. Jak wygląda struktura uczelni, kto jest jej głową i jakiemu wyższemu organowi ona podlega?
12. Czy życie studenckie w Polsce podobne jest do tego w Ameryce?

Siedlce

LEKCJA DWUNASTA 12

Gdańsk

Jadwiga Rutkowska i Joanna Wilińska

AWANS

Osoby: DYREKTOR
PERSONALNY
TEN TRZECI

(W gabinecie dyrektora)

PERSONALNY: A może by tak Kwiecińską dać na miejsce Marczewskiego? Ona by się nadawała.

DYREKTOR: Kwiecińska, Kwiecińska... Aha! Ta stara!

PERSONALNY: Ona tylko tak wygląda. Nie ma jeszcze czterdziestki.

TEN TRZECI: Kobieta ma tyle lat, na ile wygląda...

DYREKTOR: No właśnie, ja wolę takie, które wyglądają na około trzydzieści. Niechby już nawet na dwadzieścia. Nie zrozumcie mnie źle... Zresztą za stary jestem na takie głupstwa... Ale z młodą kobietą to się inaczej pracuje. Inna atmosfera, że tak powiem... Sprzyjająca... A w ogóle te młode kadry...

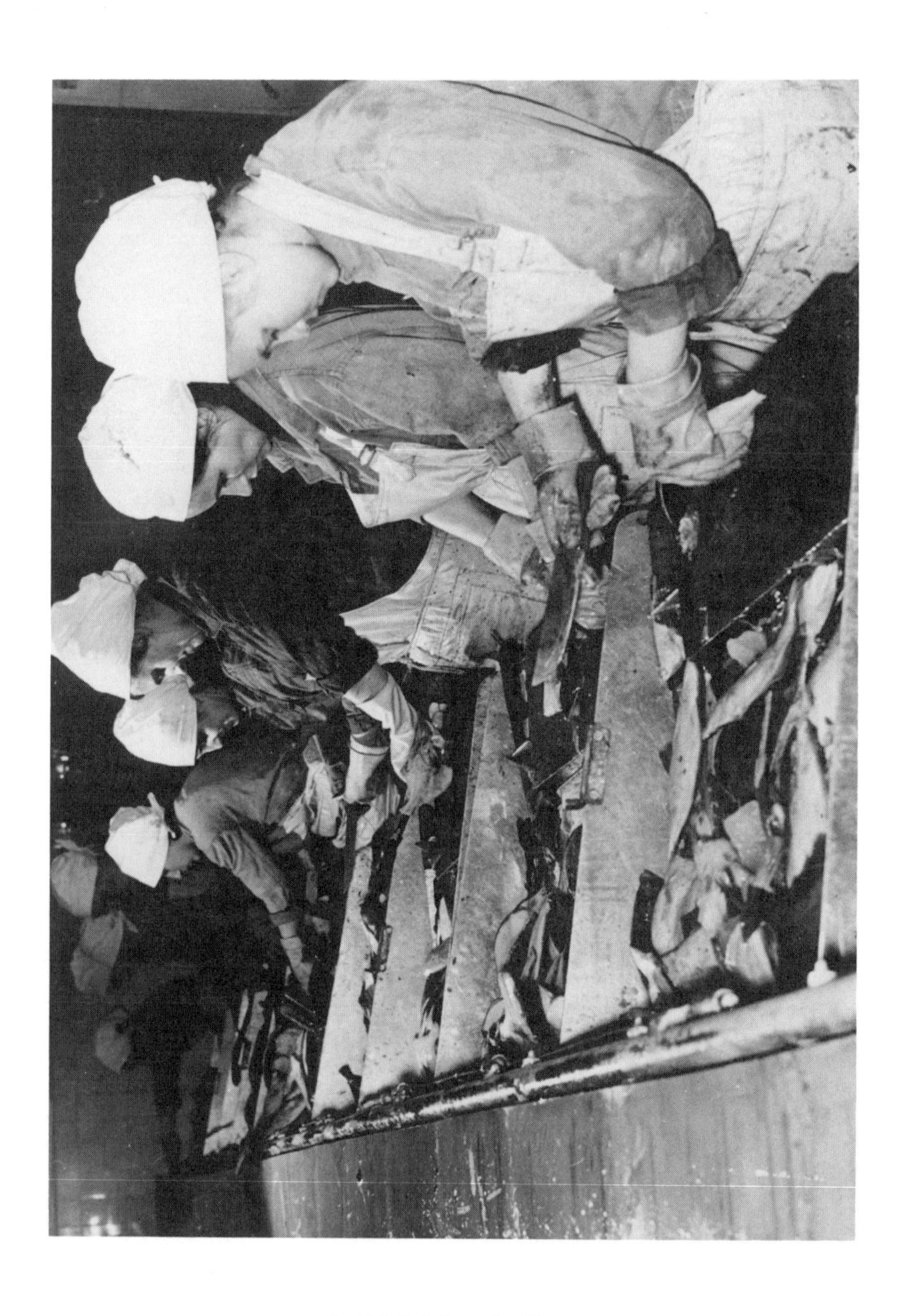

Spółdzielnia rybołówstwa

PERSONALNY: Kogoś młodszego, mówicie... Kogo by tu? Kogo by tu? Może Nowakównę? Ona się ostatnio bardzo podciągnęła.

TEN TRZECI: Jeszcze się podciągnęła? Ładna historia. Ona już i tak ma prawie dwa metry...

DYREKTOR: A chuda... Lubicie takie chude?

PERSONALNY: Niespecjalnie.

DYREKTOR: A ja specjalnie nie lubię. Oczywiście nie mam nic przeciwko Nowakównie... Ale jak ona przyjdzie na miejsce Marczewskiego, to ją będę musiał przecież dziesięć razy dziennie oglądać, a ja, widzicie, jestem okropny esteta...

TEN TRZECI: To może by tak, dyrektorku, Zalewską?

DYREKTOR: A co to, to nie, kolego! Całe biuro by huczało od plotek. Powiedzieliby, że dostała awans na piękne oczy. Ona jest za ładna!

PERSONALNY: A wiecie, że to jedna z najlepszych pracownic?...

DYREKTOR: Możliwe, możliwe, ale na to nie wygląda. I w ogóle taka piękna kobieta przeszkadza w pracy...

TEN TRZECI: Ale za to po pracy...

DYREKTOR: Kolego, to jest niewłaściwy ton. My tu mówimy o poważnych sprawach.

PERSONALNY: No to chyba Musiałówna? Dawno już jej się awans należy. Energiczna baba. Weźmie cały dział za mordę!

DYREKTOR: Właśnie! Ona jest za energiczna. Kobieta nie powinna być taka energiczna. Od kobiety wymaga się łagodności, ciepła... no, kobiecości...

TEN TRZECI: Kobieta musi być...kobietą!

PERSONALNY: Hmm, a gdyby Janicką? W przyszłym tygodniu wraca z kursu.

TEN TRZECI: Kurs na Janicką... He, he, he!

DYREKTOR: Janicką? Aha, przypominam sobie! Ta z grubymi nogami. Eee, nie. Za mało inteligentna.

TEN TRZECI: Bo kobieta, proszę kolegów, ma inteligencję w nogach. Sam czytałem. Na własne oczy. Pisał taki jeden filozof... nie pamiętam nazwiska... że u kobiety to po nogach można poznać, czy jest inteligentna.

PERSONALNY: Co my się tu będziemy głowić! Weźmy jakiegoś mężczyznę i koniec! Na przykład Karpiński.

DYREKTOR: Karpiński... No naturalnie -- Karpiński! Że też nam to od razu do głowy nie przyszło!

awans *promotion*
chudy *scrawny*
ciepło *warmth*
dyrektorek *affectedly affectionate form of* **dyrektor**
esteta *aesthete*
filozof *philosopher*
głowić się *rack one's brains*
głupstwo *idiocy, nonsense*
huczeć *roar*
i tak *as it is, even so*
kadra *work force*
kobiecość *(f.) femininity*
koniec *end.* **i koniec** *and be done with it*
ładna historia *(coll.) that's a fine thing*
łagodność *(f.) gentleness*
nadać się nadawać się *be suited*
należeć się + D *have coming to*
niewłaściwy *improper*
personalny *personnel manager*
plotki G. **plotek** *gossip, tales*
podciągnąć się podciągać się *(lit. stretch up) make progress, come along nicely*
pracownica *(fem.) worker*
przeciwko + D against
sprzyjający *favorable*
wziąć za mordę *(coll.) lead by nose*
że tak powiem *if I do say so*
że też nam to od razu do głowy nie przyszło *why didn't we think of that in the first place?*

A. Pytania do tekstu:

1. Kto to jest Marczewski?
2. Co zaproponował Personalny?
3. Czy Dyrektor mógłby pracować z Nowakówną?
4. Dlaczego Dyrektor nie chce awansować Zalewskiej? Musiałównej? Janickiej?
5. Czy uroda sekretarki pomaga, czy przeszkadza w pracy Dyrektorowi?
6. Jakie cechy ceni Dyrektor u pracownika-kobiety?
7. Czy inteligencję kobiety można poznać po nogach?
8. Kto tu używa "niewłaściwego tonu"?
9. Dlaczego Janickiej nie było w pracy?
10. Dlaczego Dyrektor i Personalny zgodzili się w końcu wziąć Karpińskiego?

11. Kto to jest "Ten trzeci" i jaką rolę spełnia w szkicu?
12. Jaki jest ogólny temat tego szkicu?

B. Pytania do rozmowy:

1. Czy postacie w tym szkicu przypominają ci znane osoby? Kogo, jeśli można zapytać?
2. Czy dyrektorzy wolą pracować z kobietami czy z mężczyznami?
3. Czy uważasz,że sytuacja opisana w tym szkicu jest typowa? W czym jest typowa, a w czym nie?
4. Czy uważasz, że uroda przeszkadza czy pomaga kobiecie w znalezieniu pracy?
5. Czy uważasz, że warunki pracy i możliwości awansu dla kobiet są podobne? Czym się różnią?
6. Czy możesz opowiedzieć z własnego doświadczenia jakieś historie związane z ogólnym tematem tego szkicu?

GRAMMATICAL APPENDIX

I. Przegląd terminów gramatycznych *survey of grammatical terminology*

A. Części mowy *parts of speech*

czasownik *verb*
imiesłów *participle*
liczebnik *numeral*
partykuła *particle*
przyimek *preposition*
przymiotnik *adjective*
przysłówek *adverb*
rzeczownik *noun*
zaimek *pronoun.*

B. Części słowa *parts of the word*

końcówka *ending*
przedrostek *prefix*
rdzeń *root*
sufiks *suffix*
temat *stem.*

C. Części zdania *parts of the sentence*

dopełnienie *complement, object*
dopełnienie bliższe *direct object*
dopełnienie dalsze *indirect object*
okolicznik *adverbial phrase*
okolicznik czasu *adv. phr. of time*
okolicznik sposobu *adv. phr. of manner*
okolicznik miejsca *adv. phr. of place*
okolicznik warunku *adv. phr. of condition*
okolicznik stopnia i miary *adv. phr. of degree*
orzeczenie *predicate*
podmiot *subject*
przydawka *attribute, modifier*

D. **Rodzaje zdania** *sentence types*

pytanie *question*
rozkaz *command*
stwierdzenie *statement*
zaprzeczenie *negation*

E. **Tryby mowy** *moods of discourse*

tryb oznamujący *declarative mood*
tryb przypuszczający *conditional mood*
tryb rozkazujący *imperative mood*

F. **Deklinacja** *declension*

przypadek *case*
- **mianownik** *nominative*
- **dopełniacz** *genitive*
- **celownik** *dative*
- **biernik** *accusative*
- **narzędnik** *instrumental*
- **miejscownik** *locative*
- **wołacz** *vocative*

liczba *number*
- **liczba pojedyńcza** *singular number*
- **liczba mnoga** *plural number*

rodzaj *gender*
- **rodzaj męski** *masculine gender*
- **rodzaj męskożywotny** *masculine animate gender*
- **rodzaj męskoosobowy** *masculine personal gender*
- **rodzaj żeński** *feminine gender*
- **rodzaj nijaki** *neuter gender*

G. **Koniugacja** *conjugation*

czas *tense*
- **czas teraźniejszy** *present tense*
- **czas przeszły** *past tense*
- **czas przyszły** *future tense*
- **czas zaprzeszły** *past perfect tense*

osoba *person*
- **pierwsza osoba** *first person*
- **druga osoba** *second person*
- **trzecia osoba** *third person*

aspekt *aspect*
- **aspekt dokonany** *perfective aspect*
- **aspekt niedokonany** *imperfective aspect*
- **aspekt jednokierunkowy** *determinate aspect (verbs of motion)*
- **aspekt niejednokierunkowy** *indeterminate aspect (verbs of motion)*

Zamość

II. Przegląd fonologii polskiej

A. Zmiana spółgłosek przed samogłoskami *consonant changes before vowels*

Polish consonants may be divided into primary ("hard") and secondary. Primary consonants are replaced by their secondary correspondents before certain vowel suffixes and endings. Most Polish consonant alternations can be encompassed by the following chart:

P	**p**	**b**	**f**	**w**	**m**	**t**	**d**	**s**	**z**	**n**	**ł**	**r**	**k**	**g**	**ch**	**st**	**zd**	**sł**	**zł**	**j**
S1	**p'**	**b'**	**f'**	**w'**	**m'**	**ć**	**dź**	**ś**	**ź**	**ń**	**l**	**rz**	**c**	**dz**	**sz**	**ść**	**źdź**	**śl**	**źl**	-
S2	”	”	”	”	”	”	”	”	”	”	”	”	**cz**	**ż**	”	”	”	”	”	
S3	”	”	”	”	”	**c**	**dz**	**sz**	**ż**	”	”	”	”	”	”	”	”	”	”	
S4	”	”	”	”	”	”	”	”	”	”	”	”	**k'**	**g'**	**ch'**	”	”	”	”	

It is useful to introduce certain symbolic conventions for referring to the vowels which condition the replacement of a preceding consonant. The main symbolic conventions used here are a preceding apostrophe to designate the softening vowels -'**i** and -'**e;** a preceding comma, to designate the hard vowel -,**e;** an interconsonantal -' or **-ø** to designate mobile vowel slots (as in **p's-, løw-**); and **-ø** as a grammatical ending in various paridigms (as in Nsg. **kot-ø**). Polish vowel units conditioning the replacement ("softening") of a preceding consonant are the following:

1. **-'e**

The vowel **-'e** occurs primarily in the Lsg. of hard-stem nouns. Before **-'e**, a primary consonant will be replaced by its S1 correspondent:
nog-'e: nodze **nos-'e: nosie.**

(Here and elsewhere in this section, spelling rules will be assumed without mention).

2. **-e**

The vowel **-e** is most familiar as the link of 3rd Conjugation verbs. Before **-e**, a primary consonant will go to its S2 correspondent:
mog-e-sz: możesz **nies-e-sz: niesiesz.**

3. **-,e**

The vowel -,**e** occurs in many adjective endings and in the Isg. of masc. and neut. nouns. Before -,**e**, consonants remain unchanged except for **k, g**, which change to **k', g'** respectively:
nos-,em: nosem **rok-,em: rokiem.**

4. **-'i**

The vowel -'**i** occurs primarily as a Npl. masc. pers. noun and adjective ending. Before -'**i**, primary consonants are replaced by their S1 counterparts, except that **ch** goes to **ś**:
student-'i: studenci **Czech-'i: Czesi.**

Katowice

5. **-i**

The vowel **-i** is most familiar as the link vowel of the 2nd Conjugation. Before **-i**, primary consonants go to S2 correspondents:

uk-i-sz: uczysz **chod-i-sz: chodzisz.**

6. **-y**

The vowel **-y** occurs in many noun and adjective endings. Before **-y**, consonants remain unchanged, except that **k** and **g** go to **k'** and **g'** respectively. Occasionally, for example before the verb suffix **-yw-, ch** goes to **ch'**:

nog-y: nogi *cf.* **kaw-y: kawy**
wy-mach-yw-a-ć: wymachiwać **duch-y: duchy.**

In addition to the above vowels, the operator **-'** can condition a limited consonant softening (see below, 7).

7. **-'**

The operator **-'** has various functions in Polish word formation. Most important is the function as the "softening" mobile vowel. For the description of the mobile vowels, see below, Section D.5. When **-'** does not change to **e,** the only consonants to soften before **-'** are **k, g, ch, ł, n**. These consonants go their S2 counterparts:

with softening:
tek-'k-a: teczka
pał-'c-a: palca

without softening:
kwiet-'ń-a: kwietnia
mar-'c-a: marca.

Elbląg

B. Mutacja spółgłosek przed -j- *consonant mutation before* **j**

The consonant **j** is the only Polish consonant that does not enter into any hard-soft alternations. The consonant **j** is a component of many words. Before **j**, consonants are replaced by their S3 correspondents; **j**, having caused this consonant mutation, disappears. For this reason, the presence of **j** after a consonant in a word can only be interpolated on the basis of the effect that it leaves behind. The consonant **j**, and its effects, are most frequently encountered in the 1.p.sg. and 3.p.pl. of 2nd Conjugation verbs. In this position, **j** originates from the vowel **i** before a vowel:

wid-i-ę: wid-j-ę: widzę **nos-i-ę: nos-j-ę: noszę.**

The consonant **j** can be detected as an underlying component of many nouns, *cf*, **władza** *power* (from **wład-j-a,** *cf.* **władać** *control*); **susza** *drought* (from **such-j-a,** *cf.* **suchy** *dry*); and so on.

C. Pozycja -c- w systemie spółgłoskowym *the status of* **c** *in the consonant system*

The consonant **c** is exceptional in the Polish sound system in that it is soft yet itself participates as a primary consonant in softening rules. Before **-e, -i, -'** the consonant **c** will be replaced by **cz**:

tablic-'k-a: tabliczka **walc-ik: walczyk.**

D. Przegląd alternacji samogłoskowych *survey of vowel alternations*

Changes in vowels from one form of a word to another are, for the most part, quite systematic. The most important vowel-changes in Polish are the following:

1. **o: ó**

a. **o** changes to **ó** before consonants that are devoiced either at the end of a word or before a voiceless consonant. The shift of **o** to **ó** usually takes place also before word-final **ł, l, r,** and **j**:

lod-∅: lód **słow-∅: słów**
stoł-∅: stół **bor-∅: bór**
głow-∅k-a: główka **woz-∅k-a: wózka.**

b. Notes. Before suffixes in **-k, o** usually remains shifted to **ó** in all forms of the word, even before the mobile vowel, where the consonant is not devoiced: **główek** *(Gpl.)*, **wózek.** In the Gpl. of nouns, **o** usually shifts to **ó** regardless of whether the consonant is devoiced: **stop-∅: stóp, cnot-∅: cnót.** In the imperative of verbs, **o** shifts to **ó** in some forms, but not in others: **rob-∅: rób; pozwol-∅: pozwól; stoj-∅: stój;** but **chodź-∅: chodź; woź-∅: woź.**

2. ę: ą

a. The change of **ę** to **ą** occurs under the same conditions, and with the same reservations, as the change of **o** to **ó,** namely: before consonants that are devoiced at the end of a word or before a voiceless consonant:

dęb-∅: dąb **wstęg-∅: wstąg**
węż-∅: wąż **mosiędz-∅: mosiądz.**

b. Notes. Before suffixes containing **-k, ę** generally shifts to **ą** in all forms of the word, including forms where the following consonant is not devoiced: **ręk-'k-a: rączka.** In the Gpl. of neut. and fem. nouns, **ę** generally shifts to **ą** whether or not the final consonant is devoiced: **ręk-∅: rąk.** In the imperative of **będę ę** shifts to **ą**: **będ-'-∅: bądź**; otherwise, **ę** does not shift to **ą** in the imperative: **pęd-'-∅: pędź**. In the infinitive before **-ć**, **ę** always changes to **ą**: **ciąg-n-ęć: ciągnąć**.

3. **e: o**

In general, **e** goes to **o** before hard **t, d, s, z** and, less often, before **n, ł, r**:
wied-ę: wiodę **nies-ę: niosę.**

The alternation between **e** and **o** results from **e** not shifting to **o** before softened **t, d, s, z, (n, ł, r)**:
wied-e-sz: wiedziesz **nies-e-sz: niesiesz.**

The **o** resulting from shifted **e** may in turn shift to **ó**:

kościeł-∅: kościoł: kościół; *cf. Gsg.* **kościoła,** *Lsg.* **kościele.**

4. **'e: 'a**

Whenever the vowel **a** occurs after a soft consonant, one can assume that this **a** has resulted from shifted **'e**. The vowel **'e** shifts to **'a** under the same conditions as the **e: o** shift, *i.e.*, before **t, d, s, z (n, ł, r)**:

gwiezd-a: gwiazda	*cf. DLsg.* **gwiezd-'e: gwieździe**
mier-a: miara	*cf. DLsg.* **mier-'e: mierze.**

5. **Biegła samogłoska** *the mobile vowel*

The Polish mobile vowel results from the shift of either -' or **-∅** to **-e** and **-,e**, respectively. This shift takes place before consonant(s) plus a following -' or **-∅**:

s∅n-∅: sen	**p's-∅: pies**
ok∅n-∅: okien	**or'ł-∅: orzeł.**

Before **-', k, g, ch,** and **ł** always soften. Other consonants usually harden when the **-'-** does not change to **-e**, resulting in consonant alternations such as are seen, for example, in:

mar'c-∅: marzec	*cf.* **mar'c-a: marca.**

In **kocioł** *pot* and **kozioł** *goat*, one observes a double shift, first from -' to **-e** and then from **e** to **o**:

kot'ł-∅: kocieł: kocioł	*cf. Gsg.* **kotła**
koz'ł-∅: kozieł: kozioł	*cf. Gsg.* **kozła.**

6. **Alternacja n/m: ę/ą**

The combination of -' or **-∅** plus **n** or **m** before a consonant produces a nasal vowel **ę**. When **-'** or **-∅** is followed by **n/m** plus a vowel, the **n/m** is retained. When **n/m** occurs sometimes before a consonant and sometimes before a vowel in the same word, an alternation between **n/m: ę/ą** is established:

t'n-ę:	**tnę** *I am cutting*	**d∅m-ę:**	**dmę** *I am puffing*
t'n-ł-a:	**cięła** *she cut*	**d∅m-ł-a:**	**dęła** *she is puffing*
t'n-ć:	**ciąć** *to cut*	**d∅m-ć:**	**dąć** *to puff.*

E. **Biegłe "e" z przyimkami i przedrostkami**
mobile "e" in prepositions and prefixes

Prepositions and prefixes **bez, nad, od, pod, przed, przez, w, z**, ending in a consonant, contain a latent final **-ø**, sometimes realized as **e**. The appearance of **e** after prefixes and prepositions is not entirely regular. Following are the most important rules:

1. The preposition **w** becomes **we** before **w** or **f** followed by another consonant:

we Francji — **we wtorek**
we wszystkim — **we wrześniu.**

2. The proposition **z** becomes **ze** before **s, z, ś, ź, ż, sz, wz, ws** followed by another consonant:

ze względu — **ze swoim**
ze wstrząsem — **ze wstydem.**

3. All consonantal prepositions take a following **e** before **mn-** in oblique forms of **ja**:

przede mną — **nade mną**
ze mnie — **beze mnie.**

4. All the above-listed prepositions usually take a following **e** before one-syllable words containing original **-'** or **-ø**:

we śnie (wø søn-'e) — **ze łzami (zø łøz-ami).**

Increasingly, the mobile vowel in such cases is associated with set expressions and tends to be lacking in free word combinations, hence **w krwi** *in the blood* but **we krwi i kości** *in one's blood and bones* (an idiom).

5. Verbal prefixes ending in a consonant will take a following **e** before roots beginning with consonants split by **-'** or **-ø** when **-'** or **-ø** is not realized as a vowel:

zø-t'n-ę: zetnę *I'll cut down, cf.* **zø-t'n-ć: ściąć** *to cut off.*
podø-j'm-ę: podejmę *I'll undertake, cf.* **podø-j'm-ć: podjąć** *to undertake.*

Verbal prefixes do not usually take a following **e** when the verbal root has been derived from a noun or adjective:

odø-pchøł-i-ć: odpchlić *deflea (cf.* **pchøł-a** *flea).*

Zwyczaje ludowe V

Śmigus-dyngus

Tradycja oblewania się wodą ("śmigus-dyngus") w Poniedziałek Wielkanocny, tak zwany Lany Poniedziałek, żywa jest po dzień dzisiejszy, szczególnie na wsi.

oblać się oblewać się *pour water on one another*
wielkanocny *(adj.) Easter*
lany *poured; (here:) "wet"*
po dzień dzisiejszy *to the present day*
żywy *alive*
szczególnie *particularly*

III. Przegląd końcówek rzeczownikowych *survey of noun endings*

The noun endings in the charts below are given in the notation introduced in Section II above.

A. Feminine nouns

		hard stems		*soft stems*		
	endings		*in* **-a**		*in* **∅**	
Sg.	N	**-a** or **-∅**	**kobieta**	**ulica**	**ziemia**	**twarz**	**kolej**
	G	**-y**	**kobiety**	**ulicy**	**ziemi**	**twarzy**	**kolei**
	DL	**-'e** or **-y**	**kobiecie**	**ulicy**	**ziemi**	**twarzy**	**kolei**
	A	**ę** or **-∅**	**kobietę**	**ulicę**	**ziemię**	**twarz**	**kolej**
	I	**-ą**	**kobietą**	**ulicą**	**ziemią**	**twarzą**	**koleją**
	V	**-o** or **-y**	**kobieto**	**ulico**	**ziemio**	**twarzy**	**kolei**
Pl.	NAV	**-y** or **-e**	**kobiety**	**ulice**	**ziemie**	**twarze**	**koleje**
	G	**-∅** or **-y**	**kobiet**	**ulic**	**ziem**	**twarzy**	**kolei**
	D	**-om**	**kobietom**	**ulicom**	**ziemiom**	**twarzom**	**kolejom**
	I	**-ami**	**kobietami**	**ulicami**	**ziemiami**	**twarzami**	**kolejami**
	L	**-ach**	**kobietach**	**ulicach**	**ziemiach**	**twarzach**	**kolejach**

Notes.

a. A few feminine personal nouns end in **-i** and follow the declension of **gospodyni** *mistress (of the house)*:

sg. NGDLV **gospodyni** A **gospodynię** I **gospodynią**

pl. (regular: NAV **gospodynie** G **gospodyń** D **gospodyniom** and so on). The declension of **pani** differs from that of **gospodyni** only in having Asg. in **-ą**: **panią.**

b. Personal affectionate soft-stems in **-a** take Vsg. in **-u: Basia Basiu; ciocia ciociu;** and so on.

c. Fem. nouns with Nsg. in **-ć, -ś, -ń, , -dź,** tend to take Npl. in **-y**; in addition, a number of other soft stems in **-∅** take Npl. in **-y: kość kości; gęś gęsi; odpowiedź odpowiedzi; rzecz rzeczy; mysz myszy;** and so on.

d. Borrowings from Latin in **-ia, -ja** take Gpl. in **-y** (invariably spelled **-i**): **historia historii; lekcja lekcji;** and so on.

e. A very few fem. nouns with Nsg. in **-∅** have Ipl. in **-mi**: **dłoń dłońmi; kość kośćmi**; and a few others.

f. **ręka** has a possible Lsg. form **ręku** and Ipl. form **rękoma**; NAVpl. is **ręce**.

g. There are a very few feminine vowel stems:

Sg. **statua statuy statui statuę statuą statuo**
Pl. **statuy statui statuom statuami statuach**

Sg. **idea idei idei ideę ideą ideo**
Pl. **idee idei ideom ideami ideach.**

B. Neuter nouns

	endings	hard stem	velar stem	soft stem	*irreg. plural*
Sg. NAV	**-o** or **-e**	**krzesło**	**biurko**	**zdanie**	**ucho**
G	**-a**	**krzesła**	**biurka**	**zdania**	**ucha**
D	**-u**	**krzesłu**	**biurku**	**zdaniu**	**uchu**
I	-, **em**	**krzesłem**	**biurkiem**	**zdaniem**	**uchem**
L	-'e or **-u**	**krześle**	**biurku**	**zdaniu**	**uchu**
Pl. NAV	**-a**	**krzesła**	**biurka**	**zdania**	**uszy**
G	**-∅** (-y)	**krzeseł**	**biurek**	**zdań**	**uszu**
D	**-om**	**krzesłom**	**biurkom**	**zdaniom**	**uszom**
I	**-ami**	**krzesłami**	**biurkami**	**zdaniami**	**uszami**
L	**-ach**	**krzesłach**	**biurkach**	**zdaniach**	**uszach**

	irreg. plural	**imię** *type*	**zwierzę** *type*	**muzeum** *type*	**radio** *type*
Sg. NAV	**dziecko**	**imię**	**zwierzę**	**muzeum**	**radio**
G	**dziecka**	**imienia**	**zwierzęcia**	**muzeum**	**radia**
D	**dziecku**	**imieniu**	**zwierzęciu**	**muzeum**	**radiu**
I	**dzieckiem**	**imieniem**	**zwierzęciem**	**muzeum**	**radiem**
L	**dziecku**	**imieniu**	**zwierzęciu**	**muzeum**	**radiu**
Pl. NAV	**dzieci**	**imiona**	**zwierzęta**	**muzea**	**radia**
G	**dzieci**	**imion**	**zwierząt**	**muzeów**	**radiów**
D	**dzieciom**	**imionom**	**zwierzętom**	**muzeom**	**radiom**
I	**dziećmi**	**imionami**	**zwierzętami**	**muzeami**	**radiami**
L	**dzieciach**	**imionach**	**zwierzętach**	**muzeach**	**radiach**

Notes.

a. Nouns of the **radio** type, of which there are only a few, sometimes follow the **muzeum** type in the sg., that is, they do not take endings. More frequent in the plural is the noun **radioodbiornik** or **odbiornik radiowy** *radio receiver.*

b. Some neuter soft-stem nouns take Gpl. in **-y**: **narzędzie narzędzi; podwórze podwórzy; wybrzeże wybrzeży; południe południ;** and so on.

c. Note that nouns of the **muzeum** and **radio** types take Gpl. in **-ów: radiów, muzeów.**

d. The noun **oko** *eye* is declined similarly to **ucho**:

Sg. **oko oka oku okiem oku**

Pl. **oczy oczu oczom oczami oczach.**

Archaic endings in the Ipl. are encountered rarely: **oczyma, uszyma** (very rare).

e. The pl. of **niebo** *sky* is formed on the stem **niebios-: niebiosa,** etc.

C. Masculine nouns

		hard stem inanimate	*velar stem inanimate*	*soft stem inanimate*	*hard stem animate*
Sg. N	**-∅**	**zeszyt**	**strych**	**hotel**	**seter**
G	**-u** or **-a**	**zeszytu**	**strychu**	**hotelu**	**setera**
D	**-owi (-u)**	**zeszytowi**	**strychowi**	**hotelowi**	**seterowi**
A	= N or A	**zeszyt**	**strych**	**hotel**	**setera**
I	**-,em**	**zeszytem**	**strychem**	**hotelem**	**seterem**
LV	**-'e** or **-u**	**zeszycie**	**strychu**	**hotelu**	**seterze**
Pl. NA	**-y -'i -e (-owie)**	**zeszyty**	**strychy**	**hotele**	**setery**
G	**-ów** or **-y**	**zeszytów**	**strychów**	**hoteli**	**seterów**
D	**-om**	**zeszytom**	**strychom**	**hotelom**	**seterom**
A	N or G	**zeszyty**	**strychy**	**hotele**	**setery**
I	**-ami**	**zeszytami**	**strychami**	**hotelami**	**seterami**
L	**-ach**	**zeszytach**	**strychach**	**hotelach**	**seterach**

	velar stem animate	*soft stem animate*	*hard stem personal*	*velar stem personal*	*soft stem personal*
Sg. N	**ptak**	**łabędź**	**student**	**lotnik**	**lekarz**
G	**ptaka**	**łabędzia**	**studenta**	**lotnika**	**lekarza**
D	**ptakowi**	**łabędziowi**	**studentowi**	**lotnikowi**	**lekarzowi**
A	**ptaka**	**łabędzia**	**studenta**	**lotnika**	**lekarza**
I	**ptakiem**	**łabędziem**	**studentem**	**lotnikiem**	**lekarzem**
LV	**ptaku**	**łabędziu**	**studencie**	**lotniku**	**lekarzu**
Sg. NV	**ptaki**	**łabędzie**	**studenci**	**lotnicy**	**lekarze**
G	**ptaków**	**łabędzi**	**studentów**	**lotników**	**lekarzy**
D	**ptakom**	**łabędziom**	**studentom**	**lotnikom**	**lekarzom**
A	**ptaki**	**łabędzie**	**studentów**	**lotników**	**lekarzy**
I	**ptakami**	**łabędziami**	**studentami**	**lotnikami**	**lekarzami**
L	**ptakach**	**łabędziach**	**studentach**	**lotnikach**	**lekarzach**

	kolega *type*	Rosjanin *type*	sędzia *type*	*irregular:* **ksiądz**	*irregular:* **książę**
Sg. N	**kolega**	**Rosjanin**	**sędzia**	**ksiądz**	**książę**
G	**kolegi**	**Rosjanina**	**sędziego**	**księdza**	**księcia**
D	**koledze**	**Rosjaninowi**	**sędziemu**	**księdzu**	**księciu**
A	**kolegę**	**Rosjanina**	**sędziego**	**księdza**	**księcia**
I	**kolegą**	**Rosjaninem**	**sędzią**	**księdzem**	**księciem**
LV	**koledze/ kolego**	**Rosjaninie**	**sędzi/sędzio**	**księdzu/księże**	**księciu**
Pl. NV	**koledzy**	**Rosjanie**	**sędziowie**	**księża**	**książęta**
G	**kolegów**	**Rosjan**	**sędziów**	**księży**	**książąt**
D	**kolegom**	**Rosjanom**	**sędziom**	**księżom**	**książętom**
A	**kolegów**	**Rosjan**	**sędziów**	**księży**	**książąt**
I	**kolegami**	**Rosjanami**	**sądziami**	**księżmi**	**książętami**
L	**kolegach**	**Rosjanach**	**sędziach**	**księżach**	**książętach**

Notes.

a. A few masc. nouns, mostly animate monosyllables, take Dsg. in **-u**: **pies psu, kot kotu, chłopiec chłopcu, świat światu,** and a few others.

b. A few masc. hard stems take LV sg. in **-u**: **dom domu, syn synu, pan panu.**

c. A few velar and **-c** and **dz** stems take Vsg. in **-e**: **Bóg Boże, ojciec ojcze, ksiądz księże,** and a few others.

d. Nouns in **-ons** and **-ans** usually take NVpl. in **-,e: anons anonse, awans awanse.**

e. Some masc. pers. nouns, especially titles and names for relations, take NVpl. in **-owie**: **pan panowie, wuj wujowie, ojciec ojcowie, mąż mężowie**, and so on.

f. Some soft-stem nouns, especially stems in **c, dz, j**, take Gpl. in **-ów: cel celów, wódz wodzów, pokój pokojów**; and so on.

g. A very few masc. soft stems take Ipl. in **-mi**: **gość gośćmi, koń końmi**, and some others.

h. The Gpl. of masc. pers. nouns in **-a** is usually **-ów**; exception: **mężczyzn.** The Gpl. of masc. pers. nouns in **-anin** can be either **-∅** or **-ów**, *cf.* **Amerykanin, Amerykanów, Rosjanin Rosjan.**

i. The pl. of **człowiek** is NV **ludzie** GA **ludzi** D **ludziom** I **ludźmi** L **ludziach.**

j. The pl. of **przyjaciel** is NV **przyjaciele** GA **przyjaciół** D **przyjaciołom** I **przyjaciółmi** L **przyjaciołach.**

k. The pl. of **rok** is NAV **lata** G **lat** D **latom** I **latami** or **laty** L **latach.**

l. Inherently pejorative (denigrating) masc. pers. nouns, or masc. pers. nouns used in a pejorative sense, often lack softening in the NVpl.: **grubas grubasy** *fatso;* **kretyn kretyny** *cretin:* and so on.

D. **Osobliwości deklinacji męskiej** *special features of masculine noun declension*

1. Masculine inanimates with Gsg. in **-a**

The following classes of inanimate nouns tend to take Gsg. in **-a** (not in expected **-u**):

a. names of months: **listopad listopada.**
b. most Polish town names: **Lublin Lublina.**
c. weights, measures, currency: **funt funta, litr litra, dolar dolara.**
d. candy pastry: **miętus miętusa, rogalik rogalika.**
e. most names for fruits, nuts, vegetables, trees, shrubs, mushrooms, flowers: **banan banana, kasztan kasztana, buk buka, grzyb grzyba, tulipan tulipana.**
f. articles of clothing: **guzik guzika, krawat krawata.**
g. parts of the body: **nos nosa, włos włosa, ząb zęba.**
h. instruments, tools, poles, furniture, junk, items of common household use: **nóż noża, ołówek ołówka, słup słupa, słój słoja, fotel fotela, piec pieca, grat grata.**
i. various other nouns, including **ser sera, chleb chleba, kościół kościoła, świat świata, szpital szpitala,** and others.
j. facultative animates (see below) by nature take Gsg. in **-a: papieros papierosa.**

2. Facultative animate nouns

Many nouns naming inanimate objects behave as grammatically animate in that the Asg. ending is **-a**. So-called facultative animate nouns include above all names for:

a. games: **tenis tenisa, poker pokera; grać w pokera** *play poker.*
b. dances: **walc walca, polonez poloneza; tańczyć walca** *dance the waltz.*
c. currency: **dolar dolara, grosz grosza; mieć dolara** *have a dollar.*
d. sweets: **cukierek cukierka, pączek pączka; zjeść cukierka** *eat a candy.*
e. mushrooms: **grzyb grzyba; znaleźć grzyba** *find a mushroom.*
f. cigarettes: **papieros papierosa; palić papierosa** *smoke a cigarette.*
g. brand-name objects: **fiat fiata, parker parkera; kupić fiata** *buy a Fiat.*
h. various others, too numerous to mention, but, for example, **pić szampana** *drink champagne*, **mieć kaca** *have a hangover*, **mieć pecha** *have bad luck*, and so on.

Note: for a fuller treatment of Polish noun declension, consult the author's *Concise Grammar of Polish* (University Press of America, 1983).

Zwyczaje ludowe VI

Pisanki

Malowanie jajek na Wielkanoc i wręczanie ich w prezencie należy do najstarszych obyczajów ludowych - również w Polsce.

pisanka *decorated egg*
malować *paint, color*
Wielkanoc *(f.) Easter*
wręczyć wręczać *give, hand over*
w prezencie *as a present*
obyczaj *custom, tradition*
również *likewise*

IV. Przegląd koniugacji czasownika *survey of verb conjugation*

A. Pierwsza koniugacja *first conjugation*

Verbs of the so-called First Conjugation are those verbs whose present-tense endings are:

	-am	**-amy**
	-asz	**-acie**
	-a	**-ają.**

Almost all verbs of the First Conjugation have infinitives in **-ać**, *cf.*

pytać *ask*	**pytam**	**pytamy**
	pytasz	**pytacie**
	pyta	**pytają.**

The following verbs are exceptional in some way:

mieć *have*	**mam masz ma mamy macie mają**
jeść *eat*	**jem jesz je jemy jecie jedzą**
dać *give*	**dam dasz da damy dacie dadzą**
wiedzieć *know*	**wiem wiesz wie wiemy wiecie wiedzą**
(similarly: **powiedzieć** *say*)	
umieć *know how*	**umiem umiesz umie umiemy umiecie umieją**
(similarly: **rozumieć** *understand*)	
śmieć *dare*	**śmiem śmiesz śmie śmiemy śmiecie śmieją.**

B. Druga koniugacja *second conjugation*

Verbs of the Second Conjugation have present endings

-j-ę	**-i-my**
-i-sz	**-i-cie**
-i-∅	**-j-ą.**

The infinitive of Second Conjugation verbs usually ends in **-i-ć** (sometimes spelled **-yć**) or in **-'e-ć**. Before the vowel -'**e**-, velar consonants **k, g, ch** go to **cz, ż, sz** respectively - that is, not to **c, dz, sz** as in noun declension, *cf.* **leg-'e-ć: leżeć.** The **-j-** in the 1.p.sg. and 3.p.pl. results from the change of **i** to **j** after a consonant and before a vowel. Before this **-j-**, the expected S3 consonant changes will occur (see Section II. A. above). Before **-i-** in the 2-3p.sg. and 1-2p.pl. the expected S2 changes will occur (Section II. A above). The following verbs are representative of Conjugation Two:

nosić (nos-i-ć)	**noszę**	**nosimy**
carry (indet.)	**nosisz**	**nosicie**
	nosi	**noszą**
uczyć (uk-i-ć)	**uczę**	**uczymy**
teach	**uczysz**	**uczycie**
	uczy	**uczą**
widzieć (wid-'e-ć)	**widzę**	**widzimy**
see	**widzisz**	**widzicie**
	widzi	**widzą**
golić (goł-i-ć)	**golę**	**golimy**
shave	**golisz**	**golicie**
	goli	**golą.**
roić (roj-i-ć)	**roję się**	**roimy się**
się *swarm*	**roisz się**	**roicie się**
	roi się	**roją się.**

The following two verbs are exceptional in having infinitives in **-ać** - the result of the historical contraction of **-oj'e-** to **-a-**:

stać (stoj-'e-ć) **stoję stoisz stoi stoimy stoicie stoją**
stand

bać się (boj-'e-ć) **boję się boisz się boi się boimy się**
be afraid **boicie się boją się .**

Also irregular in having an infinitive in **-ać** is the verb **spać**:

spać *sleep* **śpię śpisz śpi śpimy śpicie śpią.**

Irregular in showing a hard consonant in the 1.p.sg. and 3.p.pl. is **pomnieć**:

pomnieć *remember* **pomnę pomnisz pomni pomnimy pomnicie pomną.**

C. **Trzecia koniugacja** *third conjugation*

Verbs of the Third Conjugation have present endings

-ę	**-e-my**
-e-sz	**-e-cie**
-e-∅	**-ą.**

Third Conjugation verbs fall into two general classes - those that form the present tense with the extension **-j-** and those that do not.

1. Conjugation Three verbs forming the present tense with the extension **-j-** include the following types:

a. **pisać** type (infinitive **-a-ć**, present **-j-ę**, with S3 consonant change throughout the present):

pisać *write*	**piszę**	**piszemy**
	piszesz	**piszecie**
	pisze	**piszą.**

Many verbs of this type have stems ending in a labial consonant, *e.g.*

drapać *scratch*	**drapię**	**drapiemy**
	drapiesz	**drapiecie**
	drapie	**drapią.**

Verbs of the **łajać** type, with stem in **-j-**, may also be considered to fall under this type; the present-tense extension **-j-** merges with the stem-final **-j-**:

łajać *berate*	**łaję**	**łajemy**
	łajesz	**łajecie**
	łaje	**łają.**

b. **dziękować** type (infinitive **-ow-a-ć,** present **-u-j-ę**). The **-u-** in the present tense results from the historical change of **-ow-** to **-u-** before a consonant.

dziękować *thank*	**dziękuję**	**dziękujemy**
	dziękujesz	**dziękujecie**
	dziękuje	**dziękują.**

c. **dokonywać** type (infinitive **-yw-a-ć,** present **-u-j-ę**). The **-u-** in the present tense results from the change of **-yw-** to **-u-** before a consonant.

dokonywać *accomplish*	**dokonuję**	**dokonujemy**
	dokonujesz	**dokonujecie**
	dokonuje	**dokonują.**

This conjugational type shows the exceptional change of **ch** to **ch'** before **-y-**: **wy-mach-ywać: wymachiwać** *wave about.*

d. **dawać** type (infinitive **-w-a-ć**, present **-Ø-j-ę**). The **-w-** of the infinitive disappears in the present:

dawać *give*	**daję**	**dajemy**
	dajesz	**dajecie**
	daje	**dają.**

v. **pić, kryć, psuć, mdleć, lać** types (infinitive ends in **-ć** added to a vowel root, present is formed in **-j-**:

pić *drink*	**piję**	**pijemy**
	pijesz	**pijecie**
	pije	**piją**
kryć *cover*	**kryję**	**kryjemy**
	kryjesz	**kryjecie**
	kryje	**kryją**
psuć *spoil*	**psuję**	**psujemy**
	psujesz	**psujecie**
	psuje	**psują**
mdleć *faint*	**mdleję**	**mdlejemy**
	mdlejesz	**mdlejecie**
	mdleje	**mdleją**
lać *pour*	**leję**	**lejemy**
	lejesz	**lejecie**
	leje	**leją.**

The verb **lać leje** shows an irregular vowel alternation in the root resulting from the contraction of **-eja-** to **-a-**. In other words, this verb originally belonged to the **pisać** type: **lej-a-ć lej-j-ę** (with loss of **-j-** after another **-j-**).

2. All other Conjugation Three verbs form the present tense without the extension **-j-**. Some of these verbs have present extension in **-n-**.

a. Consonant-Stem verbs. The infinitive ending **-ć** is added to a stem in **t, d, s, z, k, g, n, m, r, ł.** In all cases, stem changes take place in the infinitive. In the 2-3.p.sg. and 1-2.p.pl. before **-e-**, the stem consonant is replaced by its S2 correspondent. The primary stem consonant usually appears in the 1.p.sg. and 3.p.pl.

i. Dental consonant stems. Before the infinitive ending **-ć, t, d, s** go to **ś**; **z** goes to **ź**:

pleść *braid*	**plotę**	**pleciemy**
(plet-ć)	**pleciesz**	**pleciecie**
	plecie	**plotą**
wieść *lead*	**wiodę**	**wiedziemy**
(wied-ć)	**wiedziesz**	**wiedziecie**
	wiedzie	**wiodą**
nieść *carry*	**niosę**	**niesiemy**
(nies-ć)	**niesiesz**	**niesiecie**
	niesie	**niosą**
wieźć *cart*	**wiozę**	**wieziemy**
(wiez-ć)	**wieziesz**	**wieziecie**
	wiezie	**wiozą.**

ii. Velar Consonant Stems. The combination of **k** or **g** and the infinitive ending **ć** produces an infinitive in **-c**:

piec *bake*	**piekę**	**pieczemy**
(piek-ć)	**pieczesz**	**pieczecie**
	piecze	**pieką**
móc *be able*	**mogę**	**możemy**
(mog-ć)	**możesz**	**możecie**
	może	**mogą.**

iii. Nasal Consonant Stems. The combination of ' or **ø** plus **n** or **m** produces a nasal vowel in the infinitive, as discussed in Section II.

piąć się *climb up* **(p'n-ć)**	**pnę się**	**pniemy się**
	pniesz się	**pniecie się**
	pnie się	**pną się**
dąć *puff*	**dmę**	**dmiemy**
(døm-ć)	**dmiesz**	**dmiecie**
	dmie	**dmą.**

iv. Liquid Consonant Stems. The combination of **’r** before **ć** produces infinitives in **-rzeć**. The combination **’ł** plus **ć** produces infinitives in **-leć**. The present stem of **ł**-stems (two verbs in all) takes the irregular form **-’el-**:

trzeć *rub*	**trę**	**trzemy**
(t’r-ć)	**trzesz**	**trzecie**
	trze	**trą**
pleć *weed*	**pielę**	**pielemy**
(p’ł-ć)	**pielesz**	**pielecie**
	piele	**pielą.**

The other **ł**-stem is **mleć** *grind.* In colloquial Polish, 2nd-conjugation **pielić** and **mielić** are more frequently used than **pleć, mleć.**

v. Consonant-Stem verbs with present in **-n-**. A few consonant-stem verbs form the present tense with the extension **-n-**, *cf.*:

kraść *steal*	**kradnę**	**kradniemy**
(krad-ć)	**kradniesz**	**kradniecie**
	kradnie	**kradną**
biec *run*	**biegnę**	**biegniemy**
(bieg-ć)	**biegniesz**	**biegniecie**
	biegnie	**biegną.**

b. **n**-Extension Verbs. A large number of verbs form both infinitive and present with an **-n-** extension. The infinitive of such verbs is invariably in **ąć**:

ciągnąć *tug*	**ciągnę**	**ciągniemy**
(ciąg-n-ą-ć)	**ciągniesz**	**ciągniecie**
	ciągnie	**ciągną.**

c. Irregular Verbs of Conjugation Three. A number of verbs with infinitive in **-ać** are irregular in some way:

brać *take*	**biorę bierzesz bierze bierzemy bierzecie biorą**
(b’r-a-ć)	
rwać *tear*	**rwę rwiesz rwie rwiemy rwiecie rwą**
(rØw-a-ć)	
ssać *suck*	**ssę ssiesz ssie ssiemy ssiecie ssą**
(sØs-a-ć)	

prać *launder* (p'r-a-ć) **piorę pierzesz pierze pierzemy pierzecie piorą**
słać *make bed* (st'ł-a-ć) **ścielę ścielesz ściele ścielemy ścielecie ścielą**
stać *become* (sta-ć) **stanę staniesz stanie staniemy staniecie staną**
jechać *ride* (j'ech-a-ć) **jadę jedziesz jedzie jedziemy jedziecie jadą.**

The following verb, with infinitive in **-'e-ć**,forms the present with an extension **-j-**:

(**chØt-'e-ć,** pres. stem **chØt-j-**; C3 softening before **-j-** throughout the present) **chcieć** *want* **chcę chcesz chce chcemy chcecie chcą.**

D. Tryb rozkazujący czasownika *imperative of the verb*

In all but a few exceptional cases, the Imperative is formed on the present tense stem of the verb. The Imperative is formed differently for Conjugation I verbs on the one hand and for Conjugation II and III verbs on the other. Once the Imperative stem is formed, one adds to it the endings **-Ø** (2.p.sg.), **-cie** (2.p.pl.), or **-my** (1.p.pl.).

1. Conjugation I verbs add **-j-** to the verb stem in **-a-**; in practice, this stem is the same as the 3.p.sg.; the imperative stem is the same as the 3.p.pl. minus **-ą**.

czekać *wait,* Imp. **czekaj czekajcie czekajmy**
pytać *ask,* Imp. **pytaj pytajcie pytajmy.**

Irregular:
jeść *eat,* Imp. **jedz jedzcie jedzmy**
wiedzieć *know,* Imp. **wiedz wiedzcie wiedzmy.**
mieć *have,* Imp. **miej miejcie miejmy.**

2. Conjugation II and III verbs form the Imperative by softening the verb stem (to S2, as though before **-'-**). In practice, the stem consonant is the same as the one that appears in the 2-3.p.sg. or 1-2.p.pl.:

Conj. II: **nosić** *carry,* Imp. **noś noście nośmy**
leżeć *lie,* Imp. **leż leżcie leżmy**
sądzić *judge,* Imp. **sądź sądźcie sądźmy**

Conj. III: **jechać** *ride,* Imp. **jedź jedźcie jedźmy**
brać *take,* Imp. **bierz bierzcie bierzmy**
pisać *write,* Imp. **pisz piszcie piszmy.**

Verbs without a stem vowel in the present tense, and verbs whose present stem ends in consonant plus **n** or **m** take the imperative extension **-ij:**

spać *sleep,* Imp. **śpij śpijcie śpijmy**
łgać *lie,* Imp. **łżyj łżyjcie łżyjmy**
obejrzeć *glance,* Imp. **obejrzyj obejrzyjcie obejrzyjmy**
pomnieć *remember,* Imp. **pomnij pomnijcie pomnijmy**
uciec *escape,* Imp. **ucieknij ucieknijcie ucieknijmy**
zacząć *begin,* Imp. **zacznij zacnijcie zacnijmy.**

A few verbs have alternate forms:

jeździć *ride* Imp. **jeźdź** (preferred but indistinguishable in pronunciation from **jeść** *to eat*) or (frowned on) **jeździj.**

wątpić *doubt* Imp. **wątp** (preferred but almost impossible to pronounce in the combination **nie wątp w to** *don't doubt it*) or (frowned on but much easier to say) **wątpij.**

Exceptions:

wziąć *take,* Imp. **weźcie weź weźmy**
chcieć *want,* Imp. **chciej chciejcie chciejmy**
dawać *give,* Imp. **dawaj dawajcie dawajmy**
wstawać *get up,* Imp. **wstawaj wstawajcie wstawajmy**
być *be,* Imp. **bądź bądźcie bądźmy.**

For the alternations **o/ó** and **ę/ą** in the Imperative, see Section II of the grammatical supplement.

E. **Czas przeszły** *past tense*

With a few exceptions, the past tense is formed on the stem of the infinitive, which may be obtained by subtracting the ending **-ć** and tracing in reverse any changes that take place before **-ć** (for example, the change of **ę** to **ą** and the various stem-consonant changes among the consonant-stem verbs). The past-tense suffix is **-ł-**, to which the personal endings are added:

	Sg. masc.	fem.	neut.	Pl.masc.pers.	other
1.p.	**-em**	**-am**	-	**-iśmy**	**-yśmy**
2.p.	**-eś**	**-aś**	-	**-iście**	**-yście**
3.p.	**-∅**	**-a**	**-o**	**-i**	**-y**.

Verbs with stems in **-ą-** display **-ę-** in the masc. sg. forms, **-ę-** elsewhere. Verbs with stems in **-'e-** displays **-'a-** in forms other than the masc.pers.pl. Below are illustrated the past tense forms of representative verbs, both vowel- and consonant stems:

a. Vowel stems

drapać	**drapałem**	**drapałam**	-	**drapaliśmy**	**drapałyśmy**
scratch	**drapałeś**	**drapałaś**	-	**drapaliście**	**drapałyście**
	drapał	**drapała**	**drapało**	**drapali**	**drapały**
żuć *chew*	**żułem**	**żułam**	-	**żuliśmy**	**żułyśmy**
	żułeś	**żułaś**	-	**żuliście**	**żułyście**
	żuł	**żuła**	**żuło**	**żuli**	**żuły**
chcieć *want*	**chciałem**	**chciałam**	-	**chcieliśmy**	**chciałyśmy**
	chciałeś	**chciałaś**	-	**chcialiście**	**chciałyście**
	chciał	**chciała**	**chciało**	**chcieli**	**chciały**
minąć *pass*	**minąłem**	**minęłam**	-	**minęliśmy**	**minęłyśmy**
	minąłeś	**minęłaś**	-	**minęliście**	**minęłyście**
	minął	**minęła**	**minęło**	**minęli**	**minęły**.

b. Consonant stems

nieść *carry*	**niosłem**	**niosłam**	-	**nieśliśmy**	**niosłyśmy**
(stem **nies-**)	**niosłeś**	**niosłaś**	-	**nieśliście**	**niosłyście**
	niósł	**niosła**	**niosło**	**nieśli**	**niosły**
strzyc *clip*	**strzygłem**	**strzygłam**	-	**strzygliśmy**	**strzygłyśmy**
(stem	**strzygłeś**	**strzygłaś**		**strzygliście**	**strzygłyście**
strzyg-)	**strzygł**	**strzygła**	**strzygło**	**strzygli**	**strzygły**.

Consonant stems having **-e-** or **-'e-** as a stem vowel tend to exhibit **e: o** and **'e: a** vowel shifts analogously to verbs of the **nieść** type, whether or not the stem consonant is a dental, and whether or not a dental stem is actually softened:

wlec *drag*	**wlokłem**	**wlokłam**	-	**wlekliśmy**	**wlokłyśmy**
(stem **wlek-**)	**wlokłeś**	**wlokłaś**	-	**wlekliście**	**wlokłyście**
	wlókł	**wlokła**	**wlokło**	**wlekli**	**wlokły**

wieść *lead*	**wiodłem**	**wiodłam**	-	**wiedliśmy**	**wiodłyśmy**
(stem **wied-**)	**wiodłeś**	**wiodłaś**	-	**wiedliście**	**wiodłyście**
	wiódł	**wiodła**	**wiodło**	**wiedli**	**wiodły.**

Exceptional past tense formations:

a. Many verbs in **-nąć** drop **-ną-** before adding past endings, *e.g.*

brzydnąć	**brzydłem**	**brzydłam**	-	**brzydliśmy**	**brzydłyśmy**
grow ugly	**brzydłeś**	**brzydłaś**	-	**brzydliście**	**brzydłyście**
	brzydł	**brzydła**	**brzydło**	**brzydli**	**brzydły.**

b. **r**-stem verbs form the past tense in **-ar-ł-**:

umrzeć *die*	**umarłem**	**umarłam**	-	**umarliśmy**	**umarłyśmy**
	umarłeś	**umarłaś**	-	**umarliście**	**umarłyście**
	umarł	**umarła**	**umarło**	**umarli**	**umarły.**

Exception: **wrzeć** *seethe,* Past **wrzał wrzała wrzało wrzeli wrzały**.

c. **ł**-stem verbs form the past tense in **-eł-ł-**:

pleć *weed*	**pełłem**	**pełłam**	-	**pełliśmy**	**pełłyśmy**
	pełłeś	**pełłaś**	-	**pełliście**	**pełłyście**
	pełł	**pełła**	**pełło**	**pełli**	**pełły.**

d. Irregular:

iść *go*	**szedłem**	**szłam**	-	**szliśmy**	**szłyśmy**
	szedłeś	**szłaś**	-	**szliście**	**szłyście**
	szedł	**szła**	**szło**	**szli**	**szły**
jeść *eat*	**jadłem**	**jadłaś**	-	**jedliśmy**	**jadłyśmy**
	jadłeś	**jadłaś**	-	**jedliście**	**jadłyście**
	jadł	**jadła**	**jadło**	**jedli**	**jadły**
siąść *sit*	**siadłem**	**siadłam**	-	**siedliśmy**	**siadły**
down	**siadłeś**	**siadłaś**	-	**siedliście**	**siadłyście**
	siadł	**siadła**	**siadło**	**siedli**	**siadły.**

Zwyczaje ludowe VII

Redyk owiec na podhalu

Na wiosnę rozpoczyna się na Podhalu redyk owiec na letnie wypasy, poprzedzony rozmowami "bacy" z "gazdami", przygotowaniem dobytku pasterskiego oraz różnymi innymi starymi zwyczajami pasterskimi.

redyk *leading a flock to or from pasture*
owca Gpl. **owiec** *sheep*
letni *(adj.) summer (from* **lato)**
wypas *pasture*
poprzedzić *(pf.) precede*
Podhale *Carpathian Mountain region*
baca *(Carpathian dialect) flock-master*
gazda *(Carpathian dialect) farmer*
przygotowanie *preparation*
dobytek pasterski *livestock*
oraz *as well as*
pasterski *(adj.) shepherd (from* **pasterz)**

V. **Imiesłowy, rzeczowniki odczasownikowe** *participles, verbal nouns and adjectives*

'Participle' is a loose term which will be used here to designate the nominal, adjectival, or adverbial form of a verb. The description of participle formation below will be of an informal, nontechnical nature.

A. **Imiesłów współczesny przymiotnikowy** *contemporaneous adjectival participle*

The contemporaneous adjectival participle may be formed by adding **-ąc-** plus adjective endings to the 3.p.pl. present stem of an imperfective verb:

pytać *ask* **(pytają)**	**pytający -a -e** *asking*
leżeć *lie* **(leżą)**	**leżący -a -e** *lying*
chcieć *want* **(chcą)**	**chcący -a -e** *wanting*
iść *go* **(idą)**	**idący -a -e** *going.*

The cont. adj. part. often corresponds to relative clauses in English:

Ogromne tłumy witały wracającego do kraju generała. *Immense crowds greeted the general who was returning to the country.*

Most often the cont. adj. part. corresponds to English verbal adjectives in **-ing**:

Słychać było hałas tłukących się talerzy. *The noise of breaking dishes could be heard.*

Often enough, cont. adj. parts. acquire the status of regular adjectives:

To jest dość zadziwiająca okoliczność. *That's a rather amazing circumstance.*

B. **Imiesłów współczesny przysłówkowy** *contemporaneous adverbial participle*

The cont. adv. part. is formed by adding **-ąc** to the 3.p.pl. present stem of an imperfective verb:

witać *greet* **(witają)**	**witając** *(while) greeting*
chodzić *walk* **(chodzą)**	**chodząc** *(while) walking*
pisać *write* **(piszą)**	**pisząc** *(while) writing*
jeść *eat* **(jedzą)**	**jedząc** *(while) eating.*

The cont. adv. part. takes the place of one of the verbs in a sentence when the subject of both verbs is the same:

Wracając do tematu, podkreślał, że wyniki badań jeszcze nie są pewne. *Returning to the subject, he emphasized that the results of the experiment are not yet certain.*

Kto śpi skulony, przyciskając do siebie poduszkę jest skłonny do melancholii. *A person who sleeps curled up, grasping his pillow to himself, is inclined to melancholy.*

The cont. adv. part. often corresponds in English to subordinate clauses beginning with 'while', 'when', 'as':

Przechodząc obok sklepu, zajrzałem do środka. *As I passed by the store, I glanced inside.*

Siedząc w fotelu, palił fajkę. *While sitting in the armchair, he smoked his pipe.*

C. Imiesłów bierny *passive participle*

The passive participle is primarily, but not exclusively, formed from perfective verbs. It is formed by adding **-n-**, **-on-**, or **-t-** plus adjective endings to a stem obtained as follows:

1. Verbs in **-ać**, and **-eć**, regardless of conjugation, form the passive participle in **-n-**:

napisać *write*	**napisany -a -e** *written*
wydawać *hand out, spend*	**wydawany -a -e** *handed out, spent*
zabrać *take*	**zabrany -a -e** *taken*
widzieć *see*	**widziany -a -e** *seen.*

2. Verbs of Conjugation II in **-ić (-yć)** add **-on-** to a stem like that of the 1.p.sg. present:

zapłacić *pay* **(zapłacę)**	**zapłacony -a -e** *paid*
opuścić *abandon* **(opuszczę)**	**opuszczony -a -e** *abandoned*
wynosić *carry out* **(wynoszę)**	**wynoszony -a -e** *carried out*
sparzyć *scorch, singe* **(sparzę)**	**sparzony -a -e** *scorched, singed.*
Irregular: **otworzyć** *open* **(otworzę)**	**otwarty -a -e** *open(ed).*

3. Conjugation III verbs with infinitives in **-ść, źć, -c** add **-on-** to a stem like that of the 2.p.sg. present:

wynieść *carry out* **(wyniesiesz)**	**wyniesiony -a -e** *carried out*
zawieść *mislead* **(zawiedziesz)**	**zawiedziony -a -e** *misled*
upiec *bake* **(upieczesz)**	**upieczony -a -e** *baked.*
Irregular: **znaleźć** *find* **(znajdziesz)**	**znaleziony -a -e** *found*
zjeść *eat (***zjesz)**	**zjedzony -a -e** *eaten.*

4. Verbs of Conjugation III in **-ić, -yć, -uć, -ąć, -nąć,-rzeć** form the passive participle in **-t-** according to the following models:

wypić *drink*	**wypity -a -e** *drunk*
umyć *wash*	**umyty -a -e** *washed*
zepsuć *spoil*	**zepsuty -a -e** *spoiled*
wyciąć *cut out*	**wycięty -a -e** *cut out*
wyciągnąć *drag out*	**wyciągnięty -a -e** *dragged out*
zatrzeć *wipe away*	**zatarty -a -e** *wiped away.*

The two **ł**-stem verbs **pleć** *weed* and **mleć** *grind* form the passive participle as though from the verbs **pielić, mielić: pielony -a -e** *weeded,* **mielony -a -e** *ground.*

Passive participles are often used in passive constructions with **zostać** (Perfective Passive Participle) or **być** (Imperfective Passive Participle):

Nowy system głosowania został wprowadzony. *A new system of voting was introduced.*

Wszystkie książki będą wydawane według tej nowej klasyfikacji. *All books will be published according to this new classification.*

The passive participle appears most often used as an adjective:

Psychopata ma zredukowaną zdolność uczuciową. *A psychopath has a reduced emotional capacity.*

Frequently the passive participle occurs after the modified noun and is followed by some kind of specifying complement:

On stał odwrócony plecami. *He stood with his back turned.*

Gospodarka kraju jest uzależniona od eksportu surowców. *The economy of the country is dependent on the export of raw materials.*

Many passive participles have acquired the status of regular adjectives, *cf.* **zajęty** *busy,* **spóźniony** *late,* **zadowolony** *satisfied,* and so on.

D. Imiesłów przeszły bezosobowy *past impersonal participle*

The past impers. part. refers to an action going on in the past, the subject of which is not, for whatever reason, made explicit. This participle, unlike any of the other participles, may stand alone as the main verb in a sentence. The past impers. part. is formed by adding **-o** to the stem of the passive participle:

przeczytany *read*	**przeczytano** *it was read, someone read*
widziany *seen*	**widziano** *it was seen, someone saw*
wywożony *carted out*	**wywożono** *it was carted out, someone carted out*
zepsuty *spoiled*	**zepsuto** *it was spoiled, someone spoiled*
wyciąć *cut out*	**wycięto** *it was cut out, someone cut out*

and so on. Although the past impers. part. is an active verb form, sentences using this participle are usually translated as passive sentences in English (since impersonal sentences in English are often expressed passively):

Obchodzono dziesięciolecie istnienia szkoły. *The 10th anniversary of the school was celebrated.*

Obejrzano legitymację. *The identification papers were examined.*

Dziko oklaskiwano mówcę. *The speaker was wildly applauded.*

Nie znaleziono sprawców. *Those responsible were not found.*

On the whole, the use of the past impers. part. is restricted to formal writing, especially journalistic prose, where its use is quite common.

E. **Rzeczownik odczasownikowy** *verbal noun*

Almost any verb may derive a nominal form by adding **-'-e** to the stem of the passive participle. Passive participles in **-ony** correspond to verbal nouns in **-enie**:

przyjąć *receive*	**przyjęty** *received*	**przyjęcie** *reception*
zakończyć *conclude*	**zakończony** *concluded*	**zakończenie** *conclusion*
przygotować *prepare*	**przygotowany** *prepared*	**przygotowanie** *preparation*
spotkać *meet*	**spotkany** *met*	**spotkanie** *meeting.*

Examples of use:

Aresztowanie Treholta wywołało szok w NATO. *The arrest of Treholt produced a shock in NATO.*

Zachowanie Austrii dowodzi, że ona realnie widzi sytuację. *The behavior of Austria proves that she understands the situation realistically.*

The Polish verbal noun often corresponds in use to the so-called English gerund in **-ing**:

Ludzie starsi po wypiciu mleka przed pójściem spać rzadziej budzą się w nocy. *Older people, after drinking milk before going to sleep, wake up less frequently at night.*

Polish verbal nouns are often used as complements after other nouns where in English one expects an infinitive:

Ogarnęła mnie nagła potrzeba widzenia się z nim. *I was overcome by the sudden need to see him.*

Often the existence of an independent noun will prevent, for all practical purposes, the formation of verbal nouns from particular verbs; for example, one uses **praca** *work* instead of **pracowanie** as the verbal noun of **pracować**; **chęć** *desire* is used in place of **chcenie**; and so on. However, there are very few verbs which cannot form a verbal noun at least in theory.

F. **Imiesłów zaprzeszły** *the past perfect participle*

The past perf. part. is an adverbial form whose use is analogous to that of the contemporaneous adverbial participle; that is, the past perf. part. may take the place of one of the two verbs in a complex sentence when the subject of the two verbs is the same. The past perf. part. expresses that the action referred to has been finished before the action of the main verb. The past perf. part. is formed by adding **-(w)szy** to the past stem. Because of its meaning, this participle is formed exclusively from Perfective verbs:

1. Verbs with past tense in vowel plus **-ł-** drop **-ł-** and add **-wszy**:

napisać *write* **(napisał)**	**napisawszy** *having written*
założyć *found* **(założył)**	**założywszy** *having founded*
zaszyć *sew up* **(zaszył)**	**zaszywszy** *having sewn up*
powiedzieć *say* **(powiedział)**	**powiedziawszy** *having said*

and so on.

2. Verbs with past tense in consonant plus **-ł-** add **-szy** following the **-ł-**:

upiec *bake* **(upiekł)**	**upiekłszy** *having baked*
zanieść *take* **(zaniósł)**	**zaniósłszy** *having taken*
zatrzeć *rub out* **(zatarł)**	**zatarłszy** *having rubbed out*

and so on.

The past perf. part. is restricted in its use to extremely formal writing. Examples of use:

Wróciwszy do kraju, założył nową drukarnię. *Upon his return to the country he founded a new printery.*

Złożywszy należyty hołd królowi, wygłosił długą mowę. *After paying due respect to the king, he delivered a long speech.*

G. **Czas zaprzeszły** *past perfect tense*

Past forms of the verb **być** may be used in combination with other past verb forms to create a past perfect tense construction. This construction occurs almost exclusively in the third person with verbs of either aspect:

W młodości należał był do Partii. *He had belonged to the Party in his youth.*

On dzielił teraz pokój z bratem, gdy ten powrócił był w marcu. *He shared his room with his brother, when he had returned in March.*

The past perf. tense has gone out of common use in Polish.

H. **Przymiotniki odczasownikowe wyrażające możliwość** *verbal adjectives of ability*

1. Verbs with infinitives in **-ać** may form an adjective of ability with the suffix **-lny**:

przenikać *penetrate* — **przenikalny** *penetrable*
rozstrzygać *solve* — **nierozstrzygalny** *unsolvable.*

2. With other verbs, the form of the passive participle sometimes serves as an adjective of ability. This use is particularly frequent in the negative:

zastąpić *replace* — **niezastąpiony** *irreplaceable*
ugiąć *bend* — **nieugięty** *inflexible*
tulić *assuage* — **nietulony** *inconsolable*
przeprzeć *force through* — **nieprzeparty** *invincible.*

I. **Przymiotniki odczasownikowe wyrażające wynikły stan** *verbal adjectives expressing resultant state*

Verbs expressing a change of state may form adjectives expressing the resultant state of the verbal action with the suffix **-ł-**. The formation is similar to that of the past tense in **-ł-**:

wyblaknąć *fade* — **wyblakły -a -e** *faded*
przestarzeć się *become obsolete* — **przestarzały -a -e** *outmoded*
zgnić *rot* — **zgniły** *rotten.*

Zwyczaje ludowe VIII **Oczepiny**

Oczepiny to staropolski obyczaj weselny związany z pożegnaniem stanu panieńskiego. Nowoupieczona mężatka zamienia dziewczęcy wianek na tradycyjny czepiec symbolizujący rozpoczęcie nowego, małżeńskiego życia.

oczepiny *(pl.) capping ceremony*
weselny *(adj.) wedding from* **wesele** *wedding*
stan panieński *maiden (i.e. premarital) status*
nowoupieczony *newly baked, fledgling*

dziewczęcy *maidenly*
wianek wianka *wreath*
czepiec czepca *cap*
małżeński *marital, married (state, life, etc.)*

VI. Derivacja form aspektowych czasownika *the derivation of verbal aspect forms*

A. Derywacja aspektu dokonanego od prostych czasowników aspektu niedokonanego *the derivation of the Perfective aspect from simple Imperfective verbs*

The addition of a verbal prefix to an unprefixed imperfective usually makes the verb perfective. It is impossible to predict which prefix will be used to perfectivize which verb, *cf.*

robię *I do*	**zrobię** *I'll do*
słyszę *I hear*	**usłyszę** *I'll hear*
czytam *I read*	**przeczytam** *I'll read*
proszę *I ask*	**poproszę** *I'll ask.*

Perfectivizing prefixes include the following:

na- *on*	**przy-** *near*
o-, ob(e)- *around against*	**roz(e)-** *apart*
od(e)- *from*	**u-** *a ways*
pod(e)- *beneath*	**wy-** *out*
po- *a bit*	**w(e)-** *in*
przed(e)- *before*	**wz(e)-** *up*
prze- *through*	**za-** *beyond.*

The semantic result of combining a given verb and a given prefix cannot be predicted with any reliability, *cf.*

stawić *place*	**przedstawić** *introduce*
znać *know*	**poznać** *meet*
kręcić *turn*	**nakręcić** *dial*
prosić *ask*	**przeprosić** *ask forgiveness*
nieść *carry*	**podnieść** *lift*
kazać *order*	**okazać** *display*
mówić *speak*	**namówić** *persuade.*

As a general rule, each simple Imperfective verb will form one prefixed Perfective verb in more or less the same meaning, and any number of other Perfective verbs in new meanings, *cf.*

robić *do*	**zrobić** *do*
	zarobić *earn*
	wyrobić *produce*
	narobić *make (trouble)*
	odrobić *perform*
	podrobić *copy*
	nadrobić *make up (a deficiency)*

and so on. It is simplest to assume that the relation between a verb like **robić** *do* and, say, **zarobić** *earn* is a historical one only. In the final analysis, the verb, say, **zarobić** must be learned independently as the Polish verb meaning 'earn'.

B. Derywacja aspektu niedokonanego od złożonych czasowników aspektu dokonanego *the derivation of the Imperfective aspect from prefixed Perfective verbs*

The creation of Perfective verbs in new meanings by prefixation creates the need to derive Imperfective verbs from these new Perfective verbs in the new meaning. Imperfective derivation is usually accomplished by adding suffixes to the stem of the verb. The rules for forming Imperfective verbs from prefixed Perfective verbs are fairly complex but reasonably consistent.

1. Verbs of Conjugation II with infinitive in **-ić** derive imperfective verbs by adding **-a-ć (-am -asz -a -amy -acie- ają)** to the verb stem in **-i-**. In this position (after a consonant and before a vowel), **-i-** goes to **-j-**, causing the preceding consonant to mutate (C1 goes to C4). In a root, **o** will go to **a;** *cf.*

nakręcić (na-kręt-i-ć) *dial*
Impf. **na-kręt-i-a-ć: nakręt-j-ać nakręcać (nakręcam -asz, -a,** *etc.*)

przeprosić (prze-pros-i-ć) *ask forgiveness*
Impf. **prze-pras-i-a-ć: przepras-j-ać (przepraszam -asz, -a,** *etc.*)

zdradzić (zdrad-i-ć) *betray*
Impf. **zdrad-i-a-ć: zdrad-j-ać zdradzać (zdradzam -asz, -a,** *etc.*).

2. Most Conjugation I or III verbs with infinitive in **-a-ć**, and also Conjugation III in -**ować**, derive Imperfectives with the suffix **-yw-a-ć (uję -ujesz -uje)**:

zamieszkać (za-mieszk-a-ć, zamieszkam -asz -a) *inhabit*
Impf. **za-mieszk-yw-a-ć: zamieszkiwać (zamieszkuję -esz, -uje,** *etc.*)

pokazać (po-kaz-a-ć, pokażę -esz -e) *inhabit*
Impf. **po-kaz-yw-a-ć: (pokazuję -ujesz -uje,** *etc.*)

wypracować (wy-prac-ow-a-ć, wypracuję wypracujesz wypracuje, *etc.*)
Impf. **wy-prac-ow-a-ć: wypracować (wypracowuję -esz -e)**

3. Most monosyllabic roots ending in vowels other than **-a-** form Imperfectives in **-w-a-ć (-am -asz -a,** *etc.*), cf.

użyć (u-ży-ć, użyję -esz -e) *use*
Impf. **u-ży-w-a-ć: używać (używam -asz -a,** *etc.*)

przeczuć (prze-czu-ć, przeczuję -esz -e) *have a presentiment of*
Impf. **prze-czu-w-a-ć: przeczuwać (przeczuwam -asz -a,** *etc.).*

Verbs of the **grzać grzeję** *warm* type add this suffix to the stem in **-e-**:

wygrzać (wy-gr'e-ć, wygrzeję -esz -e, *etc.*) *warm up*
Impf. **wy-gr'e-w-a-ć: wygrzewać (wygrzewam -asz -a,** *etc.*) .

As an exception to the general rule, monosyllabic roots in **-i-** form Imperfectives in **-j-a-ć (-am -asz -a,** *etc.*):

wypić (wy-pi-ć, wypiję -esz -e, *etc.) drink up*
Impf. **wy-pi-j-a-ć: wypijać (wypijam -asz a,** *etc.).*

4. Monosyllabic roots and stems in **-a-ć** form Imperfectives in a variety of ways.

poznać *meet, Impf.* **poznawać (poznaję -esz -e)**

zastać *come upon, Impf.* **zastawać (zastaję -esz -e)**

oddać *give back, Impf.* **oddawać (oddaję -esz -e)**

wygrać *win, Impf.* **wygrywać (wygrywam -asz -a)**

wybrać *select, Impf.* **wybierać (wybieram -asz -a)**

zerwać *tear off, Impf.* **zrywać (zrywam -asz -a).**

5. Most consonant-stem verbs and verbs in **-nąć** form Imperfectives in **-a-ć (-am -asz -a)**. In a root, an underlying **-'-** or **-∅-** goes to **-i-** or **-y-**, respectively, and **-o-** will go to **-a-**:

wyciąć (wy-t'n-ć, wytnę wytniesz wytnie, *etc.*) *cut out*
Impf. **wy-tin-a-ć: wycinać (wycinam -asz -a,** *etc.*)

wydąć (wy-d∅m-ć, wydmę wydmiesz wydmie, *etc.*) *puff up*
Impf. **wy-dym-a-ć: wydymać (wydymam -asz -a,** *etc.*)

zacząć (za-cz'n-ć, zacznę zaczniesz zacznie, *etc.*) *begin*
Impf. **za-czyn-a-ć: zaczynać (zaczynam -asz -a,** *etc.*)

wypaść (wy-pad-ć, wypadnę wypadniesz wypadnie, *etc.*) *fall out*
Impf. **wy-pad-a-ć: wypadać (wypadam -asz -a,** *etc.*)

pomóc (po-mog-ć, pomogę pomożesz pomoże, *etc.*) *help*
Impf. **po-mag-a-ć: pomagać (pomagam -asz -a,** *etc.*)

odetchnąć (od∅-d∅ch-n-ąć, odetchnę odetchniesz odetchnie, *etc.*) *breathe*
Impf. **od∅-d∅ch-a-ć: oddychać (oddycham -asz -a,** *etc.*).

Verbs in **-jąć (-j'm-ć)** form Imperfectives in **-ow-a-ć (-uję -ujesz -uje)**:

objąć (ob∅-j'-m-ć, obejmę obejmiesz obejmie, *etc.*) *embrace*
Impf. **ob∅-j'm-ow-a-ć: obejmować (obejmuję -esz -e,** *etc.*).

6. Unprefixed perfectives in **-nąć**, usually referring to sounds or movements, usually correspond to Imperfectives in **-a-ć (-am -asz -a)**, in **-a-ć (-j-ę -j-esz -j-e)**, or in **-'e-ć**:

trysnąć (trysk-n-ą-ć) *spurt*
Impf. **trysk-a-ć: tryskać (tryskam -asz -a,** *etc.*)

gwizdnąć (gwizd-n-ą-ć) *whistle*
Impf. **gwizd-a-ć: gwizdać (gwiżdżę -esz -e,** *etc.*)

krzyknąć (krzyk-n-ą-ć) *shout*
Impf. **krzyk-'e-ć: krzyczeć (krzyczę -ysz -y).**

7. Suppletive aspect pairs. Occasionally, two completely different verbs will be associated as an Imperfective-Perfective pair. *e.g.*

brać *take*	*pf.* **wziąć**
kłaść *place, put*	*pf.* **położyć**
mówić *say, speak*	*pf.* **powiedzieć**
oglądać *watch, view*	*pf.* **obejrzeć**
widzieć *see*	*pf.* **zobaczyć.**

The stems **-kładać -łożyć** form a number of prefixed Imperfective-Perfective verbs, *e.g.*, **przedkładać przedłożyć** *prefer,* **odkładać odłożyć** *put off,* and so on. Similarly, the stems **-glądać -jrzeć** form several prefixed Imperfective-Perfective pairs: **zaglądać zajrzeć** *peek,* **wyglądać wyjrzeć** *look out,* and so on. Also fairly irregular within the Polish aspect system is the verb **znaleźć znajdować** *find.*

8. A few unprefixed verbs are naturally Perfective, for example:

chwycić, *Impf.* **chwytać** *grasp*
dać (dam dasz dadzą), *Impf.* **dawać (daję dajesz daje)** *give*
kupić, *Impf.* **kupować** *buy*
ruszyć, *Impf.* **ruszać** *move*
rzucić, *Impf.* **rzucać** *throw*
stać (stanę -iesz -ie), *Impf.* **stawać (staję -esz -e)** *become.*

Note: for the aspect of prefixed verbs of motion, consult the grammar section of Lesson I.

VII. Przegląd liczebników głównych *survey of ordinal numerals*

A. The number 1 - **jeden jedna jedno** - modifies the noun and takes regular adjective endings:

N	**jeden dzień**	**jedna noc**	**jedno dziecko**
G	**jednego dnia**	**jednej nocy**	**jednego dziecka**
D	**jednemu dniowi**	**jednej nocy**	**jednemu dziecku**
A	**jeden dzień**	**jedną noc**	**jedno dziecko**
I	**jednym dniem**	**jedną nocą**	**jednym dzieckiem**
L	**jednym dniu**	**jednej nocy**	**jednym dziecku.**

In the plural, **jedne jedni** mean 'some': **Jedni studenci są młodsi, inni starsi.** *Some students are younger, others older.*

B. Numbers 2, 3, 4 are declined as follows:

	m.	*f.*	*mp.*	*m-f-n.*	*mp.*	*m-f-n.*	*mp.*
N	**dwa**	**dwie**	**dwaj**	**trzy**	**trzej**	**cztery**	**czterej**
G		**dwóch**		**trzech**		**czterech**	
D		**dwóm**		**trzem**		**czterem**	
A	**dwa**		**dwóch**	**trzy**	**trzech**	**cztery**	**czterech**
I		**dwoma**		**trzema**		**czterema**	
L		**dwóch**		**trzech**		**czterech**	

Numbers 2, 3, 4, modify the noun in all six cases:

N	**dwa koty**	**trzy krowy**	**czterej mężowie**
G	**dwóch kotów**	**trzech krów**	**czterech mężów**
D	**dwóm kotom**	**trzem krowom**	**czterem mężom**
A	**dwa koty**	**trzy krowy**	**czterech mężów**
I	**dwoma kotami**	**trzema krowami**	**czterema mężami**
L	**dwóch kotach**	**trzech krowach**	**czterech mężach.**

Notes:

a. Instead of **dwaj, trzej, czterej**, masc. pers. pl. nouns may also use a Genitive construction with **dwóch, trzech, czterech:** hence either **dwaj chłopcy byli** or **dwóch chłopców było** *two boys were.*

b. Optional forms: **dwu** is an optional form in the GDL; **dwiema** is a common fem. Instrumental form; **dwom** is an uncommon form in the Dative.

C. Numbers 5-20, 30, 40, ... 90 are declined like **pięć**:

	m-f-n.	*mp.*
NA	**pięć**	**pięciu**
GDL	**pięciu**	
I	**pięcioma.**	

Such numbers take the quantified noun in the G in Nominative and Accusative constructions; otherwise, they modify the noun:

N	**pięć zeszytów**	**pięciu chłopców**
G	**pięciu zeszytów**	**pięciu chłopców**
D	**pięciu zeszytom**	**pięciu chłopcom**
A	**pięć zeszytów**	**pięciu chłopców**
I	**pięcioma zeszytami**	**pięcioma chłopcami**
L	**pięciu zeszytach**	**pięciu chłopcach.**

Similarly:

6	**sześć sześciu**	17	**siedemnaście siedemnastu**
7	**siedem siedmiu**	18	**osiemnaście osiemnastu**
8	**osiem ośmiu**	19	**dziewiętnaście dziewiętnastu**
9	**dziewięć dziewięciu**	20	**dwadzieścia dwudziestu**
10	**dziesięć dziesięciu**	30	**trzydzieści trzydziestu**
11	**jedenaście jedenastu**	40	**czterdzieści czterdziestu**
12	**dwanaście dwunastu**	50	**pięćdziesiąt pięćdziesięciu**
13	**trzynaście trzynastu**	60	**sześćdziesiąt sześćdziesięciu**
14	**czternaście czternastu**	70	**siedemdziesiąt siedemdziesięciu**
15	**piętnaście piętnastu**	80	**osiemdziesiąt osiemdziesięciu**
16	**szesnaście szesnastu**	90	**dziewięćdziesiąt dziewięćdziesięciu.**

D. Numbers 100, 200, ... 900 have only two forms; these numerals do not take Instrumental in **-oma** (except, occasionally, in substandard speech):

	m-f-n.	*mp.*
NA	**sto**	**stu**
GDIL	**stu.**	

The syntax is similar to that of numbers 5-90:

N **sto książek**	**stu ludzi**
G **stu książek**	**stu ludzi**
D **stu książkom**	**stu ludziom**
A **sto książek**	**sto ludzi**
I **stu książkami**	**stu ludźmi**
L **stu książkach**	**stu ludziach.**

Similarly:

200	**dwieście dwustu**	600	**sześćset sześciuset**
300	**trzysta trzystu**	700	**siedemset siedmiuset**
400	**czterysta czterystu**	800	**osiemset ośmiuset**
500	**pięćset pięciuset**	900	**dziewięćset dziewięciuset.**

E. The number 1000 has both a singular and a plural and takes the quantified noun always in the G pl.:

N **tysiąc**	**tysiące**
G **tysiąca**	**tysięcy**
D **tysiącowi**	**tysiącom**
A **tysiąc**	**tysiące**
I **tysiącem**	**tysiącami**
L **tysiącu**	**tysiącach.**

Of these forms, only the G pl. is irregular.

F. **Uwagi o składni liczebników głównych** *notes on the syntax of cardinal numerals*

1. Nominative case numeral expressions using 2, 3, 4 - including compound numerals ending in 2, 3, 4 (but not including 12, 13, 14) - take plural verb agreement: **trzy koty leżały** *three cats were lying;* **czterej chłopcy biegali** *three boys were running;* **dwadzieścia cztery konie stały** *twenty-four horses were standing.*

2. Nominative case numeral expressions using numbers other than 2, 3, 4 take singular verb agreement: **pięć kobiet szło** *five women were walking.*

3. The Nom.-Gen. expressions using **dwóch (dwu), trzech, czterech** also take singular verb agreement. These expressions are the only ones possible with masculine person compound numeral expressions: **dwóch milicjantów weszło** *two policemen entered;* **dwudziestu czterech studentów zgłosiło się** *twenty-four students signed up.* Note: in compound expressions, **dwu** is preferred to **dwóch: dwudziestu dwu pilotów strajkowało** *twenty-two pilots were striking.*

4. Compound numbers ending in 1 are formed with unchanging **jeden.** The syntax of such expressions is similar to that of 5; the element **jeden** does not change: **dwadzieścia jeden kotów; o dwudziestu jeden kotach; trzydzieści jeden książek, o trzydziestu jeden książkach.**

5. In long compound Instrumental expressions the ending **-oma** may be replaced by **-u: z pięćdziesięciu trzema zeszytami** *with 53 notebooks.* Otherwise, the Instrumental ending in **-u** is not often encountered except with the indefinite numerals: **przed kilkoma (kilku) laty** *several years ago.*

6. In three- and four-number expressions, only the numerals referring to tens and units are declined: **z dwa tysiące czterysta pięćdziesięciu sześcioma książkami** *with 2457 books.*

G. Liczebniki nieokreślone *indefinite numerals*

The following indefinite numerals have a declension and syntax similar to that of **pięć, sto**:

ile ilu iloma *how many, as many*
tyle tylu tyloma *so many*
wiele wielu wieloma *many*
kilka kilku kilkoma *several*
parę paru paroma *a couple, a few*

kilkanaście kilkunastu kilkunastoma *a dozen or so*
kilkadziesiąt kilkudziesięciu kilkudziesięcioma *several dozen*
kilkaset kilkuset *several hundred*

paręnaście parunastu parunastoma *a dozen or so*
parędziesiąt parędziesięciu parudziesięcioma *a couple dozen*
paręset paruset *a couple hundred.*

Notes:

a. With the indefinite numerals, the use of the ending **-u** with masculine persons is becoming less frequent, hence either **wiele ludzi** or **wielu ludzi** *many people.*

b. The couple **tyle, ile** often occur in tandem in the meaning "as many as". As a rule, when these two forms occur together, they remain unchanged after negated verbs: **Nie mam aż tylu pieniędzy** *I don't have that much money,* but **Nie mam tyle pieniędzy, ile ty masz** *I don't have that much money as you.*

c. The indefinite quantifiers **trochę** *a little,* **mało** *a little,* **dużo** *a goodly amount* are not declined. Their use in oblique-case (*i.e.*, non-Nominative/Accusative) constructions is limited, but *cf.* **Nie mam dużo pieniędzy** *I don't have a lot of money.* In oblique cases these quantifiers are usually replaced with phrases using **ilość** *(f.) quantity:* **Nie lubię być na ulicy z dużą ilością** (instead of **z dużo**) **pieniędzy** *I don't like to be on the street with a large amount of money.*

d. The word **mnóstwo** *a lot, a great amount* is often used as an indefinite quantifier; it is declined in full as a neuter noun: **z mnóstwem ludzi** *with a multitude of people.*

Zespół muzyczny "Dwa plus jeden".

VIII. PREPOSITIONS

Prepositions are most succinctly presented according to the case required by the preposition:

A. Genitive

The Genitive case is required after more prepositions than any other case. It is associated in particular with prepositions of lack, separation, motion from, and approximation. Common prepositions requiring the Genitive include:

bez *without*
blisko *near*
dla *for*
dookoła *around, near*
mimo *past, by*
oprócz *besides*
podczas *during*
podług *according to*
u *at, near*
wbrew *despite*
według *according to*
wskutek *as the result of*
wśród *among*
wzdłuż *along (the side of)*
z *from, off, out of*
zamiast *instead of.*

za occurs with the Genitive in the meaning "during the time of": **za moich czasów** *in my day.*

The Genitive occurs with the following "motion-from" prepositions, derived from **z** plus Instrumental prepositions of Location:

spod *from beneath*
spomiędzy *from among*
spoza *from beyond*
sprzed *from before*
znad *from above*
zza *from behind*

B. Dative

Only a few prepositions, indicating motion or attitude toward, govern the Dative:

dzięki *due to, thanks to*
ku *toward(s)* (infrequent)
przeciw(ko) *against.*

C. Accusative

The Accusative is required after:

mimo *despite*
po *after (to get)*
ponad *(over and) above*
przez *through, across, during, by means of.*

In addition, the Accusative is used after prepositions usually governing the Instrumental or Locative cases when the preposition expresses motion-to:

między *(to) between*
na *onto*
nad *(to) above*
ponad *(over and) above*
poza *(to) beyond*
przed *(to) in front of*
w *into*
za *(to) behind: (in exchange) for.*

D. Instrumental

The Instrumental case is required after most prepositions of peripheral location, including:

między *between, among*
nad *over, above*
pod *under, beneath*
poza *beyond*
przed *before, in front of*
za *behind, beyond.*

In addition, the Instrumental case occurs after the preposition **z** *(together) with.*

E. Locative

The Locative case occurs after the following prepositions:

na *on, at*
po *after, according to*
przy *near, at, by*
w *in, at.*

Biała Podlaska

Wiesław Brudziński

DZIONEK CZŁOWIEKA CYWILIZOWANEGO

Wstajemy rano, chociaż chcielibyśmy spać do południa, wkładamy marynarkę i spodnie, których długość i szerokość określił jakiś pan w Paryżu, pantofle, których kształt zależny jest od kilku szwargotliwych Włochów, i wychodzimy z domu o godzinie, która nam wcale nie odpowiada.

Choć mamy ochotę na spokojny kontemplacyjny spacerek, pędzimy kłusem na znajdujące się o pół kilometra od naszego mieszkania miejsce, w którym ktoś, nie pytając nas o zdanie, ustanowił przystanek. Tam wsiadamy w tramwaj z numerem, którego wcale nie wybraliśmy, pomalowany na żółto, chociaż kolor seledynowy bardziej przypada nam do gustu.

Wehikuł, w którym siedzimy, przerywa nam w najniewłaściwszym momencie tok myśli i wyrzuca w niesympatycznej dzielnicy, gdzie regularnie spędzamy pół dnia w jednym pokoju z facetem, który nie stanowi dla nas odpowiedniego towarzystwa, zanudza opowiadaniem anegdot i za nic nie chce słuchać o naszych chorobach. Z obrzydzeniem załatwiamy kilka spraw ludzi, którzy nas nic nie obchodzą, i o oznaczonej (oczywiście nie przez nas) godzinie opuszczamy miejsce, w którym płacą nam pieniądze zawsze nie wtedy, kiedy nam ich najwięcej brak.

Z kolei udajemy się do lokalu, w którym zjadamy to, co jakiemuś osobnikowi w białej czapce na głowie spodobało się spitrasić, a czego drugi osobnik z serwetką nie wykreślił ze spisu.

Jeśli jemy obiad w domu, spotyka nas podobny los i w domu, wmawiają nam, że przypalone paskudztwo, które połknęliśmy, jest naszą ulubioną potrawą.

Wieczorem, pełni obrazów pięknych, widzianych za dnia dziewczyn, kładziemy się spać obok kobiety, z którą nas nic nie łączy, oprócz papierka opatrzonego zamazaną pieczęcią i podpisem bliżej nas nie znanego jegomościa.

Tak dzieje się codziennie, przez 11 miesięcy w roku. Na jeden miesiąc wyjeżdżamy na urlop do miejscowości, w której są akurat wolne miejsca na wczasach lub gdzie ktoś wynajął dla nas pokój, i tam poddajemy się całkowicie dyktaturze pogody. W lecie z pełnym żołądkiem pędzimy na plażę, gdy tylko pokaże się słońce, w zimie z obolałymi stawami gnamy na narty, gdy tylko spadnie śnieg. Wracamy w dniu, w którym uda nam się kupić sleeping lub wepchnąć do pociągu, aby tam oddać się w niewolę kilku panom w kolejarskich mundurach.

Wszystko to dzieje się bez udziału naszej woli.

Po jakimś czasie brzydniemy i starzejemy się, na co też na ogół nie mamy wpływu.

Jest jednak w tej historii pewien jasny punkt, który pozwala mi zakończyć optymistycznym akcentem: powiesić możemy się zawsze w dowolnie obranym przez nas momencie.

brzydnąć *grown ugly*
całkowity *entire*
dyktatura *dictatorship*
dziać się *happen, take place*
gnać *race, speed*
jegomość *(jocular) gentleman*
kolejarski *railwayman's*
kontemplacyjny *contemplative*
kształt *shape*
lokal *cafe, restaurant*
łączyć *unite, link, join*
malować po- *paint*
miejscowość *(f.) locality*
mundur *uniform*
niewola *captivity, bondage*
obchodzić *concern*
obolały *aching*
obrać obierać *(here:) select, choose*
obrzydzenie *revulsion*
oddać się oddawać się + D *yield to, give self over to*
odpowiedni *proper*
określić określać *(here:) determine*
opatrzony z + I *supplied with*
opuścić opuszczać *leave, abandon*
osobnik *(pejorative) personage, character*
papierek papierka *piece of paper*
paskudztwo *abomination*
pędzić *rush*
pieczęć *(f.) stamp*
podpis *signature*
pokazać się pokazywać się *show self, appear*
powiesić się *(pf.) hang oneself*
połknąć *(pf.) swallow*
przerwać przerywać *interrupt*
przypadać + D **do gustu** *suit, be to one's liking*
przypalony *scorched*
serwetka *napkin*
sleeping *sleeping accommodations on train*
spacer (dim. **spacerek)** *stroll*
spaść spadać *fall (down)*
spitrasić *(pf.) whip up*
starzeć się *grow old*
staw *joint*
szwargotliwy *(here:) loud-mouth*
tok myśli *stream of thought*
udać się udawać się + D *be successful*
udział *share, participation*
ustanowić ustanawiać *set up, situate*
wczasy G **-ów** *resort vacation*
wehikuł *vehicle*
wepchnąć się wpychać się *shove one's way into*
wmówić wmawiać *persuade*
wpływ *influence*
za dnia *during the day*
zależny od + G *dependent on*
zamazać zamazywać *smudge*
zanudzić zanudzać *bore (to death)*

Zwyczaje ludowe IX *Wycinanki*

Amerykańska artystka polskiego pochodzenia Magdalena Nowacka-Gilinsky - projektantka okładki niniejszej książki - zachowuje tradycje polskiej wycinanki. Pani Magda wycina bez rysunku i miar, używając nożyc do strzyżenia owiec. Każda wycinanka ma niepowtarzalny wzór i jest niespodzianką dla samej artystki.

projektantka *f. designer*
okładka *book cover*
niniejszy *the present*
zachowywać *preserve*
wycinanka *paper-cut*
wyciąć wycinać *cut out*

rysunek rysunku *drawing*
miara *measurement*
nożyce *pl. G* **nożyc** *shears*
niepowtarzalny *unrepeatable*
wzór wzoru *pattern*
niespodzianka *surprise*

Glossary

The glossary has been compiled from the lists of glossed words accompanying the conversations and readings in Lessons I-XI. In all there are around 1600 entries. An effort has been made to include necessary syntactic information on the verbal entries, based on the context in which the verb occurs. The citation of verbal aspect requires comment. Verbs cited singly will be assumed to be imperfective, for example, **wymagać** *demand.* Individually cited perfective verbs will be so marked, for example **popatrzeć** *(pf.) take a look.* Imperfective verbs forming prefixed perfectives will be cited with the prefix following, for example **psuć ze-** *spoil.* In all cases where an aspect pair is cited in full, the perfective verb will be given first, for example **uciec uciekać** *escape,* **obejrzeć oglądać** *watch, observe, view;* **rozwinąć rozwijać** *develop;* and so on. The conjugation of a verb is not indicated. The student who is not completely familiar with verb conjugation may consult the grammatical appendix at the end of the book.

Papercut by Magda Nowacka-Gilinsky

a nuż *what if* 8
absolwent, *f.* **absolwentka** *graduate* 8
adiunkt *assistant professor* 11
administracyjny *administrative* 5
ajencyjny *(adj.) agency* 7
ajent *agent* 7
akademia *academy, school of higher learning* 8
akademik -a *dorm* 11
akurat *exactly, precisely, just* 11
alkohol *alcoholic beverage, liquor* 7
alpejski *Alpine* 10
ambulatoryjny *ambulatory, out-patient* 8
antyk -a *antique* 2
aparat *apparatus, camera* 6
apetyt *appetite* 9
artystyczny *artistic* 7
asystent *teaching assistant* 11
atrakcyjny *attractive* 7
automat telefoniczny *pay-phone* 6
automatyczny *automatic* 8
autostop *hitchhiking* 3
awantura *uproar, ruckus* 6
badać z- *examine* 8
badania *(pl.) studies, lab* 11
bagaż *baggage* 3
bagażnik *trunk (of car)* 3
bajerować *(slang) put on, fool* 6
bal kostiumowy *costume ball* 8
baranina *mutton* 9
bazar *bazaar* 7
bazylia *basil* 9
bądź *or* 6
benzyna *gasoline* 1
benzynowy *(adj.) gasoline* 3
Beskidy Beskid *Beskid mountains* 10
bezosobowy *impersonal* 5
bezpłatny *free* 8
bezpośredni *direct, immediate* 6
białowieski *(adj.) Bialowieza* 10
Bieszczady Bieszczad *Bieszczad mountains* 10
bieżąca woda *running water* 4
biwaki-ów *camping* 11
bizon *bison* 10
biżuteria *jewelry* 7
bliski *near; comp.* **bliższy** 1; **blisko** *nearly* 10
bliźniak *(Fem.* **bliźniaczka)** *twin* 5
blok *block of apartments* 4
błąd błędu *mistake* 5
błyskawica *lightning (flash)* 8
błyskawiczny *lightning-fast* 9
boczek boczka *bacon* 9
bodaj *probably* 9
bomba *(slang) far out* 6
borykać się z + I *struggle with* 4
bowiem *since* 1
bór boru *woods* 10
brak *lack* 1; *shortcoming* 4
brama *gateway, entryway* 8
branża *branch (of store, economy)* 7
bruderszaft *(fr. German Bruderschaft* 'brotherhood') *ceremony of going over to first-name basis* 5
brunet *brunet* 9
brzmieć *sound* 6
budowa *building, construction* 4
budować wy- *build* 4
budownictwo *construction* 4
bułka *bun, roll* 9
buraczek buraczka *beet* 9
bursztyn *amber* 7
burza *storm* 8
byle jaki *any old kind* 7
bywać *(fequentative of* **być**) *occur, stay* 5
całkiem *wholly, entirely* 7
całować po- *kiss* 5
cebula *onion* 9
cechować *characterize* 5
Celcjusz *Celcius* 10
cementownia *cement factory* 8
cena *price* 4
cenić sobie *value* 6

cennik *price list* 2
centrala *(noun) central* 7
ceramika *ceramics* 7
ceremoniał *ceremony* 5
charakteryzować *characterize* 10
chirurgiczny *surgical* 8
chłodny *chilly* 10
chłodzić *cool* 1
chłopak *boy, boyfriend* 5
chmurzyć się za- *cloud over* 8
choroba *disease* 8
chorobowy *(adj.) sick* 8
chorować *be sick;* **za-** *become sick* 8
chory *sick (person)* 8
chrzest *christening* 9
chwalić po- *praise* 8
chwila *while, moment* 1
ciasto *cake* 9
ciągnąć się *stretch (intrans.)* 10
cienki *thin* 4
cieszyć się + I *enjoy* 3
ciężarny *pregnant* 2
ciężarowy *(adj.) freight* 3
ciężarówka *truck* 2
ciężki *heavy, difficult* 1
cisza *silence, quiet* 8
ciśnienie atmosferyczne *atmospheric pressure* 10
ciuchy -ów *(slang) clothes, duds* 6
codziennie *(adv.) daily, every day* 1
cofnąć się cofać się *withdraw* 3
cóż *(emphatic of* **co**) *what!* 1
cóż dopiero *not to mention* 5
cudzoziemiec cudzoziemca *foreigner* 5
cudzy *another's* 11
czasem *sometimes* 1
czesać się u- *comb (one's) hair* 5
częstotliwość *(f.) frequency* 2
częstować po- + *offer something to eat* 5
częściowy *partial* 10; **częściowo** *in part* 4
część zamienna *spare part* 3
członek członka *member* 4
czosnek czosnku *garlic* 9
cztery kółka *four wheels (slang for automobile)* 3
czynny *active, open (of store)* 9
czynsz *rent* 4
do licha *(curse) confound it* 11
da się + *infin. it is possible* 5
dach *roof* 10
dać dawać sobie radę z + I *manage with* 1
dalekobieżny *(adj.) long distance* 1
danie *dish* 9
dany *given* 6
decydować się z- na + A *decide on* 6
decydować z- o + L *decide about, determine* 10
decyzja *decision* 5
denerwować się z- + I *get upset about* 4
deser *dessert* 9
dlatego *for that reason, because* 7
długi *long; comp.* **dłuższy** 1
do niedawna *up until recently* 8
dobór doboru *choice, assortment* 7
dobra *(slang)* = **dobrze** 6
dobrana para *ideal couple* 6
dobrobyt *well-being* 4
docent *associate professor* 11
dodatkowy *additional* 1
dodatni *positive* 4
dodzwonić się do + G *(pf.) get through to* 6
dojechać dojeżdżać *commute* 2
dojrzałość *(f.) maturity* 11
dokonać dokonywać *perform, execute* 3
doktorowa *doctor's wife* 9
doktorski *doctoral* 11
dołożyć dokładać *give another of* 9
dom akademicki *dormitory* 11
dopatrzeć się dopatrywać się + G *see (behind), read into* 7
dopiero *only (in time expressions)* 1

dopóki nie *until* 4
doprawić doradzać + D *advise* 5
doraźny *(adj.) emergency* 8
dorosnąć dorastać *grow up* 4
dostać się do + G *(pf.) get somewhere* 10
dostać się na + A *(pf.) get into (a school)* 11
dostawczy *(adj.) delivery* 3
dostrzec dostrzegać do + *G get to, reach* 1
dowiedzieć się dowiadywać się + *G find out about* 7
dożyć + G *live to see* 8
drewno *wood* 7
drobiazg *trifle, sundry* 2
drobnomiezsczanin *petty-bourgeois* 7
drogi *expensive; comp.* **droższy** 1
drogowskaz *road sign* 3
drób drobiu *fowl* 9
drucik *little wire (from* **drut***)* 4
duszony *stewed* 9
dworzec dworca *station, depot* 1
dyplom *diploma* 8
dyplomowana pielęgnarka *registered nurse* 8
dyskusja *discussion* 3
dysponować + I *dispose of, have at one's disposal* 4
dziedzina *field, area* 6
dziekan *dean* 11
dzielić się na + *A divide into* 11
dzierżawa *management* 7
dzwonić za- do+ *G ring, call, telephone to* 1,6
edukacja *education* 11
egzamin *examination* 11
egzaminacyjny *(adj.) examination* 11
eksport *export* 3
elektroniczny *electronic* 6
emeryt *retired person* 2
emerytura *retirement;* **na emeryturze** *in retirement* 5
etykieta *etiquette* 5
ewentualny *eventual* 3
fabryczny *(adj.) factory (from* **fabryka** *factory)* 5
facet *guy* 11
fakultatywny *optional.* **zajęcia fakultatywne** *elective* 11
fasolka *bean(s)* 9
fason *style, cut* 7
filologiczny *philological (language and literature)* 11
filtr *filter* 3
finansowy *financial* 11
fioletowy *violet-colored, purple* 7
formalność *(f.) formality* 5
front wyżowy *high front* 10
frytka *french-fried potato* 9
fundusze *(pl.)* **-ów** *(monetary) funds, means* 3
funkcja *function* 7
gadać *(slang) talk* 6
galanteria *haberdashery, fancy goods* 7
galareta *jellied consomé* 9
garaż *garage* 10
gardło *throat* 9
gdyż *since, because* 2
gdzie tam! *oh come on!* 7
gdzie indziej *somewhere else* 7
giełda *(goods or stock) exchange* 3
ginekolog *gynecologist* 8
głos *voice* 6
głównie *mainly, primarily* 3
gniazdko *(electrical) outlet (from* **gniazdo** *nest)* 4
godny + G *worthy of* 7
golf *turtleneck sweater* 7
golić się o- *shave (self)* 5
gospodyni *housewife* 9
gotować u- *cook, fix, boil* 9
grono *group, body, company* 3
groszek groszku *peas* 9
grozić + D *threaten* 2
gruby *thick, fat* 4

grunt *ground, the main thing* 11
gruntownie *fundamentally* 4
grzanki *(pl.) toast* 9
grzecznościowy *(adj.) polite (form)* 5
grzyb -a *mushroom* 9
gwarancja *guarantee* 3
gwarantować *guarantee* 1
habilitacja *tenure* 11
habilitacyjny *(adj.) tenure* 11
haftować *embroider* 7
handlować + I *trade in* 7
hasło *slogan* 6
honorowy *(adj.) honor* 1
idealista *(mp.) idealist* 11
ilość *(f.) quantity* 1
imponujący *impressive* 8
impreza *(slang) get-together* 6
inaczej *otherwise* 5
indywidualny *individual, private* 8
inekspyrmable *(pl.) undergarments (jocular)* 9
informować *inform* 2
instalować za- *install* 4
instytut *institute* 11
inwalida *disabled person* 2
inwalidzki *disabled* 8
istnieć *exist;* **za-** *come into existence* 8
istotny *essential* 1
itd. *(***i tak dalej)** *and so forth* 3
itp. *(***i tym podobne)** *and so on and so forth, and suchlike* 8
jabłecznik -a *apple strudel* 9
jajecznica *scrambled eggs* 9
jak *as, when, as soon as* 4
jak cholera *(oath) like hell* 8
jakkolwiek *although* 11
jarzyna *vegetable* 2
jazda *travel, ride, travelling* 1
jednakowy *identical* 2
jednorodzinny *(adj.) single-family* 4
jedynak *(fem.* **jedynaczka)** *only child* 5
jedyny *only 10;* **jedynie** *(adv.) merely* 1
jeszcze jak *and how!* 6
jeśli chodzi o + *A as far as - is concerned* 5
jezdnia *pavement, roadway* 3
jeżeli *if (literary)* 4
jura *Jura (Jurassic rock system)* 10
kabaret *cabaret* 11
kabina telefoniczna *telephone booth* 6
kadłub -a *body, trunk* 6
kalafior -a *cauliflower* 9
kalendarz-a *calendar* 9
kalendarzowy *(adj.) calendar* 10
kanapka *canape, open-face sandwich* 1
kara *fine, punishment* 1
karać u- *punish* 3
karetka pogotowia *ambulance* 3
Karpaty Karpat *Carpathian mountains* 10
kartka *card, coupon* 7
kartofel kartofla *potato* 9
kasować s- *cancel* 2
kasownik *ticket-cancelling box* 2
kasza gryczana *buckwheat groats, Bulgar wheat* 9
katedra *cathedral, (academic) chair* 11
Katolicki *(adj.) Catholic* 11
kawa zbożowa *cereal coffee* 9
kąpać się wy- *bathe (self)* 5
kierować s- do + G *or* **na** + A *direct, refer to* 8
kierować się + I *so by* 11
kierowca *driver* 2
kierownik *director, manager* 6
kilim *tapestry* 7
kilkupiętrowy *multistory (from* **piętro** *story, floor)* 4
klasa *class, classroom* 11
klatka *cage;* **klatka schodowa** *stairwell* 5
klawisz -a *key, button 6*
klinika *clinic* 8
klopsik -a *meat ball* 9
kluseczka *noodle* 9
kłopot *trouble, bother, worry* 5

kłócić się po- z + I *have spat with* 6
kochanie *dear* 7
kodeks *(legal) code* 3
kolano *knee* 3
kolejka *line, queue* 7
kolejkowicz *(slang) line-stander* 7
kolejność *(f.) order;* **poza kolejnością** *out of order* 3
kolejny *next (in line)* 10
kolejowy *(adj.) rail* 1
kolorowy *colorful* 7
kombinacja *combination* 11
komisja *commission* 8
kompania honorowa *honor guard* 1
kompania *(here:) guard* 1
komplement *compliment* 5
kompletny idiota *complete idiot* 6
kompleks *competition* 11
konkurencyjny *competitive* 7
konkurs *contest* 3
konstrukcja *(gram.) construction* 5
kontakt *electrical switch, contact* 4
kontaktować się s- *make contact with* 6
kontrowersja *controversy* 3
kontynent *continent* 10
kontkynentalny *continental* 10
końcowy *final* 11
kopalnia *mine* 8
korek *cork, stopper, traffic jam* 2
korespondencyjnie *in writing, in a letter* 6
korytarz -a *corridor* 11
korzonek korzonka *joint;* **ból korzonków** *arthritic pain* 8
korzystać z + G *make use of, take advantage of* 1
korzyść *(f.) use, benefit* 4
kostium *(masc.) suit* 9
koszty -ów *costs* 4
kotlet schabowy *veal cutlet* 9
kraina *region, land* 10
krajobraz *landscape* 10
krajoznawczy *(adj.) sightseeing* 3
kremowy *cream-colored* 9
krótki *short; comp. adv.* **krócej** 6
kryzys *crisis* 2
kryzyknąć krzyczeć *cry, shout* 9
krzywy *crooked;* **krzywo patrzeć na** + A *look askance at* 10
krzyż *cross, small of the back* 8
książeczka mieszkaniowa *apartment savings booklet* 4
którędy *which way* 3
kuchnia *(here:) cuisine, cooking* 9
kuć *(slang) cram* 11
kultura *culture, etiquette* 3
kumpel kumpla *pal* 6
kupiec kupca *merchant* 8
kupno *purchase* 1
kursować *run (of trains)* 1
kurtuazja *courtesy* 5
kuszetka *couch* 1
kwadratowy *(adj.) square* 10
kwalifikacja *qualification* 8
kwaterunek kwaterunku *(coll.) housing office* 4
kwit *receipt* 9
lać *pour; rain (heavily)* 10
leczenie *treatment* 8; **leczenie wstrząsami** *shock therapy* 4
lecznica *clinic* 4
ledwo *(or:* **ledwie***) barely* 8
lek *medicine, drug* 8
lekarski *doctor's, medical* 8
lekarz ogólny *general practitioner* 8
leśny *(adj.) forest (from* **las***)* 10
licencja *license* 3
liceum *lyceum, secondary school* 8
liczny *numerous* 3
liczyć *(***na** + A*) count (on)* 6
liść *Ipl.* **liśćmi** *leaf* 9
litera *letter* 11
lokator *tenant* 4
losować *draw lots* 3
lot *flight* 1
loteria *lottery* 3

lubelski *(adj.) Lublin* 10
ludność *(f.) population* 4
ludowy *(adj.) folk* 7
łach *rag* 9
łacina *Latin* 11
łamać z- *break* 8
łapać z- *catch* 2
łazić *(indet.) crawl* 9
łeb *(slang) head* 6
łono natury *lap of nature* 10
łyknąć *(pf.) swallow, gulp* 6
maluch *(slang) small fry* 3
m.in. *(***między innymi***) among other things* 11
magister *master (academic degree)* 11
magisterski *master's* 11
maksymalny *high (temperature)* 10
malowniczy *picturesque* 10
małolitrażowy *(adj.) low-capacity (engine)* 3
małżeństwo *husband and wife* 3
mandat *(traffic) ticket, fine* 3
mankament *flaw, drawback* 4
marchewka *carrot* 9
margaryna *margarine* 9
marihuana *marihuana* 11
marka *brand* 3
marny *wretched, poor, miserable* 8
marynarka *sports jacket* 7
marynować *marinate* 9
masyw *massif* 10
maść *(f.) ointment, salve* 8
matma *(slang) math* 11
matura *high school diploma* 11
mazurski *Mazurian* 10
mechaniczny *mechanical* 11
medycyna *(study of) medicine* 11
medyczny *medical* 8
metodyka *pedagogy (teaching)* 11
miara *measure;* **w miarę** *to an extent* 9
miasteczko *small town* 7
mieć miejsce *take place* 1
miejsce *place* 1
miejscowy *local* 6
miejscówka *seat reservation* 1
miejski *urban (adj. of* **miasto** *town)* 8
mieszkać się + *D (here:) get along* 4
mieszkaniowy *intercity* 6
międzynarodowy *international* 1
miękki *soft;* **jajko na miękko** *soft-boiled egg* 9
mięsny *(adj.) meat* 9
migracja *migration* 4
mila *mile* 3
miłośnik *admirer, aficionado* 10
ministerstwo *ministry* 8
Mirów Mirowa *district of Warsaw* 11
mizeria *cucumbers in cream* 9
mleczny *(adj.) milk* 9
młodzież *(f.) youth, young people* 3
mniej więcej *more or less* 1
moc *(f.) might;* **z mocą** *firmly* 9
moda *fashion* 7
modny *fashionable, stylish* 7
moknąć z- *get wet, soaked* 10
monarchini *(f.) monarch* 9
moneta *coin* 6
monotonia *monotony* 10
most *bridge* 3
motoryzacja *(spread of) motor transport* 3
może *maybe, perhaps* 4
możliwość *(f.) possibility* 10
można *one can, one may* 1
możnaby + infin. *one might,one could* 5
mroźny *frosty, cold* 10
na co dzień *on an every-day basis* 2
na czele + G *at the head of* 11
na gapę *for free, without paying* 2
na nowo *anew* 2
na ogół *on the whole* 2
na piechotę *on foot* 2
na raty *on installments* 4
na szczęście *fortunately* 2
nabiał *milk and egg produce* 7

nabyć nabywać *obtain* 1
nabywca *purchaser* 3
nadać nadawać *send (letter, parcel)* 6
nadmorski *(adj.) seaside* 10
nadzór nadzoru *supervision* 11
nagły przypadek *emergency* 8
nagroda *prize* 3
najpierw *(adv.) first* 5
nakazać nakazywać *(here:) demand* 5
należeć do + G *belong to* 1
należy *one ought to* 1
należyty *proper, due* 8
namówić namawiać do + G *persuade* 6
napęd *drive, propulsion* 2
napoleonka *cream-puff* 9
napój napoju *drink, beverage* 1
naprawa *repair* 3
naprzód *forward, in advance* 1
nareszcie *at last* 1
narodowy *national* 9
narzekać *complain* 2
narzekania *complaining, complaint* 10
narzędzie *tool* 5
narzucić się narzucać się + D *inflict self on* 6
nastawić nastawiać *(pre)dispose* 5
nastąpić następować *follow* 5
następny *next (in sequence)* 1
następująco *(or:* **jak następuje***) as follows* 11
natomiast *on the other hand* 3
natrętny *troublesome, persistent* 6
natura *nature* 10
nauczanie *instruction* 11
nauka *study* 11
naukowy *scientific* 8; *academic* 11
nawiązać nawiązywać *contract, make* 3
nawrót *return, turning back* 10
nazwa *name* 7
nerw *nerve* 1
nie brzydka *not bad (weather)* 10
nie da się tego załatwić *it cannot be taken care of* 6
nie do wytrzymania *unbearable* 10
nie ma mowy o + L *there's no question of* 9
nie wypada *it is improper, unseemly* 7
niebieska *premium (gasoline)* 3
nieco *somewhat, slightly* 5
niedługo *before long* 7
nieliczny *not many* 7
niemal *practically* 10
nieodparty *irresistible* 10
niepokoić się za- *become worried* 1
niepoprawny *incorrigible* 11
nieraz *sometimes* 4
nierówny *uneven* 8
niesamowity *incredible, amazing, unbelievable* 2
niespodziewany *unexpected* 9
nieszczęście *misfortune* 11
nietakt *social error, gaffe* 5
nietrzeźwy *intoxicated* 3
niezamożny *destitute* 11
niezbędny *essential* 3
nim *(conjunction) before* 3
nizina *lowland* 10
nogawka *trouser leg* 9
np. (na przykład) *for example* 3
numer *number; (slang:) type, character; odd behavior;* **numer kierunkowy** *area code* 6
o + A *(in expression of amount) by (so much).* 5
obawa *fear* 7
obciążenie *burden* 5
obcokrajowiec obcokrajowca *foreigner* 5
obcować z + *I have contact with* 11
obcy *strange, foreign* 2
obejmować *embrace, encompass* 10
obfitość *(f.) abundance* 1
obfitować w + A *be rich in, abound in* 5
obiecać obiecywać *promise* 10
oblać oblewać *(slang) flunk* 11
obliczony na + A *designed for* 1

obniżyć obniżać *lower* 4
obowiązkowy *obligatory* 5
obowiązywać *be obligatory, be in effect, obligate* 2
obóz obozu *(summer, scout) camp* 11
obrazić obrażać *offend* 9
obręb *limits, confines* 6
obronność *(f.) defense* 1
obrus -a *tablecloth* 7
obsługa *service* 1
obszar *territory* 10
obuwie *footwear* 7
obyczaj *custom* 5
obywatel *citizen* 8
oceaniczny *oceanic* 10
ochota na + A *desire for* 9
ochrona *protection;* **ochrona zdrowia** *health care* 8
oczekiwać + G *expect 4*
od niedawna *recently, not long ago* 8
od razu *right away* 4
odbudowa *rebuilding* 4
odbyć się odbywać się *take place* 3
oddać oddawać *hand over* 4
oddział *division, branch, section* 3
oddzielny *separate* 8
odebrać odbierać *take back, pick up* 3
odgrodzić odgradzać od + G *separate from* 5
odjazd *departure* 1
odkręcić odkręcać *turn on* 4
odłożyć odkładać *put off, put aside* 7
odnieść się odnosić się do + G *relate to* 5
odpłatność *(f.) reimbursement* 8
odpowiednik *correspondent* 10
odróżnienie *distinction;* **w odróżnieniu od** *as distinct from* 5
odstawić odstawiać *drop off, take (and leave)* 3
odwiedzić odwiedzać *pay a visit to* 6
odwołać odwoływać *call (off)* 11
odwrotnie *on the contrary* 11
odwrotny *opposite, the other way around* 10
odznaka *badge* 3
oferować za- *offer* 7
ogólnie rzecz biorąc *generally speaking* 5
ogólnokształcący *(adj.) liberal arts* 11
ogórek ogórka *cucumber* 9
ogródek ogródka *garden* 4
ojej *(excl.) oh dear* 1
okazać się okazywać się *turn out* 5
okienko *window (in a bank, post-office)* 6
okres *period* 1
określony *particular, specified, specific* 4
okrycie *covering, garment* 5
olej *oil* 3
oliwa *(vegetable, olive) oil* 9
opady -ów *rainfall, precipitation* 10
opieka *care* 8
opisać opisywać *describe* 4
opłacić opłacać *pay* 4
opłata *payment, charge* 1
opóźniony *late, delayed* 1
opracować opracowywać *work out, perfect* 4
oprócz + G *except for* 7
optymista *(mp.) optimist* 11
oraz *as well as* 6
organ *organ (of government)* 11
organizacyjny *organizational* 3
organizator *organizer* 3
ortopedyczny *orthopedic* 8
osiedle *housing development* 4
osobowy *(adj.) passenger (train)* 1
ostatni *last (in line), latter* 1
ostrzyć za- *sharpen* 9
oszczędzać na + *L save on* 7
ośrodek ośrodka *center (of commerce)* 7 **ośrodek zdrowia** *health center* 8
oświata *education* 11
Oświecenie *Enlightenment* 11

otwarcie *opening* 6
owoc -a *fruit* 7
ozdobić ozdabiać *decorate* 9
oznaczyć oznaczać *designate, signify* 3
ów owa owo *(bookish) that* 3
pacjent *patient* 8
padać *fall rain* 10
pajac *clown* 7
paliwo *fuel* 3
paliwowy *(adj.) fuel* 2
pamiątka *souvenir* 7
panierowany *breaded* 9
panować za- nad + I *get control over* 11
państwowy *(adj.) state (from* **państwo***)* 2
papuga *parrot* 7
paraliżować s- *paralyze* 4
parasol -a *umbrella* 10
parowy *(adj.) steam* 1
pas -a *strip* 10
pasażer *passenger* 1
pasmo *(mountain) range* 10
pasować do + G *match* 7
pasowy układ *belt system* 10
paść padać *fall* 5
pechowiec pechowca *(noun) unfortunate* 11
pediatra *pediatrist* 8
pełnić *fill* 7
per *(Latin)* = **przez** *through, by* 5
peron *(station) platform* 1
personel *personnel* 5
pesymista *(f.* **pesymistka***) pessimist* 2
petent *supplicant, petitioner* 6
pewnie *surely, probably* 5
pewność *(f.) certainty* 7
pewny *sure, certain;* **na pewno** *for sure* 1
pęknąć pękać *burst* 6
piaszczysty *sandy* 10
picie *(slang) drink* 6
pieczony *baked* 9
pieczywo *bread or rolls* 9
pielęgnować *take care of, tend* 11
pierwszeństwo *right of way* 3
pietruszka *parsley* 9
pigułka *pill* 6
pilnować *look after, take care of* 5
piorun -a *lightning bolt* 4
pisemny *written (examination)* 11
pismo *writing;* **na piśmie** *on paper* 6
plama *spot* 9
plan miasta *city map* 2
plastyczny *(adj.) fine arts* 11
płeć *(f.)* **płci** *sex* 5
po + L *after, around, about, by* 3
po imieniu/nazwisku *by first/last name* 5
pobrać pobierać *draw, take* 2
pobyt *stay* 8
pocałunek pocałunku *kiss* 5
pochodzić z + G *come from* 11
początek początku *beginning;* **na początku** *in the beginning* 3,5
podać podawać *offer, serve* 5
podaż *(f.) supply* 7
podejście *approach, try* 11
poderwać podrywać *(slang) pick up (girl)* 6
podjąć podejmować *undertake, entertain* 5
podjęcie *undertaking* 3
podlegać + D *be subject to, be subordinate to, be under someone's authority* 3
podnieść podnosić *raise* 6
podobno *supposedly* 5
podobny do + G *similar to* 5
podomka *housecoat* 7
podroby -ów *giblets, inferior cuts of meat* 7
podróż *(f.) journey, trip* 1
podstawa *basis* 3
podstawić podstawiać *put, bring up* 3
podstawowy *basic, elementary* 9
podwieczorek podwieczorka *"tea"* 9
podwładny *(noun) subordinate* 5

podział *division* 1
pogawędka *chat* 6
pogorszyć *(pf.) worsen* 4
pogotowie elektryczne *electrical repair service* 4
pogotowie ratunkowe *ambulance* 8
pojawić się **pojawiać się** *appear, show up* 3
pojazd *vehicle* 2
pojezierze *lake district* 10
polecić polecać + *recommend* 7
polegać na + L *depend on* 1
policzek policzka *cheek* 5
politechnikum *engineering school* 11
polodowcowy *post-glacial* 10
polonez -a *polonaise* 3
polowanie *hunting* 7
polowy *(adj.) field (from* **pole)** 3
połączenie *connection* 6
połączony z + I *connected with* 3
położna *(like adj.) midwife* 8
południe *noon* 5
pomimo + G *despite, in spite of* 3
pomoc *(f.) help* 8
pomorski *Pomeranian* 10
ponad *more than, over* 2
ponieważ *since* 2
popaść popadać w + A *fall into* 11
popatrzeć *(pf.) take a look* 2
popełnić popełniać *commit* 5
poprawka *make-up exam* 11
poprzedni *previous, former* 6
poprzedzić *(pf.) precede* 9
popyt *demand* 7
porada *(professional) advice* 8
poradnia *dispensary* 8
porozumiewać się *understand one another* 5
porównywalny *comparable* 8
portki portek *trousers* 9
poruszyć się **poruszać się** *move about* 2
porządek porządku *order;* **wszystko w porządku** *all in order* 11
porządny *respectable* 7
porzekadło *saying* 7
posiadacz *proprietor* 4
posiadać *possess* 1
posiłek posiłku *meal* 9
postać *(f.) form, shape* 9
postój postoju *stop;* **postój taksówek** *taxi stand* 2
poszukiwać + G *search for* 7
pośpieszny *fast (train)* 1
pośrednictwo *mediation;* **za pośrednictwem** *through the mediation of* 3
pośredniczyć *broker, act as intermediary* 3
poświęcić poświęcać + D *devote to* 5
potrafić + *infin. manage* 8
potrawa *dish* 9
potrzeba *need;* **w razie potrzeby** *in case of need* 2
potrzeba + G *be needed* 4
potrzebujący *needy* 4
poważny *serious, important* 4
powierzchnie *surface* 10
powodować s- *cause* 2
powodzenie *success, good luck* 11
powolutku, powolusku *little by little* 11
powrót powrotu *return;* **tam i z powrotem** *there and back* 1
powstać powstawać *arise* 2
powszechny *universal, in general use* 3
powtórzyć powtarzać *repeat* 8
powyżej *above* 10
poziom *level* 11
poznać poznawać *recognize* 6 **- się** *meet (for first time)* 5
pozostać pozostawać *remain* 10
pozostały *remaining* 4
pozostawić pozostawiać + D *leave to* 5
pozwolić pozwalać *allow* 5
pół + G *half* 2
półmisek półmiska *dish* 9
późny *late* 6
prać u- *launder* 9

praktycznie *practically* 7
praktykować *practice* 9
pralnia *laundry* 9
prasa *the press (magazines and newspapers)* 2
prasować *press* 4
prawdziwy *geniune* 11
prawić + D *(here:) pay (compliment) to* 5
prawie *almost* 2
prawo jazdy *driver's license* 3
prawy *right;* **w prawo** *to the right* 3
prąd *current* 2
prędko *quickly; comp.* **prędzej** 9
procent *percent* 1
produkcja *production* 3
produkt *product, produce* 7
prognoza pogody *weather report* 10
proporcjonalny *proportional* 11
proszek proszku *powder, medicine* 8
prośba *request* 6
prowadzący(a) *instructor (at university)* 11
prowadzić *conduct, teach, drive* 3
próba *trial, test* 11
próbować s- *try* 6
prywatka *(private) party* 6
prywatna praktyka *private practice* 8
przechodzień przechodnia *pedestrian* 3
przechować przechowywać *preserve, keep* 9
przecież *after all* 5
przeciętny *average* 3; **przeciętnie** *on the average* 4
przeciwnie *on the contrary* 4
przeczucie *intimation* 11
przede wszystkim *above all, primarily* 5
przedkładać nad + A *prefer over* 9
przedmiot *subject, object* 3
przedpłata *prepayment* 3
przedstawiciel *representative* 11
przedstawić się przedstawiać się *introduce onself* 5
przedszkole *preschool* 5
przedświąteczny *(adj.) pre-holiday* 1
przedtem *beforehand* 3
przedwczesny *premature* 11
przedwiośnie *pre-spring* 10
przedział *(train) compartment* 1
przedzimie *pre-winter* 10
przedzwonić do + G *(pf.) give a call to* 6
przejazd *ride, crossing* 2
przejmować się + I *worry about* 5
przejście *passage, passing (over)* 11
przejściowy *transitional* 10
przekąska *snack, hors d'oeuvre* 5
przekonać się przekonywać się o + L *find out for oneself about* 9
przekonanie *conviction* 6
przekroczyć przekraczać *cross, break* 3
prselotny *passing, transitory* 10
przełomowy *decisive, critical* 11
przełożony *(noun) superior* 5
przemysł *industry* 7
przepis drogowy *traffic law* 3
przepisać przepisywać *prescribe* 8
przeprowadzić przeprowadzać *conduct, carry out* 6
przepuścić przepuszczać *let pass* 5
przerwa *break, recess* 5
przesada *exaggeration* 5
przestać przestawać + *infin. stop* 2
przestrzegać *observe (a law)* 5
przeszło *more than, over* 2
przewaga *predominance* 10
przeważnie *predominantly* 2
przewidzieć przewidywać *foresee* 10
przewód przewodu *line, wire, conduit* 4
przewyższyć przewyższać *exceed* 7
przeznaczony na + A *intended for* 3
przeznaczyć przeznaczać na + A *allocate to* 3
przezroczysty *transparent* 7
przeżytek przeżytku *relic* 5
przód przodu *front;* **z przodu** *up front* 3
przy + L *while, during* 1

przy czym *while* 5
przychodnia *(outpatient) clinic* 8
przyczyna *reason* 4
przydać przydawać + D *come in handy* 3
przydzielić przydzielać *allocate* 4
przyjąć przyjmować *receive, accept* 1
przyjęty *accepted* 5
przymarznąć przymarzać do + G *freeze to* 10
przymrozki -ów *ground frost* 10
przymusowy *forcible* 4
przypadek przypadku *case;* **w przypadku** + G *in case of* 5
przypadkowy *accidental* 7
przypomnieć przypominać *call to mind* 6; - **sobie** *recall* 4
przyprawić przyprawiać *season* 9
przyrost naturalny *birth rate* 4
przyrządzić przyrządzać *prepare, fix* 9
przysługiwać + D *be owed, have coming to* 1
przysposobić przysposabiać *train, qualify* 11
przystanek przystanku *(bus) stop* 2
przystępny *accessible* 7
przywidzenie *vision* 2
przywilej *privilege* 11
przywitać *(pf.) greet* 5
przyznać przyznawać *accord, grant* 8, 11
przyzwyczaić się przyzwyczajać się do + G *get accustomed to* 11
psuć ze- *spoil* 2
psychiczny *psychic* 5
puchnąć *swell* 4
pulower -a *vee- or crew-neck sweater* 7
punkt *point, shop, agency* 8
puszcza *wilderness* 10
puszka *can* 9
racjonowanie *rationing* 2
rada *council* 11
rama *frame(work)* 11
ratunkowy *(adj.) rescue* 8
recepta *prescription* 8
reforma *reform* 8
region *(geographical) region* 3
regulamin *rules* 3
reguła *rule* 3
rektor *rector (university president)* 11
remontować *renovate* 4
rencista *pensioner* 2
renta *pension* 8
reperować *repair* 3
restauracyjny *(adj.) restaurant* 1
rezerwacja *reservation* 1
rezerwat *reservation, preserve* 10
rezerwować za- *reserve* 1
ręczny *(adj.) hand* 7
rękawiczka *glove* 10
rockowy "rokowy" *(adj.) rock (music)* 11
rodzaj *kind, type* 1,6
rolniczy *agricultural* 10
rolnik *farmer* 7
rondo *(indec.) traffic circle* 6
roślina *plant; dim.* **roślinka** 11
rozglądać się rozejrzeć się *look around* 3
rozległy *expansive, vast* 10
rosmyślić się *(pf.) think better of* 8
rozpacz *(f.) despair* 9
rozprowadzić rozprowadzać *distribute* 3
rozrzutny *profligate* 7
rozwiązać rozwiązywać *solve, untie* 1
rozwiązanie *solution* 6
rozwieść się rozwodzić się *get divorced* 9
rozwinąć rozwijać *develop* 2
rozwój rozwoju *development* 3
rówieśnik *age-mate* 11
również *likewise* 1
równo *equally* 3
różnego rodzaju *of various sorts, various sorts of* 1

różnica *difference* 1
różnić się *differ* 3
ruch *traffic* 2
rura *pipe* 4
ruszyć ruszać *move, start moving* 1
rynek rynku *market(place)* 7
rysować *draw* 11
ryż *rice* 9
rzadki *rare* 2
rzadkość *(f.) rarity* 4
rząd rządu *government* 11
rzeczywiście *indeed* 2
rzemieślnik *craftsman* 8
rzesza *crowd, throng* 3
rzodkiewka *radish* 9
rzucić okiem *(pf.) cast an eye* 9
salutować za- *salute* 5
sałata *salad* 9
sam *(short for* **sklep samoobsłusowy)** *supermarket* 9
samopoczucie *frame of mind* 10
sanatoryjny *(adj.) sanatorium* 8
sanitariusz *(hospital) orderly* 4
sądzić *judge, think, consider,* 4
schować się *(pf.) take cover* 10
seledynowy *willow-green* 7
seler *celery* 9
seminarium *seminar, course of specialization* 11
senat *senate* 11
sens *sense;* **w jakim sensie** *in what sense* 5
serce *heart* 9
sesja *session* 11
setka *(here:) bus 100* 2
sezon *season* 3
sezonowy *seasonal* 3
siarczysty *spirited* 5
sieć *(f.) network* 1
silnik -a *motor* 3
skanalizowany *equipped with plumbing* 4
skandal *scandal* 9
skarżyć się na + A *complain about* 8
skąd pan wie? *how do you know?* 4
sklep monopolowy *state liquor store* 6
sklep firmowy *factory or firm outlet* 7
składać się z + G *consist of* 9
składka *contribution* 8
skłonić skłaniać *incline* 3
skłonny *inclined* 11
skomplikowany *complicated* 4
skóra *leather* 7
skrajność *(f.) extremity* 11
skręcić skręcać *turn* 3
skrzyżowanie *intersection* 2
słodycze *(pl.) G* **-y** *sweet* 1
słoneczny *sunny sun* 10
słońce *sun* 10
słuchawka *(telephone) receiver* 6
służba zdrowia *health service* 8
służbowy *(adj.) official* 2
służyć + D **do** + G *serve someone for* 6
smalec smalcu *lard* 9
smażyć u- *fry* 9
solić po- *(v.) salt* 9
sos *sauce;* **sos tatarski** *tartar sauce* 9
spalić spalać *scorch* 4
spaliny spalin *exhaust* 2
specjalistyczny *(adj.) specialist* 8
specjalizacja *specialty* 8
spełnić się spełniać się *be fulfilled* 4
spleść *(pf.) entwine* 5
spodziewać się + G *expect* 6
spokojny *peaceful, calm* 11
spokój spokoju *peace, rest* 7
społeczny *social* 8
sport wodny *water sport* 10
spostrzegawczy *observant* 3
spośród + G *from among* 7
spożyć spożywać *consume* 9
spółdzielczy *cooperative* 4
spółdzielnia *co-op, cooperative enterprise* 4
spóźnić się spóźniać się na + A *be late for* 1

sprawdzić sprawdzać *check* 1
sprawić sprawiać *cause* 1
sprawność *(f.) good condition, workability* 3
sprawny *efficient* 2
sprawować *exercise (authority)* 11
sprostać + D *match, deal with, acquit oneself of* 11
sprowadzić sprowadzać *import* 8
sprzed + G *from in front of* 2
sprzedaż *(f.) sale* 3
spuchnąć *(pf.) swell* 8
spytać *(pf.) inquire* 2
srebro *silver* 7
stacja *station* 1
stać się *(pf.) happen* 2
stały *constant* 3
stanowczo *decidedly* 11
stanowić *comprise* 4
stanowisko *(here:) stand, station* 3
starać się po- *try, make an attempt* 3
staromodny *old-fashioned* 5
stąd *from here* 3
sterta *pile* 9
stocznia *shipyard* 8
stołówka *cafeteria* 5
stomatolog *dentist* 8
stopień stopnia *degree, grade* **w dużym stopniu** *to a large degree* 5
stopień naukowy *academic degree* 11
stosować *apply, use* 8
stosunek stosunku *relation(ship)* 4
stosunkowo *comparatively* 2
stójka *stand-up (mandarin) collar* 7
strąk -a *pod* 9
strefa *zone* 10
stres *stress* 11
strona *direction* 3
struktura *structure* 11
strzelić strzelać *shoot, strike* 4
strzykać kogoś w + L *have shooting pains someplace* 8
stykać się *touch together* 4
stypendium *scholarship, stipend* 11
sudety -ów *Sudenten mountains* 10
suma *sum* 4
surowy *strict, severe* 3
suszyć *dry* 9
swobodnie *freely* 1
sygnał *signal* 6
sympatyczny *nice, sympathetic* 9
synowa *daughter-in-law* 10
sypialny *(adj.) sleeping* 1
syrena *mermaid* 3
systematyczny *systematic* 3
sytuować u- *situate, locate* 10
szalik -a *scarf* 10
szalony *(adv.* **szalenie***) crazy* 8
szansa *chance* 11
szanujący się *self-respecting* 7
szaruga *bad weather* 10
szczebel szczebla *rung, rank* 11
szczególnie *particularly* 1
szczery *sincere* 6
szczęście *(good) fortune, happiness, luck* 5
szczyt *summit; peak traffic hours* 2
szeroki *wide, broad* 10
szkodzić *harm;* **nic nie szkodzi** *it doesn't matter* 2
szkolnictwo *schooling, school system* 8
szkolny *(adj.) school* 1
szlafrok -a *robe* 7
szpital -a *hospital* 8
szwagier szwagra *brother-in-law* 10
śledź *herring* 9
ślub *wedding* 9
śmieszny *funny, ludicrous* 7
śmietana *thick or sour cream* 9
śnieg *snow* 10
śnieżny *(adj.) snow* 10
średni *(adj.) medium* 10; *secondary* 11
środek środku *means* 1
środek płatniczy *legal tender* 7
środkowy *central* 10
świadczyć o + L *testify about* 3

świadectwo *certificate* 11
świadomość nadprzyrodzona *ESP* 11
świecić pustką *be empty, bare* 7
świetny *fine, great, wonderful* 8
święto *Gpl.* **świąt** *holiday* 1
świętokrzyski *(adj.) Holy Cross* 10
tabliczka *sign, plate, tablet* 6
tajemnica *secret* 9
tak czy siak *one way or the other* 6
tak...jak i... *both...as well as...*9
taksówka *taxicab* 2
taksówkarz *taxi-driver* 2
tani *cheap* 1
tapetować wy- *(verb) wallpaper* 10
tarcza *shield, face, disk* 6
tarcza cyfrowa *dial (of telephone)* 6
targ *market* 7
targować po- się o + A *haggle over* 7
targowisko *open market* 7
tasiemkowy *ribbon-like* 7
tatar -a *steak Tatare* 9
Tatry Tatr *Tatra mountains* 10
techniczny *technical* 6
technika *technology* 11
technikum *technical high school* 11
telefoniczny *(adj.) telephone* 6
telefonować za- *telephone* 6
telegram *telegram* 6
telekomunikacja *telecommunication* 6
tenisowy *(adj.) tennis* 9
teologia *theology* 11
tęsknota *longing* 6
tłok *crowd, throng* 2
tłuczony *mashed* 9
tłusty *(adj.) fat, grease* 9
toczyć się *roll, transpire, take place* 11
tom *volume* 11
torba *bag* 3
towar *good, product* 7
towarzyski *social, companionable* 5
towarzystwo *society* 3
tracić s- *lose* 8
tradycyjny *traditional* 6
traktować *treat* 11
trasa *route* 1
triumf *triumph* 9
trochę trochu a *little* 7
troskliwość *(f.) care, concern* 8
trudność *(f.) difficulty* 3
trwać *last* 4
trzeć u- *grate* 9
trzymać *hold* 3
turysta *tourist* 7
twardy *hard* 7
twierdzić s- *state, assert* 6
tworzyć s- *create, form, comprise* 10
tygrysi *(adj.) tiger's (from* **tygrys** *tiger)* 8
tyle, że ... *except that* 9
tył *rear;* **z tyłu** *in the rear* 3
tym bardziej *all the more so* 6
tym samym *by the same token* 8
tymczasem *in the meantime, meanwhile* 10
tymianek -u *thyme* 9
typowy *typical* 10
tytuł *title* 5
tzn. (to znaczy) *that means, that is to say* 1
tzw. (tak zwany) *so-called* 1
ubezpieczenie *insurance* 8
ubezpieczyć ubezpieczać *insure* 3
ubiegać się o + A *try for* 11
ubliżić ubliżać *insult* 6
uchlać się *(pf.; slang) get drunk* 6
uchodzić za + A *pass for* 5
uciążliwy *burdensome* 10
uciec uciekać *escape* 2
uciszyć *(pf.) quiet down* 6
uczelnia *school of higher education* 8
uczeń ucznia *pl.* **uczniowie** *pupil, schoolchild* 2
uczestniczyć *participate* 3
uczęszczać do + G *attend* 11
uczynny *helpful* 10
udać się udawać się *take oneself to, go to* 6

udany *successful* 10
udawać + A *pretend to be someone* 8
udogodnienie *convenience* 3
udział *share;* **wziąć udział w** + L *take part in* 3
udzielić udzielać + G *provide, give* 8
ujemny *negative* 4
ukształtowanie *formation* 10
ulec ulegać + D *undergo* 4
ulewa *downpour* 10
ulubiony *favorite* 9
ułożyć układać *place* 9
umiar *moderation, restraint* 8
umiarkowany *moderate* 10
umieścić umieszczać *put, fit, locate* 2
umożliwić umożliwiać *enable, facilitate* 3
umówić się umawiać się na + A *make an appointment for* 6
umrzeć umierać *die* 8
umysł *mind* 11
uniknąć unikać + G *avoid* 11
upalny *hot (weather)* 10
upał *heat(wave)* 10
upragniony *longed-for* 3
uprawnić uprawniać do + G *entitle* 1
uprzedzić uprzedzać *give advance notice of* 6
uprzejmie *kindly* 3
uroczystość *(f.) celebration* 9
uroczysty *festive* 9
urok *charm* 7
urozmaicony *variegated* 10
urwać się urywać się *tear* 6
urząd urzędu *office* 6
urząd pocztowy *post-office* 6
urządzenie *installation* 1
urzędowy *(adj.) official* 6
uschnąć usychać *dry up* 6
uspołeczniony *socialized* 2
usprawnić usprawniać *make efficient, rationalize* 8
ustalić ustalać *determine, set* 2
usterka *defect* 4
ustny *oral* 11
uświęcić uświęcać *consecrate* 5
utrata *loss* 3
utrudnić utrudniać *hinder* 5
uwaga *attention;* **z uwagi na** + A *in view of* 3; *remark;* 6
uzasadnić uzasadniać *justify* 6
uzyskać uzyskiwać *obtain* 3
użytkownik *user;* 4
używany *used* 7
wiadomo *it is known* 6
w cztery oczy *eye to eye, face to face* 6
w dalszym ciągu *still* 3
w myśl + G *according to the idea of* 7
w pobliżu + G *in the vicinity of* 2
w połączeniu z + I *in combination with* 5
w połowie + G *in the middle of* 10
w porównaniu z + I *in comparison with* 2
w przeciwieństwie do + G *as opposed to* 4
w sam raz *just right* 10
w sumie *on the whole* 11
w większości wypadków *in the majority* 5 *of cases* 3
w wysokości + G *in the amount of* 4
w zakresie +G *in the area of* 6
w zależności od + G *depending on* 4
w zamian za + A *in exchange for* 3
wada *flaw, defect* 1
wagon *(railway) car* 1
waluta *currency* 7
wanna *bath* 4
warunkować u- *condition* 11
warzywa *(pl.) greens* 7
wczasy wczasów *(holiday) resort, stay* 11
wczesny *early* 5
wejściowy *(adj.) entrance (from* **wejście** *entrance)* 2

wersja *version* 9
wetrzeć wcierać w + A *rub in(to)* 8
wezwanie *summons* 6
wędka *fishing rod* 10
wędlina *pork cold cuts* 9
wędrować *wander* 3
wędrówka *journey, wandering* 3
wędzony *smoked* 9
węgiel węgla *coal* 1
wiadomo *it is known;* **nigdy nie wiadomo** *one never knows* 1
wiarygodny *reliable, believable* 6
wiążący *binding* 6
widać *can be seen* 7
wieczny *eternal* 11
wiejski *rural (from* **wieś** *village)* 8
wiek *age, century* 11
wielkopolski *great (central) Polish* 10
wielkość *(f.) size* 4
wieprzowy *(adj.) pork* 9
wierzchni *outer (e.g., garment)* 5
wierzyć w + A *believe in* 11
większość *(f.) majority* 1
więzienie *prison, jail* 3
więzy *(pl.) ties, bonds* 4
witać po- *greet* 5
wizyta *visit* 6
wliczony w + A *reckoned into* 4
własnościowy *privately owned* 4
własność *(f.) property* 2
właściciel *owner* 4
właściwie *actually, to tell the truth* 6
właściwy *proper, correct* 5
właśnie *(here:) right now* 2
włożyć wkładać *insert* 4
wniosek wniosku *conclusion* 3
wobec + G *with regard to* 5
wodociągowy *(adj.) sewer* 4
wojna *war* 4
wojskowy *military* 2; *(mp. noun) military man* 5
wołać za- *cry out* 9
wołowina *beef* 9
wówczas *then, in such case* 4
wóz wozu *(coll.) car* 3
wpaść wpadać do + G *drop in on* 6
wpaść (wpadać) komuś w oko *catch someone's fancy* 6
wpłacić wpłacać do + G *pay in(to)* 4
wpływ *influence* 10
wpływać na + A *influence* 10
wprawdzie *to be sure* 10
wprost *simply* 7
wprowadzić wprowadzać *introduce, put into use* 2
wrażenie *impression* 5
wręcz *downright* 7
wrzucić wrzucać *(here:) insert* 6
wsiąść wsiadać w + A *get into, onto a bus, taxi, etc.* 2
wskutek + G *due to* 4
wspaniały *marvelous, excellent* 9
wspomnienie *recollection, remembrance* 9
wspólny *common, mutual.* **coś wspólnego** *something in common* 3
współczuć + D *sympathize with* 8
wstęp *entry, admission* 11
wstępny *(adj.) admission , entry* 11
wstrętny *objectionable, despicable* 6
wszelki *any sort of, all sorts of* 1
wszystko w porządku *everything's in order* 4
wtedy *then, at that time* 5
wybaczyć wybaczać *forgive* 4
wybór wyboru *choice* 5
wybrać wybierać *pick, choose* 2
wyciągnąć wyciągać *pull out* 9
wycinanka *paper-cut* 7
wycofać wycofywać *withdraw* 1
wydać się wydawać się *seem* 3
wydma *dune* 10
wydział *department* 8; *college (part of university)* 11
wygląd *appearance* 5
wygórowany *excessive, hiked-up* 7

wygrać wygrywać *win* 3
wygrzebać *(pf.) dig out* 9
wyjątek wyjątku *exception* 7
wyjściowy *(adj.) exit (from* **wyjście** *exit)* 2
wyjść wychodzić *(here:) come out (right)* 11
wykluczyć wykluczać *exclude* 4
wykonać wykonywać *execute, perform* 3
wykonawczy *executive* 11
wykończenie *(here): finish work* 4
wykręcić wykręcać *buy up* 4
wyłączny *exclusive* 6
wymiana *exchange, change* 3
wymienialny *exchangeable* 7
wymienić wymieniać *exchange, change* 3; *enumerate* 5
wynająć wynajmować *rent, hire* 4
wynosić *(here:) amount to, come to* 1
wyobrazić wyobrażać sobie *imagine* 2
wypisać wypisywać *write out, list* 6; *prescribe* 8
wyrób wyrobu *(crafted) article* 7
wyróżnić się wyróżniać się *be distinguished* 10
wysiąść wysiadać z + G *get out of a bus, taxi, etc.* 2
wysiłek wysiłku *effort* 5
wyskoczyć *(here:) hop out* 9
wysłać wysyłać *send* 3
wysnuć wysnuwać *extrapolate* 3
wysokość *(f.) height* 10; *amount* 11
wystarczyć *(pf.) be sufficient* 4
wystawny *sumptuous* 9
wystąpić występować *occur* 1; **wystąpić z wnioskiem** *issue a recommendation* 8
wystroić się wystrajać się *deck oneself out* 7
wytrawny *dry (wine)* 9
wytworzyć wytwarzać *produce* 11
wywalić za drzwi *(pf.; slang) kick out* 6
wywar *brew* 9
wywrzeć wywierać *exert* 10
wyznaczyć wyznaczać *designate* 2
wyżyna *upland* 10
wyżynny *(adj.) upland* 10
wyżywienie *nourishment* 1
wzdłuż + G *along* 10
wzgląd względu *respect;* **pod wieloma względami** *in many respects* 3
wzgórze *upland, hill* 10
wznosić się *(intrans.) rise* 10
wzruszyć ramionami *(pf.) shrug one's shoulders* 9
z okazji + G *on the occasion of* 9
z zasady *as a rule, on the principle* 6
za darmo *for free* 8
za to *on the other hand* 10
zablokowany *blocked* 11
zabrać zabierać *take along* 3
zabraknąć + G *(pf.) run out of* 3
zabroniony *forbidden* 1
zabytek zabytku *monument, relic* 3
zachmurzenie *cloudiness* 10
zachować zachowywać *preserve* 10
zachowanie *behavior* 5
zagraniczny *foreign, imported* 8
zakład pracy *place of work* 8; *(academic) department* 11
zakładowy *(adj.) factory* 8
zakłopotanie *confusion* 5
zakres *area* 3
zakręcić zakręcać *turn off (gas water)* 4
zakup *purchase* 1
zakupić *(pf.) purchase* 3
zakurzony *dusty* 9
zakwestionowany *(adj.) in question* 9
zalany *(slang) smashed, soused* 6
zalecić zalecać *advise* 3
zaleta *virtue* 1
zależeć + D **na** + L *be of importance to* 7
zaliczyć zaliczać *number among* 10; *get credit for* 11

załamać się załamywać się *break down* 11
założyć zakładać *found, establish* 4
zamiana *exchange* 3
zamienić zamieniać z +I *exchange with* 6
zamierzyć zamierzać *intend* 7
zamknięty *closed* 9
zamrzeć zamierać *die down* 10
zanieczyścić zanieczyszczać *foul* 2
zanosi się na burzę *it looks like a storm* 10
zapas *supply* 9
zapasowy *(adj.) reserve* 3
zapewne *for sure, no doubt* 4
zapisać się zapisywać się do + G *sign up for* 4
zapowiedzieć zapowiadać *announce, forecast* 6
zapracowany *overworked* 8
zaradzić zaradzać + D *get a grip on, manage* 11
zaraz *right away, just a minute* 4
zarobić zarabiać *earn* 3
zarobki zarobków *earnings* 4
zarówno...jak i ... *both...as well as...*4
zasada *principle;* **w zasadzie** *in principle* 5
zasadniczy *basic, fundamental, essential* 5
zasięg *range* 10
zasłużyć zasługiwać na + A *deserve* 6
zastać zastawać *find, come up* 6
zaś *however, by contrast, on the other hand* 5
zatłoczony *crowded* 2
zatrzaskiwać się *get stuck* 4
zatrzeć zacierać ręce *rub one's hands* 9
zatrzymać się zatrzymywać się *(intrans.) stop* 1
zatrzymać zatrzymywać *stop, hold up* 2
zaufanie *trust* 8
zauważyć zauważać *notice* 6
zawiesić zawieszać *hang* 2
zawiły *intricate* 5
zawodowy *professional* 8
zawód zawodu *profession* 3
zawracać. nie zawracaj mi głowy *don't distract me* 11
zaznaczyć zaznaczać *indicate* 10
zazwyczaj *usually* 4
zażyły *close (e.g., relationship)* 5
zbożowy *(adj.) grain* 9
zbytnio *excessively* 5
zdać *pass* **zdawać** *take (examination)* 11
zdanie *opinion;* **twoim zdaniem** *in your opinion* 3
zdarzyć się zdarzać się *happen* 3
zdążyć zdążać + inf. *manage (to do something on time)* 1
zdecydowany *decided* 3
zderzyć się zderzać się z + I *collide with* 2
zdjęcie *snapshot* 1
zdobyć zdobywać *obtain* 1
zdołać + infin. *manage* 3
zdrobniały *diminutive* 5
zdrowotny *(adj.) health* 8
ze względu na + A *in view of* 1
zebra *zebra, cross-walk* 3
zerówka *zero grade, kindergarten* 11
zerwać zrywać z + G *tear off* 10
zgłosić zgłaszać *announce, report* 1
zgnieść *(pf.) crumple* 9
zgoda *permission* 4
zgodzić się zgadzać się na + A *agree to* 4
zgrywać się *overact, play the fool*6
ziemniak -a *potato* 9
zjawić się *(pf.) show up, turn up* 6
zlot *rally, jamboree* 3
złotówka *zloty (coin)* 6
złoty *gold, golden; (currency) zloty* 10
złożony z + G *comprised of* 11
złożyć składać *fold, submit* 11; **złożyć wizytę** + D *pay visit to* 6

zmienność *changeability* 10
zmienny *varying* 2
zmieścić się *(pf.) fit* 3
zmuszony do + G *forced, compelled to* 6
zmyć się zmywać się *(slang) beat it* 6
znaczenie *meaning, significance* 6
znaczny *significant* 3; **znacznie** *significantly* 1
znać się *know each other* 5
znać się na + L *know about* 7
znajomość *(f.) acquaintance(ship)* 5
znakomity *eminent; preponderant* 11
znieść znosić *stand, abide* 7
zniszczenie *destruction* 4
zniżka *reduction* 1
znowu *again* 6
zobowiązany *obliged* 8
zostać zostawać + I *become* 4
zostać *(pf.) be left* 9
zwany + I *called* 8
zwariować *(pf.) go crazy* 8
zwierzchnik *superior* 5
zwolnienie *release (from work)* 8
zwrócić się zwracać się do + G *turn to, address remarks to* 5
zwyczaj *custom* 5
zazwyczaj *usually* 9
żal + D + G *be sorry for* 6
żarcie *(slang) food* 6
żartobliwy *jocular* 7
żegnać po- + A *say goodbye to* 5
żelazko *(hand-)iron* 4
żniwo *harvest* 3
żołądek żołądka *stomach* 9
żółta *regular gasoline* 3
żubr *European bison* 10
życzliwy *kindly* 5
życzyć + G *wish* 11
żywnościowy *(adj.) food* 7
żywy *alive* 9

KONIEC